本书获澳门大学研究委员会拨款资助出版

澳门教育史研究丛书

总主编　郑振伟

COLLECTED ESSAYS
ON THE EDUCATIONAL HISTORY
OF MACAU

Volume Ⅱ

郑振伟　主编

澳门教育史论文集 第二辑

中国社会科学出版社

图书在版编目(CIP)数据

澳门教育史论文集(第二辑)／郑振伟主编.—北京：中国社会科学
出版社，2012.7

(澳门教育史研究丛书)

ISBN 978 - 7 - 5161 - 1068 - 3

Ⅰ.①澳… Ⅱ.①郑… Ⅲ.①教育史—澳门—文集 Ⅳ.①G527.659 - 53

中国版本图书馆 CIP 数据核字(2012)第 136513 号

出 版 人	赵剑英	
责任编辑	史慕鸿	
责任校对	周　昊	
责任印制	李　建	

出　　版	中国社会科学出版社	
社　　址	北京鼓楼西大街甲 158 号 (邮编 100720)	
网　　址	http://www.csspw.com.cn	
	中文域名：中国社科网　　010 - 64070619	
发 行 部	010 - 84083685	
门 市 部	010 - 84029450	
经　　销	新华书店及其他书店	

印　　刷	北京君升印刷有限公司	
装　　订	廊坊市广阳区广增装订厂	
版　　次	2012 年 7 月第 1 版	
印　　次	2012 年 7 月第 1 次印刷	

开　　本	650 × 960　1/16	
印　　张	20	
插　　页	2	
字　　数	250 千字	
定　　价	55.00 元	

凡购买中国社会科学出版社图书,如有质量问题请与本社联系调换
电话:010 - 64009791

《澳门教育史研究丛书》学术顾问

总　序

前言

《澳门教育史研究丛书》是澳门大学重点研究领域（University Key Research Areas）之一的"澳门教育史研究"项下"澳门教育史资料库五年（2008—2012）计划研究课题组"（RG-UL/07-08S/Y1/SWJ/FED）研究成果的发表园地之一。

这套丛书不论以史料选集、论文选集、校史选集、人物专书、研讨实录等形式出版，亦不论以中文、外文等文字呈现，率皆经过认真的撰稿或选稿、公开的发表与研讨、严谨的审查与修改、仔细的编辑与校雠等程序，方才付梓。

作为该课题组的主持者，本人特撰成此一序文，将该课题组自研究重点的确认、论坛平台的建立、课题组的正式成立、研究工作的展开等事项作成简要记载，以为备忘。

一　澳门教育史研究重点的确认

近年来，澳门大学在各位领导及全校师生的共同努力之下，试着将澳门大学办成一所"以高质量研究为基础的教学型大学"。职是之故，在优化教学以及增进教学效果的大前提之下，型塑校园研究文化，进而提升师生研究水平，乃成为澳门大学校务发展的重点之一。

作为五个基本学术单位之一的教育学院，亦充分配合此一重点，采取各种具体的做法，朝着此一方向渐次前进。为此，本院除了抓紧教学与服务的工作之外，还采取了下列三项做法：第一，鼓励师生勤研究、多发表，俾便整体提高研究绩效，累积本院师生的研究实力。第二，扩大办理各项学术活动，以增加本院师生发表研究成果的机会，进而提升研究的整体水平。第三，借着学术交流的强化，组成跨校、跨区的研究团队，以提升师生的整体学术生产力。这三项看似分立的做法，其用意实则仅有一项，就是：创造让师生有较多的研究与发表成果的条件，以便激发更多优秀研究成果的产出。

然而，本院毕竟只是一个成立才20个年头，专任教师总数40人左右的小型教育学院，平日所担负的职前及在职教师培训的教学与辅导、本澳政府机构委托的专题研究、本澳各级学校委托的各种咨询服务等任务既繁杂又沉重。若欲在如此繁重的工作压力之下，犹能集合有限的人力，以重点突破的方式，整体提升本院在教育学术研究方面的成效，就必须找寻若干能成为本院具有代表性的研究重点。于是，以融合中西文化而独具特色，且内涵丰富的澳门教育为突破"点"，以四五百年的历史为"线"，结合国内外教育史学者的力量，把澳门教育史的研究带向中国教育史的"面"，进而再把它带到整个世界教育史的"体"内，就成了本院近年来的研究重点之一。

二　两岸四地教育史研究论坛的建立

此一以澳门教育史为本院研究重点的构想，是在2005年下半年逐步形成的。2006年年初，在澳门大学研究委员会的经费资助之下，本院的若干同仁组成了研究小组，先尝试以本澳的梁披云、杜岚、邝秉仁三位老教育家为对象，一方面广为搜罗他们的著作及相关的文献或影像资料，一方面则针对其本人或家属亲友进行访谈，希望能为他们保留珍贵的史料，并经整理撰著而成为教育史的专文，流传后世。此一专题研究的部分成果，即构成了于 2007 年 1 月在澳门大学国际图书馆展出之"澳门教育史文献暨梁披云、杜岚、邝秉仁资料展"的主要内容。

配合此项展览，本院于 2007 年 1 月 26 日及 27 日，举办了"首届两岸四地教育史研究论坛"。来自海峡两岸暨港澳地区对教育史的教学与研究有兴趣的 50 多位学者专家，除了发表论文之外，还签订了一项以"本论坛以一年举办一次为原则"为主旨的备忘录。该备忘录载明了来自华东师范大学（2008 年第二届）、北京师范大学（2009 年第三届）、台湾师范大学（2010 年第四届）、浙江大学（2011 年第五届）、厦门大学（2012 年第六届）的代表，同意于其后五年依次轮流主办是项论坛。

在此项论坛的基础之上，与会的海峡两岸暨港澳地区的教育史学界友人，咸对澳门教育史研究课题的正式立项，表示乐观其成，并且愿意采取下列两项实际行动，对该项目表示支持。

其一，与会的部分代表同意担任本研究课题立项后的顾问，提供其长期从事教育史研究的经验。这些代表包括了刘羡冰校长（澳门中华教育会副会长，长期以研究澳门教育史著称）、吴文星教授（台湾师范大学文学院历史学系原系主任，原文学院院长）、周愚文教授（台湾师范大学教育学院教育学系原系主任，现为教学发展中心主任）、张斌贤教授（北京师范大学教育学院院长）、丁钢教授（华东师范大学教育科学院院长）、刘海峰教授（厦门大学教育研究院院长）、周谷平教授（浙江大学教育学院原常务副院长）、田正平教授（浙江大学教育学院原院长）、王炳照教授（北京师范大学教育学院原院长）。

其二，与会代表也同意，在每年举行一次的该项论坛之中，皆专设"澳门教育史研究成果发表"的节目。更有进者，上述诸位顾问皆同意参与该一节目，并且担任研究成果发表的审查工作。这样的安排，将会为本研究课题组的研究人员带来两方面激励的积极作用：一方面，为了参加此一论坛，本研究课题组的研究人员将会抓紧研究进度，并且认真撰写研究论文，因而有可能保障本研究的成果在数量方面的绩效；另一方面，以上诸位顾问皆会针对上述各篇论文，进行审阅并作成修改的建议，因而有可能确保本研究的成果在质量方面的绩效。

三　正式成立澳门教育史研究课题组

澳门大学为了鼓励资深绩优的教授组成团队，从事多年式、整合多方人力资源的研究，特别由大学的研究委员会（University Research Committee）于 2008 年 1 月开始设立大学层次的研究课题赞助项目（University Level Research Grant）。该类赞助项目有别于由各学院的研究委员会负责管控一般的课题赞助项目，而着眼于澳门大学的重点研究领域（University Key Research Areas）。这些项目直接由大学的研究委员会负责管控其研究课题的确认、人员的组成、经费的拟定、进度的掌握、成果的审查、成果的发表等环节。特别值得注意的是，该类赞助项目所要求的研究课题，应该是以与澳门大学的发展或是澳门社会的发展有密切关联者为优先考虑；又，在人员的组成方面，除结合各学院的人力之外，还应积极鼓励结合跨院、跨校、跨区域的研究人力，组成较强大的研究团队；而在经费的拟定方面，可以因为研究任务的需求宽予经费的资助，且在经费的支用方面也给予较大的弹性；至于进度的掌握、成果的审查、成果的发表等，亦皆予以较严格的管制。

配合此一新的做法，本院乃于 2007 年 10 月正式组成课题组，定名为澳门大学教育学院"澳门教育史资料库五年（2008—2012）计划研究课题组"。目前，该研究课题组的正式成员有：单文经（主持人）、张伟保（统筹主任）、杨秀玲、郑振伟、老志钧、黄素君、郑润培、郑祖基、杨兆贵、谢建成、王志胜、宋明娟、方炳隆 13 人。同时，并聘有顾问刘羡冰、吴文星、周愚文、张斌贤、丁钢、刘海峰、田正平、王炳照、汤开建 9 人。另外，亦将依研究进度，逐步自中国澳门、中国内地、中国香港、日本、葡萄牙等地聘请特别顾问，协助与指导本研究课题组的工作。

四　按部就班展开澳门教育史研究

本研究课题组将次第展开下列六项工作：

第一，资料搜集与整理。本研究课题组将在本澳、内地、香港、台湾及海外等地，从官方与民间两方面搜集与本澳教育史有关的资料及文物。除了搜集这些资料之外，还需针对部分档案资料进行必要的缀补，并且全部予以数字化。

第二，外文资料的中译。有待本研究课题组聘请专人翻译的书籍、档案、书信、手稿等资料，以葡萄牙文为最大宗，其次，则有日文、西班牙文、意大利文，至于英文的资料，则可以由本研究课题组的研究人员自行翻译。

第三，教育人物的访谈。本研究课题组将聘请专人针对一些对澳门教育具有影响与贡献，并且经历澳门教育各时期变化的教育工作者进行访谈，俾便补文献资料之不足，并且丰富本澳教育的史料。

第四，史料的编辑与出版。本研究课题组的研究人员将逐步把搜集而得的各项资料、外文资料的翻译，以及教育人物的访谈等史料,经过选择、比较、评析等程序,加以编辑。这些史料可依 16、17、18、19、20 世纪等编年的顺序加以编辑,也可依教育政策、教育理念、教科书、教学资源、学科发展等专题加以编辑。

第五,论文的撰写与发表。本研究课题组的研究人员将根据各项澳门教育的史料,撰写各式论文,并适时加以发表。这些论文的主题,可以是教育的事件,可以是教育的人物,可以是编年史,也可以是专题史;论文可以单篇发表,也可编为文集。

第六,研究成果的英译。本研究课题组的研究人员将拣选重要的研究成果,聘请专业人员翻译为英文,有些全书、全册或全文皆译,有些则以摘译方式处理。此一做法的目的在于将澳门教育史的研究成果传播于全世界,以便让国际学界人士亦能理解具有特色的澳门教育历史。

五　持续的投入与长期的积累——代结语

本研究课题组的研究人员,虽然来自内地、香港、台湾与本澳等不同的地方,但是,皆能秉持着"面向本澳、关心教育、全力投入"之共识,以及"历史研究的工作有待持续的投入与长期的积累"之理念,勤于搜集资料、整理分析、撰著论文,以便完成"澳门教育史资料库五年(2008—2012)计划研究课题组"所预定的各项任务。我们至盼各界人士不吝赐予各项协助、支持与指导,使这项任务的达成能更为顺利。

单文经　谨志

2008 年 12 月

Preface

Introduction

Studies of History of Macao Education Series provides a platform for the publication of research products by the "History of Macao Education Research Group" working on a five-year "History of Macao Education Research Project 2008 – 2012" (RG-UL/07-08S/Y1/SWJ/FED), which is included in the University Key Research Areas.

These research products are published, either in collections of selected papers, critical analysis of historical documents, or school histories, or in the form of profiles of personages or conference proceedings, either in Chinese or other languages, both by way of presentations at symposiums and conferences and through conscientious and meticulous reviewing, editing and revision processes.

As the principal investigator promoting and leading this research project, I write this Preface, briefing readers on how this project was identified as one of the University Key Research areas, how the Forum was established, how the research group was created and how our work has been proceeding.

1. History of Macao Education Identified as a Key Research Area

In recent years, with the concerted efforts of the leadership, staff and students, the University of Macau has been working hard to develop the University into a "teaching university based on quality research". Bearing this goal in mind, I take optimizing teaching and enhancing teaching effectiveness as my major task and at the same time boosting the research ability of teachers and students by nurturing a research culture on campus has become one of the tasks for the development of the University.

The Faculty of Education (FED), being one of the five fundamental academic units of the University, should make every effort and adopt suitable measure to advance in this direction. Specifically, in addition to teaching and community service, FED has adopted three measures: first, encouraging teachers and students to do more research and publish more so as to improve the overall performance and build up research strength; second, organizing more academic activities so as to create more opportunities for staff and students to have their research products published; third, creating inter-university or cross-regional research groups to increase the overall academic productivity. There is only one intention for the three measures, i. e. , creating more opportunities and better conditions for faculty members and students to engage in research and get their works published, thus bringing about more and better research products.

However, FED is still a small faculty, with no more than 50 full-time staff members and a history of only 20 years. In addition to the pre-service and in-service teacher education/teacher training pro-grammes at various levels, we are also entrusted by various govern-ment departments to carry out research projects on special topics, to provide consultation to various schools. Burdened by all this compli-cated and heavy work, we can only hope to make certain break-throughs by searching for some key areas representative of FED and focusing our limited human resources on them. As a result, we have located the education of Macao as our starting point, traced it to a traj-ectory of four or five hundred years, incorporated the strengths and products of scholars in the field of history of Chinese education both inside and outside China and then integrate into the system of world education system. And this has become one of the key research areas for our faculty.

2. **Liangan Sidi (Mainland-Taiwan-Hong Kong-Macao) Forum Created**

In fact the idea that we were to focus our efforts on the history of Macao education was conceived in late 2005. In early 2006, with the financial support of the Research Committee University of Macau, re-search groups were formed to carry out oral history projects, choosing some renowned figures well in their nineties or even older, such as Mr. Liang Pei-yun, Ms. Tou Nam/Du Lan, and Mr. Kong Peng Ian, as our subjects of research. We set about collecting their works and publications, related documents and visuals while interviewing these veteran educators, their families and relatives. Our purpose was to preserve these precious historical materials and write papers on the history of education and then pass them on to posterity. Some of the products born of these efforts constituted the major content of "Exhibition of Historical Documents of Macao Education: Mr. Liang Pei-yun, Ms. Tou Nam/Du Lan, and Mr. Kong Peng Ian" held at the University of Macau International Library in January 2007.

Coinciding with the exhibition was the 1st Liangan Sidi (Mainland-Taiwan-Hong Kong-Macao) Forum on History of Education, which attracted over fifty scholars interested in the teaching and research of history of education. In addition to paper presentations, a Memorandum was signed, stating that this Forum on History of Education is to be held annually, and hosted in turn by six universities. In accordance with the Memorandum, the 2nd Forum is hosted by East China Normal University in Shanghai in 2008, the 3rd by Beijing Normal University in 2009, the 4th by Taiwan Normal University in 2010, the 5th by Zhejiang University in 2011, and the 6th by Xiamen University in 2012. Then the Forum will come back to Macao again and go on with another cycle in this order.

Participants from both sides of the Strait, as well as from Hong Kong and Macao showed great interest in and expressed willingness to support the study of history of Macao education in two ways:

First, some of the delegates agreed to serve as consultants for our project, assuring quality with their long and rich experience in this field. They include Principal Lao Sin Peng (Vice-President of Macao Chinese Educators' Association, an old-timer in Macao education research), Prof. Wu Wen Shing (former Head of History Dept. and former Dean of Faculty of Arts, Taiwan Normal University), Prof. Chou Yu Wen (former department head, School of Education, and now director of National Taiwan Normal University Center for Professinal Development), Prof. Zhang Binxian (Dean of Faculty of Education, Beijing Normal University), Ding Gang (Dean of Faculty of Science Education, East China Normal University), Prof. Liu Haifeng (Dean of Education Research Institute, Xiamen University), Prof. Zhou Guping (Former Dean of Faculty of Education, Zhejiang University), Prof. Tian Zhengping (former Dean of Faculty of Education, Zhejiang University), and Prof. Wang Bingzhao (former Dean of Faculty of Education, Beijing Normal University).

Second, it is also agreed that a special part of the annual forum is reserved for the presentation of research products themed on "History of Education of Macao". Furthermore, all the consultants listed above have agreed to participate in this project and serve as reviewers of the research papers before they are published. This arrangement is expected to produce two positive effects: first, it will stimulate the project members to speed up their work and write their papers conscientiously, thus increasing the quantity of research papers; second, the above consultants will review these papers and give comments and suggestions for improvement, thus ensuring the quality of research products.

3. History of Macao Education Research Group Officially Established

The University of Macau encourages senior professors with an excellent record of performance to form research groups and engage in perennial (multi-year) research projects incorporating various human resources. In particular, the University Research Committee created the University Level Research Grant in January 2008. The projects financed by this Grant differ from those at the Faculty level in that the

University Level projects focus on University Key Research Areas. They are directly supervised and monitored by the University Research Committee, including the approval of project proposals, composition of the research group, funding, research progress, paper reviewing process, and publication of products. What is specially worth noting is that this Grant gives priority to research projects that help promote the development of the University of Macau and of the Macao society. Furthermore, in the composition of research groups, it encourages projects that integrate faculty members of the University with research members of other faculties, other universities and other regions to build up strong research teams. As far as funding is concerned, these projects are allowed more flexibility and given more generous support according to needs. However there is very strict control on research progress, reviewing of papers and publications.

To support this new policy, the FED officially created this research group, named "History of Macao Education Research Group" working on a five-year "History of Macao Education Research Project 2008 – 2012", in October 2007. There are 13 formal members in this group, including: Shan Wen Jing (Leader/Principal Investigator), Cheung Wai Po (Coordinator), Ieong Sao Leng, Cheng Chun Wai, Lou Chi Kuan, Vong Sou Kuan, Cheang Ian Pui, Cheng Cho Kee, Yeung Siu Kwai, Tse Kin Shing, Wong Chi Shing, Sung Ming Juan, and Fong Peng Long. The consultants are: Lao Sin Peng, Wu Wen S-hing, Chou Yu Wen, Zhang Binxian, Ding Gang, Liu Haifeng, Tian Zhengping, Wang Bingzhao and Tang Kaijian. In addition, special advisors will be invited from Macao, Mainland, Hong Kong, Japan, and Portugal to assist and provide guidance to our work when needs a-rise.

4. History of Macao Education Research Work Progressing as Planned

Our work has been progressing as planned in the following six areas:

1. Collecting and sorting out data: Our group has been searching for data and objects/relics relating to the history of Macao education through both official and unofficial channels in the mainland, Hong Kong, Taiwan and overseas, as well as Macao. We also make necessary editing of some of the materials and turn all of them digital.

2. Translation work: We hire specialists to translate some books, archives, letters and manuscripts, most of which are in Portuguese and some in Japanese, Spanish, and Italian. English documents are translated by the group members themselves.

3. Interviewing renowned educators: The group will hire people to assist us visit and interview some selected personages who have exerted great influence and made important contributions to the education of Macao and who have experienced the changes of education in different periods, to complement and enrich the data collected.

4. Editing and getting the historical documents/materials published: The members of the research group will examine, select, compare, analyze and edit the documents/materials collected and their translations, from the 16th century to 20th century in chronological order, under the headings of Educational Policies, Educational Philosophy, Textbooks, Educational Resources, and Curriculum Development.

5. Writing papers and publications: The group members will write papers on a number of topics on the basis of data collected and get them published. The papers may focus on particular incidents of

education, particular figures in education, in the form of annals or history, to be published either as separate papers of in collections.

6. Research products translated into English: The group will invite specialists to translate important products into English, maybe a whole book or whole paper, or just the abstracts, so that the world will know these products and through them become aware of the unique characteristics of the history of Macao education.

5. Concluding Remarks: Continuing Commitment for Long-term Goals

The members of this research group, though they come from different parts of the world such as the Mainland, Hong Kong, Taiwan, as well as Macao, all agree that we should "Serve Macao, Care for and Dedicate Ourselves to Education" and uphold that history research demands continuous commitment and long-term accumulated efforts. We are determined to work hard, collecting data, analyzing data, and writing up papers to complete all the tasks required by the five-year "History of Macao Education Database Research Project 2008 – 2012". We sincerely look forward to the assistance, support and guidance from all walks of life to help us complete the project smoothly.

Shan Wen Jing

Professor and Dean

Faculty of Education

University of Macau

December 2008

(Translated by Prof. Ieong Sao Leng)

目　录

CONTENTS

澳门早期西式教育概述,1550—1800

张伟保

澳门自 16 世纪中叶开始,葡人便长期聚居于此地,其范围由大炮台以南至妈阁庙一带约一平方公里。就在这小片土地内,澳门成为近五百年中西文化交流的一个最重要的交汇点,现在被称为海上的敦煌。其中,关于西式教育的引入,应以圣保禄学院、圣若瑟修院为最早。这两所学院的创办使澳门成为全中国最早引进西式教育的地区,对中外文化交流具有重大的历史意义。拙文试从两学院的成立和发展加概述,以说明此时期澳门早期教育的状况。

一　澳门开埠与天主教教会来澳办学

自从 16 世纪新航路发现以来,中西方交往的路径便由欧亚大陆的草原逐渐移到海洋。在亨利王子的推动下,葡萄牙率先开拓赤道以南的航海活动,沿着非洲大陆的西岸向南航行。到了 15 世纪末,达伽玛(Vasco da Gama)的船队终于绕过非洲南端的风暴角(后改名为好望角 Cape of Good Hope)而进入印度洋,东西交通遂迅速建立起来。葡人在控制印度数个沿海据点后,便选定以果亚(Goa,或译为卧亚)为亚洲传教与通商的中心。

1511 年，阿丰索·德·阿尔布克尔克①（Afonso de Albuquerque）
占领马六甲（Malacca，或译作麻六甲、马剌加），并立即派员刺
探南中国海各地情报。1513 年欧维治（Jorge Alvares）为第一个
由官方派遣来华的葡萄牙人。1513 年，他在 Tamão（屯门）曾
竖立一个近似华表形状的"发现碑"。1517 年及 1519 年又两次
航行中国。1520 年做最后一次中国之行。因西蒙·安德拉德
（Simão de Andrade）的种种暴行，中葡关系恶化，遂发生屯门西
草湾之役。②

　　葡人既失意于广东，遂北上浙江宁波（Liampo），厚赂当
地官员，使其能在当地贸易。是时中国仍执行海禁政策，故国
人不能出洋贸易。葡人既至，便充当了沟通中外商贸的角色，
生意日益兴旺。据中西交通史家张星烺的记载："嘉靖十二年
（1533 年——引者注）最盛时，每年达三百余万金币。投资者
无不获三四倍之利。人口最多时，葡人达一千二百名，东方他
国商人达一千八百名。"然而，部分葡人"既富以后，骄奢淫
逸，多不法行为。与土人多龃龉"。③ 其后，倭寇在闽浙沿海
大肆活动，与葡人亦有紧密的商贸关系。因此，在嘉靖二十五
年（1546），朱纨以右副都御史巡抚南赣，次年（1547）七
月，改提督浙闽海防军务，巡抚浙江防倭。朱纨到任后，奏准
革除渡船，严制保甲，搜捕通倭奸民。次年（1548）四月又派
都司卢镗攻破双屿，并将这个贸易点彻底摧毁。④

---

　　① 阿尔布克克尔克曾任印度总督，并在 1510 年占领果亚。其生平事迹与向东方
扩张活动可参看 K. N. Chaudhuri, *Trade and Civilisation in the Indian Ocean: An Economic
History from the Rise of Islam to 1750*, Cambridge University Press, 1985, pp. 63 - 79。
　　② 参见黄鸿钊《澳门史纲要》，福建人民出版社 1990 年版，第 50—53 页。
　　③ 张星烺：《欧化东渐史》，商务印书馆 2009 年版，第 7 页。
　　④ 葡人在闽浙沿海一带活动及朱纨对葡人作战情况，参见黄鸿钊《澳门史纲
要》，第 53—57 页。

葡人经此一役，元气大伤，遂转移活动重点至福建的漳州和泉州一带。惟朱纨继续严格执行海禁，据《明史》载，1549年正月，朱纨在福建又捕获葡萄牙人及闽人共96名，并"以便宜戮之"，引起福建沿海以外贸为生的地方豪强富户的不满，由御史陈九德上奏"劾（朱）纨擅杀"之罪。他认为上述人员只是违禁的商人，并非剧盗，只因是他们以坐拥巨资，财物为官员所觊觎，遂遭屠杀。结果是"落纨职……仰药死"。①

由于闽浙沿海"严禁通番"，葡人在澳门的贸易活动便日益频繁。澳门位于广东香山县的南端、珠江口的西岸，是进入广州这个中国南大门的必经之路。明代前期，广州设市舶司以通贡舶之用。到了正德年间，市舶司改设于高州的电白。由于位置偏僻，各国贡使均感不方便，便于1535年通过贿通指挥黄庆，改以澳门作为互市地点。到了1553年，葡人以货物被海涛打湿为由，通过贿赠海道副使汪柏，得以搭篷栖息。到了1557年，葡人更进一步搭建固定建筑，开始了对澳门的长期占住。② 在近代大型轮船使用之前，澳门是一个十分优良的港口，位置亦恰处葡人从南洋前往广州的必经之地。因此，当市舶司移于电白县后，甚感不便，遂要求让船只靠舶于蠔镜澳（澳门）作为临时屯寄货物的地方。据《明实录·熹宗实录》卷十一载："先是，暹罗、东西洋、佛郎机诸国人贡者附省会而进，与土著贸迁，设市舶提举司税其货。正德间，移泊高州电白县。至嘉靖十四年（1535），指挥黄琼纳贿，请于上官，

---

① 《明史》卷二百五，列传第九十三，中华书局1974年版。

② 关于葡人何时抵达澳门从事贸易，以致长期占住，历来学者有不同的记载。有学者整合各种意见，指出"葡殖民者窃据澳门是一个逐渐'蚕食'的过程……认为葡人混入澳门在1535年，1553年前后搭棚暂居，1557年由于贿通地方大吏，开始营建永久性建筑"。参见萧致治、杨卫东《鸦片战争前中西关系纪事，1517—1840》，湖北人民出版社1986年版，第30—33页。

许夷人侨寓蠔镜澳，岁输二万金。"又《明史·佛郎机传》也有相关的记载："先是，暹罗、占城、爪哇、琉球、浡泥诸国互市，俱在广州，设市舶司领之。正德时，移于高州之电白县。嘉靖十四年，指挥黄庆纳贿，请于上官，移之壕镜，岁输课二万金，佛郎机遂得混入。"两者所言相同，应属可靠的官方记录。①

总之，由16世纪中叶开始，葡人便长期聚居于澳门，其范围由大炮台以南至妈阁庙一带约一平方公里的土地上。直到1844年中美签订望厦条约后数年为止，望厦至黑沙环一带仍属中国官员直接管辖的地段，而其余则为葡人租用的地方。就在这片小土地内，澳门成为近五百年中西文化交流的一个最重要的交汇点，现在被誉为海上的敦煌。

二　圣保禄学院

由于保教权的因素，由16世纪初开始，大量耶稣会会士来到远东。其中最著名的是圣方济各·沙勿略（St. Francois Xavier）。他是耶稣会的创会成员，于1542年首先抵达果阿，1549年到达日本。经过一段时间学习日语和了解日本文化后，沙勿略认为要成功在远东开展教务，关键是使中国成为信仰天主教的国家。于是，他努力寻求进入中国的机会，甚至计划冒险潜入中国内地。不幸地，他在1552年底病逝于广东台山县的上川岛（St.

---

①　文中"夷人"并非专指葡人，而是指来自各国、手执勘合的诸国贡使，葡人只是混入其中，以图进行贸易。又"岁输二万金"，实指市舶司对货物征收的课税岁额，与后来的地租五百两不是同一样东西。据载，此五百两原是葡人贿赂海道副使汪柏的贿款，后因被别人知悉，汪氏遂改称为"地租"，收归国库。参见金国平、吴志良《1553年的宏观考察》，收于氏著《早期澳门史论》，广东人民出版社2007年版，第96—124页。此外，引文中黄琼或黄庆应指同一人。

John Island ），无缘进入中国内地传教。虽然如此，但沙勿略在亚洲多年奔走，认识到不同民族的差异性，提出要对不同群体采用不同手段，以耐心的教育为基础。这种和平传教方法一直为耶稣会士所遵守。

1573 年，范礼安（Alessandro Valignano，1539—1606）被耶稣会总会长任命为印度省区（即亚洲地区）的巡察员，负责整个区域的传教工作。对继承和沙勿略传教精神，范礼安可说是最成功的。特别是针对本土教士的培养，范礼安一反以往要求归化者的葡萄牙化。本土神职人员和宣教员的地位，一直被有意无意地抑压。范礼安认为这种态度对天主教的传播影响至大，最为重要的是，该会没有可能在远东地区提供足够的神父，故必须倚靠本地培养的宣教员。对他们的歧视和欠缺尊重，必然引致本土神职人员与信徒的疏离，不利于传教事业。[①]

他在 1573 年履任，于次年抵达果亚，并带来了 40 位耶稣会士，使其工作能够顺利展开。直至 1606 年范礼安在澳门逝世（按：遗骨埋葬于大三巴教堂的地下室），他在 34 年里一直是整个东南亚、中国和日本的传教工作的最高负责人。他继承沙勿略的和平传教宗旨，提出"适应"政策，要求所有传教士学习当地语言和文化，争取教区内上层社会的接受与支持，以便让天主教在当地能广泛地传播。

范礼安将沙勿略未竟之绪加以完成，领导罗明坚、利玛窦、孟三德、李玛诺等耶稣会神父将中国的传教大门开启。在日本，他组织了第一个出使欧洲而获得巨大成功的日本使团，曾亲自向织田信长、丰臣秀吉讲解天主教义。到了 16 世纪 80 年代初，日

---

① 参见范礼安《东印度巡察记》（平凡社，2005），高桥裕史译，第 342、344—345 页。

本方面的传教活动基本上相当蓬勃,教区不断扩张和信徒数量增长,成就颇为瞩目,不但有近 300000 名信徒,即使长崎也实际为耶稣会士所管治。① 此外,范礼安神父于 1594 年创办圣保禄学院。其目的不但为将要到中国和日本的传教士加以训练,使他们精通其语言、历史和文化,后来更为越南、马六甲的传教士提供相同的训练。

据范礼安抵达澳门后向耶稣会会长的报告:为确保日本教团的日常经费,他与管理澳门的澳葡当局协商,确定每年神父可从 Nau 船在中日贸易②中获得 50 担生丝的份额,并保证其盈利不受影响。为此,范礼安寻求会长的支持。而会长则慎重将此事向教宗 Grogory XIII 呈报并获首肯,这便保障了东亚地区的基本财政的支出。③ 同时,范礼安决定要求印度派遣新的教士来华,并重新启动对中国的传教工作。④ 最后,由罗明坚(Michele Ruggieri)来华承担此项重任。当罗明坚在 1579 年 7 月 20 日到达澳门时,范礼安神父指令其全力学习中国语文,包括读、写、听、说等方面,作为日后进入中国传教的准备。⑤

早在 1571 年,澳门人口日益增加,为了配合澳门发展的社会的需要,开办了一所圣保禄公学,这所学校以葡文教授

---

① Richard Storry, *A History of Modern Japan*, Penguin Books Ltd. ,1983, pp. 55 – 57.

② 关于 Nau 船在中日贸易上的角色,可参见 C. R. Boxer, *The Great Ship From Amacon*, Instituto Cultural De Macau, 1988 年。

③ J. F. Schutte, *Valignano's Mission Principles For Japan*, translated by John J. Coyne, Anand, India : Xavier Diaz del Rio, S. J. ,1980 – 1983, v1/pt. 1, pp. 184 – 185.

④ 事实上,约有 25 名传教士在 1552—1583 年从澳门进入中国内地(包括广州、泉州等城市),可惜均在短时期内被迫离开。该批传教士之详细名单见 Joseph Sebes, S. J. ,*The Precursors of Ricci*, pp. 27 – 31.

⑤ J. F. Schutte, *Valignano's Mission Principles For Japan*, p. 186.

学童。① 直至 1594 年 11 月底，这所小学一直很好地为本区居民提供基础的识、写字（一度还设有拉丁班），学生人数约有 200 人。② 孟三德（Duarte Sande）神父曾描述当时的课程：

> 现在在我们的教会学校中，设有四门课程，其中包括：一门常设在中国地区，向孩子们教授读与写的课程，通常来说这个班能容纳两百五十多人同时接受我们的教育；一门语法课，这门课程也是我们最初就已经设立的；还有一门我们今年才增设的人文科学的课程——那些今年从印度来我们教会学习的七名修士（除了他们之外还有几名从印度和日本来学习的修士）正在这个班学习人文科学，除了以上的几种课程之外，他们还将在明年这个时候，开始学习艺术类的课程；除了以上的几门课程，我们还有一门学习各种案例的课程。③

首门课程即是为公学的中国学生而设，次门则属非中国学生的，其中也包括传教士学习汉语的部分。

其时，圣保禄公学校长孟三德由于学生人数的增加，"原来的校舍已经变得狭窄和不舒适，即使对走读生来说亦是如此。学生们摩肩接踵，所有人都颇不体面地拥挤在一起……兴建一所足

---

① 关于其开办的年份，方豪神父主张为 1565 年。李向玉教授则依据文德泉神父《澳门及其教区》第三卷所述，定为 1571 年创办，创始人是教区视察员贡萨罗·阿尔瓦雷斯（Gonçalo Álvares），学校设于名为天主之母的小教堂附近。有关讨论见氏著《汉学家的摇篮：澳门圣保禄学院研究》，中华书局 2006 年版，第 13—14 页。

② 裴化行：《利玛窦评传》上册，管震湖译，商务印书馆 1998 年版，第 238 页，注 4。

③ 《圣保禄学院年报》（1594），第 62 页。

够宽敞的学校，不仅能够满足澳门人要为当地青年开设更多课程的渴望，而且还可以使天主圣母堂（按：即大三巴教堂）成为一个培养从日本到中国、到越南东京（Tonquim）以及这一世界尽头的其他国家的传教士的中心"。① 这便是著名的圣保禄学院。

学者维克特指出范礼安设立澳门学院是着眼于日本。他利用范氏的报告，指出"日本教省的 1592 年传教大会已达成一致意见，认为在澳门设立一所学院，是使耶稣会及基督教能在日本发展的唯一办法"。在范神父看来，该学院的宗旨主要有四条，包括：

一、日本的教友人数日渐众多，他们需要这所学院。

二、在日本的传教团就可以有一个培养自己人员的神学院，一些人员一经毕业，就可以供日本支会长所调遣。他着重指出，最好是在澳门为日本教会设立一所学院，使得那些来自印度与欧洲的耶稣会士可以在此同日本人交往，从而学习日文与日本风俗习惯……做好进入日本的准备。

三、日本这块异教徒众多的土地，乃由许多个君主（按：即大名）分别统治……这就形成了一个环境，一旦迫害爆发，就不可能维持一所学院和一所修院。然而，对于传教工作来说，教育训练能持续不断进行，是至关重要的。

四、耶稣会亲眼目睹基督教在日本的发展……为了避免闯祸，并且为了促进耶稣会在日本的建立，他所建议成立的学院，就是使教会能在该地蓬勃发展的唯一策略。②

1592 年，范礼安神父在日本决定"有必要在日本本土之外创办一所学校，以招收日本耶稣会会员入学"，原因是"当时日

① 《圣保禄学院年报》（1594），第 42 页。
② 维特克（John W. Witek）的论文《着眼于日本——范礼安及澳门学院的开设》载于《文化杂志》第 30 期《澳门圣保禄学院文集》，澳门文化司署，1997 年，第 43—53 页。

本内战所造成的动荡不安在年轻人的身上有所体现，影响到他们安心读书和培养神修的精神。另一方面，只有与完全是基督教的西方环境接触，他们才能有所收获"。①

经过了一年多的筹备，不花费日本教区的资助，升格为大学的圣保禄学院在 1594 年 12 月 1 日正式成立。② 除神学课程外，还开设了数学、天文、物理等课程。为了继续以往的工作，圣保禄小学仍予以保留。到 1731 年，学生人数仍达 170 人。③ 作为远东一所重要的学府，圣保禄学院肩负中西文化交流的重大使命。

范礼安在一切事务就绪后，将原来的机构一分为二："一个是与中国副省区相联系的天主圣母堂寓舍，那里有十名神职人员……另一个是附属日本省区的圣保禄学院，该院有十九名神职人员……还有八或十名来自日本的学生以及一些来自印度的学生，院长为孟三德神父。"④ 根据范礼安神父的指示，"学员还计划增设一些新专业，让学生学习和掌握更多的科学知识"。⑤ 除

---

① 桑托斯（Domingos Mauricio Gomes dos Santos, S. J. ）著：《澳门：远东第一所西式大学》（葡、中、英三语单行本），孙成敖译，澳门大学，1994 年，第 41—42 页。

② 全面介绍圣保禄学院的研究，除了上述李向玉教授的《汉学家的摇篮：澳门圣保禄学院研究》和桑托斯（Domingos Mauricio Gomes dos Santos, S. J. ）的《澳门：远东第一所西式大学》外，还有刘羡冰《澳门圣保禄学院历史价值初探》（澳门：澳门文化司署：纪念葡萄牙发现事业澳门地区委员会，1994 年）和澳门文化司署出版的《文化杂志》第 30 期《澳门圣保禄学院文集》（1997）。葡文资料方面更多，近年在澳门大学葡文系教授 A. R. Baptista 的 *A Ultima Nau：Estudos de Macau*（2000）较为重要，特别是第二章第三节"O Colegio De Macau"，第 45—56 页。以上各项作品均以圣保禄学院的建立、发展和建筑特色等为对象，大大丰富了我们对学院的了解。主要经费是一笔由"我们的老朋友佩德罗－金德罗给我们留下了一笔可观的资金——相当于一千五百克鲁撒多"。参见《圣保禄学院年报》（1594），第 58 页。

③ 李向玉：《汉学家的摇篮：澳门圣保禄学院研究》，第 29—33 页。同书第 62—65 页也记载了该小学一些教学和课外活动，如学生互助、竞猜谜语、戏剧表演等。

④ 桑托斯：《澳门：远东第一所西式大学》，第 44 页。

⑤ 《圣保禄学院年报》（1594），转引自李向玉《汉学家的摇篮：澳门圣保禄学院研究》，第 36 页。

课程安排外，该学院亦"仿照欧洲大学的考试制度"。总之，范礼安神父为学院设计了极为详细的章程，作为日后发展的基石。

经历各种困难后，澳门圣保禄学院日趋发展，不但成为日本传教的基地，也是日后日本教难严峻时期的避风港。此外，由于中国传教事业获得了范礼安的高度关注和制订适当的"适应性传教策略"，① 紧闭的大门终于打开，为 17—18 世纪来到东方的传教士提供最佳之训练基地，学院也促进了中西文化的交流。② 有学者总结圣保禄学院的贡献有两个方面：其一，学院是培养远东传教士和双语精英的摇篮，其范围包括马六甲、交趾支那、暹罗、柬埔寨、日本和中国。以中国为例，学院所培养的传教士，由于熟谙中国文化，把大量的中国典籍介绍给西方，如金尼阁、郭纳爵、庞迪我等将四书五经等译介到欧洲，而且还根据其在华的所见所闻所思，著书立说，初步形成了一支研究汉学的队伍；其二，学院是多民族文化交融的典范，以其学生来源而论，充分体现了不分种族、出身及文化背景，这种多元文化的相互对话、沟通与交融的范例，对今后世界文化的交流仍具有借鉴作用。③

三　圣若瑟修院

圣若瑟修院（St. Joseph College）是负责培养派往中国副省的传教士，原属保禄学院的分院，建立于 18 世纪初，并在 1728 年开

---

① 就有关策略的经过说明最为详细的，是沈定平《明清之际中西文化交流史——明代：调适与会通》，商务印书馆 2001 年版，特别是第 3—6 章。

② 因此，圣保禄学院虽"着眼于日本"，而实际上日本在 17 世纪初德川时代发生连串的禁教事件，故随后百多年的培训工作，主要对象仍是中国，再辅以对东南亚各国的支援工作。

③ 夏泉：《明清基督教教会教育与粤港澳社会》，广东人民出版社 2007 年版，第 122—124 页。

始招生，而修院的正式命名在 1732 年。① 林家骏主教曾将 1910 年前圣若瑟修院的历史划分为五个阶段，即 1728—1762 年，由耶稣会会士管理；1763—1784 年，由教区司铎管理；1785—1856 年，由遣使会会士管理；1857—1893 年，由教区司铎管理；1894—1910 年，由耶稣会会士管理。② 其中最为关键的是 1762 年。当年葡萄牙庞巴尔（Marques Pombal）侯爵在里斯本逮捕所有耶稣会会士，根据他的命令，澳门逮捕了不同国籍的 24 名耶稣会传教士。③ 事实上，耶稣会在 1773 年被迫解散。耶稣会被解散后，巴黎一批前耶稣会士一再请求帮助，身为法国传教区赞助人的路易十六乃向不同修会和宗教团体转达这一请求，最后由遣使会不无勉强地应承下来。故遣使会在 1784—1856 年负责管理圣若瑟修院的工作。④

直至 1758 年 9 月，位于澳门岗顶的圣若瑟教堂及神学院正式落成，说明在 1759 年耶稣会被葡国政府迫害前，学院的发展仍属正常。据文德泉神父的记载，Manuel Pinto 神父在 1728 年至

---

　　① 夏泉：《明清基督教教会教育与粤港澳社会》，广东人民出版社 2007 年版，第 126—127 页。又，关于圣若瑟修院创办的时间，各种著作分歧较大，有 1672 年说，1732 年说，1762 年说，甚至有 1630 年说，等等，不一而足，但真正注明原始资料出处的仅有潘日明神父，参见潘日明（Benjamim Videira Pires）《殊途同归：澳门的文化交融》，澳门文化司署，1992 年，第 122 页注 24。潘神父在 1960 年《宗教与祖国》杂志上发表了很多有关圣若瑟修道院成立的第一手资料；另有荣振华（S. J. Joseph Dehergne）《在华耶稣会士列传及书目补编》，中华书局 1995 年版，第 510 页；据林家骏主教称：1722 年乔治先生在岗顶盖了两所房子，1727 年乔治先生去世，将房子捐给耶稣会，故于次年耶稣会在这一基础上正式创办圣若瑟修院。林家骏：《圣若瑟修院简史》，《澳门教区历史掌故文摘》，澳门主教公署，1982 年，第 21 页。
　　② 林家骏：《澳门圣若瑟修院简史》《澳门教区历史掌故文摘》，第 21 页。
　　③ 吴志良、杨允中主编：《澳门百科全书》（修订版），《澳门大事记》1762 年条，澳门基金会，2005 年，第 619 页。
　　④ 张国刚：《从中西初识到礼仪之争——明清传教士与中西文化交流》，人民出版社 2003 年版，第 248—249 页。又据张氏统计，由 1784—1830 年，遣使会共派了 32 人来华，其中 14 人留在澳门，即平均每三年派遣一名神父赴澳。

1736 年期间担任首任院长。① 圣若瑟修院注重培训中国籍教士为
目的，但除神学外，也注重书法、拉丁语、科技、数理等科目。
同时，学院也开始招收世俗青年入学，并曾因应商贸发展的要
求，设立商科和海员训练班。

在圣若瑟修院创办初期，由于礼仪之争，雍正帝下令驱逐
内地的传教士，使学院的工作受到很大的限制。② 到了 1762 年
4 月 1 日，澳门颁布了关于耶稣会财产的王室命令：其教堂、
学校和讲经所，连同直接用于圣事的服装，均交给总主教管理
或者由国王确定的代理者。③ 次日，根据印度总督埃加伯爵向
澳门传达的国王命令，澳门耶稣会会员的全部财产划归澳门教
区：包括圣保禄神学院（Colégios de S. Paulo）、圣若瑟神学院
（Seminário de S. José）和圣母教堂（Igreja da Madre）及其墓
地（Cemitério）。④ 无论是圣保禄学院或圣若瑟修院，都受到重
大的挫折。7 月 5 日，葡萄牙首相庞巴尔侯爵（Marques Pom-
bal）逮捕耶稣会士的命令在澳门执行。凌晨 3 时，澳葡当局派
军队包围圣保禄书院与圣若瑟修道院。在圣若瑟修道院逮捕了

---

① 文德泉：《澳门教育》（葡文版），Macau：Direccao dos Servicos de Educacao e
Cultura，1982 年，第 208 页。

② 据文德泉《澳门教育》（葡文版），第 208 页载："因为基督教禁止学生实
行中国礼仪，雍正皇帝（1722—1735）开始与基督教为敌。1732 年，西班牙多明
我会神父圣白多禄（D. Pedro Sanz）（之后被追封为虔诚者和殉道者）和 João da
Cruz、Francisco Saenz、尤瑟彪·奥斯克特（Eusébio Oscot）和马努艾尔·特诺里奥
（Manuel Tenório）等神父被驱逐出境来到了澳门，寄宿在圣多明我修道院（Con-
vento de S. Domingos）；与他们一道被驱逐出广州的还有其他大约共 40 名传教士，
也都来到了澳门。"

③ 施白蒂（Beatriz Basto da Silva）：《澳门编年史：16—18 世纪》，澳门基金
会，1995 年，第 156 页。

④ Manuel Teixeira（文德泉），*Macau no Séc. XVIII*，Macau：Impernsa Nacional，
1984，p. 510.

13 名耶稣会士，在圣保禄书院逮捕了 11 名。[1] 11 月 5 日，他们装船押运至果阿。[2] 取缔耶稣会对澳门天主教打击很大，也加速了澳门天主教的衰落。[3]

从修院成立的 200 多年来，该校外读生曾经有数次较大的发展，特别是在 1784 年、1870 年和 20 世纪初。[4] 到了 20 世纪 30 年代成立圣若瑟中学和小学部，50 年代初则因应社会需要，设立了颇受欢迎的幼儿教育师范课程。[5]

四　结语

自从地理大发现以来，中国与西方无论在经济、文化和科技上，都不断往还，造成了早期全球化的产生。在 13—18 世纪五百年内，在西方的旅行家、商人和传教士的笔下，中华帝国不但领土辽阔、政治昌明、人口繁庶、经济发达，教育方面亦极为普及，各级官员基本上是通过严格科举考试、文化程度甚高的读书人。这一切，对

----

[1]　吴志良、汤开建、金国平主编：《澳门编年史》第三卷，1762 年条，广东人民出版社 2009 年版，第 1027—1028 页。被捕名单包括属中国副教区，驻圣若瑟堂的葡萄牙籍神父纪类思、费德尼、归玛诺、西方济、西若瑟、法安东、习安东、甘玛诺，葡萄牙籍修士麦西蒙，意大利籍神父穆安东、傅方济，中国籍修士许方济、杜兴福；属日本教区，驻圣保禄堂的有葡萄牙籍郭方济、贡西夫、西多默、贡玛诺、欧华利斯、罗历西修士，德国籍格拉夫、柯约翰神父；属法国耶稣会，驻圣保禄堂的嘉类思、赵加彼、纽若翰神父。

[2]　费赖之（Louis Pfister）：《在华耶稣会士列传及书目》，中华书局 1995 年版，第 725—727；《清代澳门中文档案汇编》下册，《香山知县张德洞为催令查报干隆二十七年捉拿大小三巴寺僧下理事官谕》，澳门基金会，1999 年，第 514 页。

[3]　施白蒂：《澳门编年史：16—18 世纪》，第 158 页；费赖之：《在华耶稣会士列传及书目》，第 837 页。

[4]　冯增俊主编：《澳门教育概论》，广东教育出版社 1999 年版，第 61—63 页。关于圣若瑟修院在 19 世纪 70 年代的状况，可参见文德泉《澳门教育》（葡文版），第 228—240 页。

[5]　文德泉：《澳门教育》（葡文版），第 257—264 页；冯增俊主编：《澳门教育概论》，第 62—63 页。

西方文化的演进亦曾产生积极的影响。然而，自文艺复兴以来，西方的科学艺术，包括天文、物理、数学、音乐、绘画等均有急速的发展，教育亦有重大的进步。因此，葡人来澳居住后，便引进了其国教——天主教来华。耶稣会是天主教一个新兴教派，创办人是罗耀拉，该会十分重视教育工作对传教事业的帮助。因此，在亚洲地区（印度及东亚区域），巡察员范礼安在 1573 年履任后，直至 1606 年范氏埋骨于大三巴（圣保禄教堂），其间均致力于传教事业的开拓。为提升教士的宗教、科学和语文能力，范氏在澳门建立了中国第一间大学：圣保禄学院。① 到了 18 世纪，圣若瑟修院成立，并继圣保禄学院之后成为澳门主天主教主要的教育机构，发挥了承传高等教育的重要作用。

---

① 　按：由于日本早于澳门开办高等教育，故澳门圣保禄学院可能不是远东第一所大学。然而，以当日和后来的影响而言，它在 17、18 世纪时是东亚最重要的一所大学，因为随着德川家族对禁教的严厉执行，日本原有的学院早在 17 世纪初便结束了。又，有学者认为学院只属神学院性质，与现今一般的大学有所不同。然而，笔者认为即使有所不同，此学院也绝对可被视为 post-secondary college。它既不属于中等学校，可概称之为大学，相信也非过誉。事实上，我们只需看看在 17—18 世纪由此学院训练之人才，便当首肯其名实相符。又，方济各神父和范礼安神父以为自己未能踏足中国而深感遗憾，这也是错误的，因为他们无论是身处上川岛或澳门，其实一直都是中国的领土。

澳门中式教育及新式教育的兴起

郑润培

一 澳门教育传统概况

(一) 科举

早在宋代，澳门已有龙田村与龙环村，村民靠渔业为生。明初，有望厦村赵氏一族在来到澳门定居。明嘉靖元年（1522），朝廷以"倭寇猖獗"为名，封闭泉州、宁波二港，仅存广东市舶司，促进了澳门对外贸易的发展。澳门在明嘉靖十四年（1535）开港成为舶口之时，[①] 居民其实不多，而明朝政府视广东沿海岛屿为化外之所，自然谈不上文教设施。那时居住澳门的华人，大多数是粤籍渔民。他们没有报考功名的资格与时间，只能以网鱼为业。随着澳门贸易的发展，澳门人口继续增加。明嘉靖四十二年（1563），澳门总人口数为5000人，其中华人有4100人，葡籍有900人。[②] 据黄鸿钊整理认为明嘉靖四十三年至万历四十一年（1564—1613）在澳门的葡国成人有1万。而据庞尚鹏嘉靖

---

① 金国平：《澳门源考》，吴志良、金国平、汤开健主编：《澳门史新编》第一册，澳门基金会，2008年，第50页。

② 黄启臣：《澳门通史》，广东教育出版社1999年版，第9页，《1555—1997年澳门人口变动统计表》。

四十三年（1564）的奏疏说："近数年始入濠镜澳筑室居住，不逾年多至百区（指小屋间数——引者注），今殆千区以上。"[1] 华人的数量增加带来对教育的要求提升，科举制的中式传统教育模式是居民的必然选择，不过，华人的数量有限，而且其中还包括渔民及从事商贸生意的人，人口流动性大，所以中式教育并不发达。

明万历二十二年（1594），远东最早的西式高等学府成立，标志着早期西式教育在澳门发展的重要里程碑。耶稣会在澳门成立了圣保禄学院，培养准备进入中国、日本、越南等地传教的神职人员。这所大学成为东西文化的桥梁，一方面把西方技术、艺术等知识引入中国，另一方面把中国的典籍如《四书》、《五经》、《易经概说》甚至《本草纲目》等加以翻译，让欧洲学者学习。葡人对澳门的教育发展，主要为了宗教及贸易的需要，加上澳葡的自治会采用双重效忠政策，[2] 名义上接受葡萄牙王室和法律的管治，实质上则受明清政府的严格制约，没能力理会华人的教育。澳门华人对澳葡的西式教育亦不理解和重视，科举考试仍然是华人教育的传统核心价值。就是到了清光绪二十年（1894），澳葡的官立中学正式成立。清宣统二年（1910）开始出现可供华人子弟入学的官校，但华童入读极少。[3] 中式与西式的教育双轨并行，互不干涉。

明万历元年（1573）至崇祯十七年（1644）的72年间，是澳门对外贸易的黄金时代，因国际贸易流入的白银达1亿元。除商业贸易外，还有铸炮厂、船厂和军械火药生产。经济发展，劳动力需求增加，使澳门人口上升，1640年人口达到4万，是澳门人口的第一次高峰。其后清政府在顺治十八年（1661）颁布

---

① 黄鸿钊：《澳门史》，（香港）商务印书馆1987年版，第39、50页。
② 吴志良：《澳门政治发展史》，上海社会科学院出版社1999年版，第59页。
③ 刘羡冰编著：《澳门教育史》（第二版），人民教育出版2002年版，第10页。

迁海令，使澳门犹如一个孤岛，雍正三年（1725）严格控制葡国的船只为 25 艘，使贸易不前，造成澳门人口下降。乾隆八年（1751），澳门人口下降至 5500 人，其中葡人约占 3500 人，称为澳门人口的第一次大低谷。① 经济环境变化使人口减少，加上数量起伏变化过大，例如以明万历八年（1580）人口指数为 100 来算（20000 人），由明万历八年至崇祯十三年（1580—1640），人口指数由 100 升至 200，而由明崇祯十三年至清乾隆八年（1640—1743），人口指数由 200 下降至 27.5，② 在这种情况下，要开展中式教育是十分困难的。

不过，随着澳门经贸稳定发展，尤其是 17、18 世纪鸦片贸易带来的商机，促使澳门人口继续增加，而接受教育的观念亦有所加强。（1）商业上：由渔村发展为市场的澳门，各业商人，为了贸易沟通，接洽生意，记载盈亏数案，教育子弟营商，均认为有读书识字的必要。（2）环境上：中西人士最初相处，语言文字两相隔阂，无形中各有种族歧见，后来知识较高的人士，认为要增进感情，必须达到相当知识水准，所以从启蒙兴学着手。（3）观念上：明清时代，国人重视功名。那时自外地来澳或由内地迁澳居住的富豪，已不乏其人，他们都存着传统的功名观念，认为创业守成，修身齐家一定要提倡教育。

（二）私塾

澳门的中式教育内容，明清时期跟中国其他地区的情况一样，也是以传统的私塾教学为主。学生以通过科举考试，获得一官半职为目标。其中以澳门望厦村村民赵元略、赵允菁父子先后在乾隆丁酉科（1777）及嘉庆辛酉科（1801）中举为代表。赵

---

① 郑天祥、黄就顺、张桂霞、邓汉增：《澳门人口》，澳门基金会，1994 年，第 26 页。

② 黄启臣：《澳门通史》，第 9 页，《1555—1997 年澳门人口变动统计表》。

家大屋高悬"父子登科"的横匾,成为澳门读书人的典范。

赵允菁,澳门望厦赵氏家族第 26 代,赵元辂长子,早年中举后一直以教育为业。未出仕前在澳门办有学塾,曾望颜即从其学于澳门;后又在香山县凤山书院任主讲,收门人甚多。清道光六年(1826),出任始兴县教谕,并任文昭书院山长;道光八年(1828),两广总督李鸿宾调赵允菁至省,任越华书院院监;道光十三年(1833),授连平学正,以道途迢远不就,改授翰林院典簿。他一生以教育为己任,成为岭南著名的教育家。时人称其为"粤海名宿,学问宏深,品行纯粹,深得士心。登门强者,如坐春风,如依慈父"。门下学生,多学问高,才思敏捷,如潘正常、曾望颜、鲍俊、潘炜、伍崇耀、林德泉、招子庸、林谦、刘履元、曾智克等均为一时之名人。赵允菁在澳门除了从事教育业外,还以地方乡绅身份参加清政府对澳门华人的管理,成为当时澳门华人中最具影响力的人物,著作有《书泽堂文稿》。① 道光十四年(1834)3 月 3 日,赵允菁病逝。

澳门虽然是一个小地方,但在中国科举制度中,却有一项记录,就是中国最后一次科举考试——清光绪三十年(1904)甲辰科,澳门的李际唐在殿试后,通过朝考入选翰林,成为澳门唯一的"太史公",而澳门也曾有过一幢"太史第"。这幢太史第原在南湾街(现改名南湾大马路),地下大厅上高悬李际唐获钦点翰林的圣旨,神案两旁竖有"太史第"、"肃静"、"回避"等红地金字"高脚牌",十分威风。20 世纪 70 年代拆卸改建新大厦。甲辰科的考试中,广东的商衍鎏(1874—1963)中了探花,当时任教翰林院编修。中华人民共和国成立后,曾任中央文史研究馆副馆长、广东省文史研究馆副馆长、广东省政协常委。他与

---

① 《赵书泽堂家谱》之《浦江赵氏家谱》,第 57、58、59、64、68 页;《家乘略钞》之《赵氏家族约钞》,第 57 页。

李际唐很友好，民国初年曾到澳门，在南环街的太史第居住了一段时间。

当选翰林公是由广东省新会县移居澳门的李际唐。李际唐本名翘燊，字贤发，号际唐。他的家族曾在广东多地经商，后由新会移居澳门，至他父亲在澳门经营赌业起家。李际唐是长子，少年时聪颖而慕功名，光绪二十九年（1903，癸卯年）七月考获秀才，八月中举人。次年（光绪三十年甲辰，1904）甲辰科上京考试，三月中进士，四月钦点翰林，在短短不到一年时间，成为澳门唯一的太史公。甲辰科是中国历史上科举制度的最后一次科举试，此后未再举行。

（三）塾师

清末以前澳门教育的场所，都以塾师为主，设立私塾。相传澳门学塾，分蒙馆与经馆两种，充蒙馆塾师的，大多为无名白丁，充经馆塾师的，则为清寒秀才，或有名望的老学究。六七岁至八九岁儿童上学，称为"启蒙"，十三岁以上至二十岁青年从师，称之为负笈从游，塾师管教学生的形式，约分下列数点：

（1）授书：《三字经》、《百家姓》、《千字文》、《四字鉴略》、四子书之类，教时用朱笔圈点，儿童天资聪敏的，教三五遍乃能成诵，鲁钝的，必咿唔终日而后止，命儿童苦读熟记，限令次日完全背诵，并无讲解，诵熟方加诠释。

（2）习字：习字分为两阶，在启蒙阶段内，最初课以扶手描字，所描"上大人，化三千"之类，其次脱手写字，令学童用笔墨填上，再次写影本，由蒙师写母字照写，到练字成熟阶段，教以摹仿碑帖。

（3）讲字义：由蒙师按每一字义简单讲解，命学童复讲。

（4）属对：最初用一字对联，像"天对地"、"日对星"之类，然后由二三字至五七字属对，并教以"平"、"上""去"、

"入"四声及"一三五不论，二四六分明"的说法。

（5）学文：学文一途，必须在经师大馆，大馆例定四子书和《春秋》、《诗经》、《易经》、《尚书》、《礼记》五经，读完后，再加上研读古文、明末清初的闱墨文和八股文。澳门在明、清时代的学童，多在完成蒙师学塾阶段，便从商场持筹握算上找寻出路，甚少转入大馆读书，有的则是极少数的殷富子弟，故澳门当时一般学塾大多是教学生认识一些文字，能写普通应用文件或往来书信之类罢了。

（6）体罚：塾师引《书经》"扑作教刑"一语为教条，师席间设有戒尺笞杖，学童畏惧老师。

当时澳门的学塾，名目繁多，教法皆拘守成法，多以塾师个人名字作为名衔。当时的学塾，计有锄经学塾、道南学舍、孔厚田学塾、萧莲舫学塾、陶瑞云学塾、松雪草堂学塾、我师草堂学塾、林书乙学塾、李伯仲学塾、林子尚名学塾、陈子褒学塾等十余间。

私塾之外，另有一种是大家庭延聘专师的教育形式。明末一般迁往澳门的殷富华人，或告老不仕的官宦阶层，他们经济条件较佳，对于已成年或未成年的子弟，都注重延聘具学问名望的塾师入屋课读，风气颇极一时之盛，所以当时出现屈屋、高屋、陈屋、卢屋、蔡屋、傅屋、郑屋等名称。延师入屋的礼仪十分隆重，讲究气派，繁文缛仪，具有地方特色。延聘专师的礼节，一般情况如下：

（1）选师资：先决条件，要被延聘者具有文学渊博的声望，其次品行道德优美，又其次诗词歌赋文章皆有专长，具备此三者的塾师，将会受到普遍家长的热烈欢迎。

（2）议学俸：被聘的塾师，称为西宾，延师家长称为东主，由东主用红笺楷书关约（聘书），载明任期和俸金交与受聘塾师。

（3）贽敬礼：塾师入屋时间，多在农历正月元宵以后，退馆时间，约在重九登高之前，迎送时不问道路的远近，东主须备具舆马，一应仪式，备极崇敬。寝息的地方，亦多力求整洁舒适。

（4）供膳：大家庭延聘师的主要礼貌，除迎接宴会和四时季节馈送厚重礼物外，还有供膳问题。澳门一般殷富之家对于延聘老师供膳，多很丰富、精美。

（四）义学

义学亦是中式传统教育之一，主要是乡里居民或家族团体延聘塾师，为成员子弟提供受教育的机会，一般只希望子弟略懂文墨，要求不高。澳门也有同样的义学，如：美副将马路普济禅院附近的黄东旸书屋，沙梨头土地庙的更馆社学。到19世纪中叶，澳门百业凋敝，失学儿童随处皆是，关心教育人士，感到兴办义学是急不容援。清光绪十八年（1892），镜湖医院董事举办蒙学书塾5所，分布在连胜街、卖草地、新埗头、水坑尾、新桥，五所总称为"镜湖义塾"，以利便各区年幼的儿童就学。该项义塾，情况一如私塾，只是免收学杂费。每塾特聘宿儒一位，担任教学。塾内设有孔子像、戒方、《三字经》及《四书》、古文、尺牍等。光绪三十一年（1905），合并为一所稍具规模的小学，称为"镜湖义学"。

渔民教育也是澳门传统中式教育的一种，一般采用大渔船延聘专师的教育方式。澳门开埠以来，百业创兴，其中以渔业发展为最迅速。清初大小渔船，正式在海面执行渔业者，正确数字，无法统计。据澳葡政府水警司记载，当时大渔船达八百余艘，小者亦有两千余艘，均是聚族而居，鱼产量甚丰，渔民获利为远东渔业之冠。其间尚有远洋渔船，每当结队出海捕鱼，动辄需时数十天始返，可见澳门当时渔业的兴盛，达于顶点。

一些大号渔户，因为没有接受教育，不懂文字，平时与人通书札、记录银钱往来，尤其是要处理鱼栏交易等事，必须假手他人，认为督促子弟练习读书习字，实为迫切需要。但因交通关系，把子弟送往岸上攻读，感到烦苦，故不惜重金，聘请塾师来船上教读。有大船独自一家延聘的，亦有甲船与乙船之间比邻共同延聘的。渔船延聘塾师的方式，与岸上大家庭延专师的习俗，大致略同，关于塾师束修的奉敬，日常膳馔的丰盛，特别从优，执礼甚恭。所不同的是延聘老师的时间，为了配合渔船作业，订为一个月或三个月不等。如宾主感情融洽，便继续立约延聘。许多小型渔船，因无力聘请塾师，多利用亲友或同邻的关系，附船搭课。不过，在海上任教与陆上任教的生活条件总有距离，许多在陆上长大的秀才很难适应，因此师资匮乏，加上渔民属于社会底层，接受教育的动力不强，所以接受教育的效果有限，到 20世纪 80 年代末期，估计 30 岁以上的渔民文盲仍占 70%。

二　新式学校的兴起

晚清时期，澳门的传统教育开始了教育现代化转变。这种变化，是受到澳葡政府、教会、清政府三股力量的影响，而其中力量最强的，可说是清政府的教育改革。

澳葡政府方面：由于鸦片战争暴露了清政府的弱点，从清道光二十六年（1846）亚马留任澳门总督起，就结束华人与葡人共处分治的局面，开始全面夺取澳门的治权与主权。对华人的教育，亦开始订立一些新规定。清同治七年（1868）4 月 21 日，澳葡批准成立一间以居澳华人子女为授课对象的葡语学校，不久，准许华人子女入读澳门葡人"所有新设教华童义学"学校，光绪七年（1881），又批准在氹仔及路环各建一所小学，让交不起学费的穷家子弟接受中文教育。同时，澳葡给予特惠鼓励华人子女学习葡语。澳葡此举虽有"同化"的目的,[1] 但就读的华人很少,对传统中式教育的冲击不大,不过客观上促进了中西教育文化交流。

教会方面:澳门天主教会在 1911 年才开始着重中文教育,在氹仔办了圣善小学。基督教传教士郭士立在道光十四年(1834)在澳门开设一所女塾,后来兼收男生。其后在该学塾的基础上,筹建了马礼逊纪念学校,由传教士布朗主持,收了容闳、黄胜、黄宽、李刚、周文、唐杰六名中国学生。校内教授算术、地理和英语、国文等科。不过,整体来说,就读的华人不多。

对澳门传统教育冲击最大的,就是中国的教育变革。从文化传统与地缘来看,澳门的教育现代转变与中国的教育发展息息相关。从 19 世纪 60 年代开始,清政府对传统教育作出改革,一方面是革除旧教育的弊政,另一方面是创办新教育机构。这些新教育机构主要培养语言、技术、军事人才,社会地位未能等同传统科举出身,所以对澳门的传统教育影响有限。光绪二十四年(1898)的维新变法,开始了对澳门传统教育的冲击。因为这个改革是由上而下,提出把沿袭数百年的八股取士废除,对广大的士子产生极大震撼。虽然变法失败,但参与其中的陈子褒(1862—1922)来到澳门办学,把改革的理念在澳门落实,展开了澳门传统教育现代化的第一步。

陈子褒是广东新会人,清光绪十六年(1890)在广州设帐讲学,光绪十九年(1893)乡试中举,与康有为同科中举人,在此期间成为康有为的万木草堂弟子。光绪二十一年(1895)在北京会试期间参加"公车上书",投身变法维新运动。戊戌变

---

① 查烂长:《转型、变项与传播:澳门早期现代化研究》,广东人民出版社 2006 年版,第 281 页。

法失败后，逃亡日本，顺道考察日本教育。他把教育视为救国的主要方法，教育的目标在培养新国民。光绪二十五年（1899）从日本回国，在澳门荷兰园正街 83 号创办一所小学，[①] 初名蒙学书塾，后改名为灌根书塾，继改称子褒学塾。他的胞弟在邻近地方设立子韶学塾。兄弟分别招收高初两等学生。陈子褒本身虽是科举出身，但属维新派人物，首先提倡用浅说白文教学。他自编妇孺浅说教科书数十种，故自号为"妇孺之仆"。

同时，陈子褒联合卢湘父等人，在澳门成立了中华教育学会，会所设立在蒙学书塾内。不久，陈子褒将该会改为蒙学研究会。该会章程规定："会以研究蒙学为名，此外概不之及，即教育中之中学条理亦姑置之"；而且，规定互相讨论问题的人限于正在从事蒙学教育者。[②] 该会经常在报纸上以问答形式讨论有关儿童教育的问题。

陈子褒学塾，当时在澳门享有很高的声誉，学生人数达百余人。上课地方不足，则迁往龙嵩街，后再迁荷兰园二马路，更改名为灌根学校。而子韶学塾则迁往皮梓堂街国华戏院现址，改名为澳华学校。该二校为澳门作育英才，不少时贤硕彦出于子褒学塾之门，如洗玉清、李应林等辈，比比皆是。

戊戌变法失败后，陈子褒一度参加保皇会。据说，他到澳门创办学校，本来是想为康有为的勤皇建立一个基地。陈子褒编印了一些称为《三字书》、《四字书》、《五字书》的国文课本，来代替旧的《三字经》等，有意识向学生介绍康、梁的维新思想和保皇观点。例如《三字书》中就有"戊戌年，朝政变，康有为，一出现"，和"光绪皇，好皇帝，愿我皇，万万岁"的句

①　据夏泉、徐天舒《陈子褒与清末民初澳门教育》注 6，以陈子褒自己文章所述为依据，指出刘羡冰《澳门教育四百年》所载的 1899 年有误，子褒学塾的创办的时间当为 1901 年。澳门大学澳门研究中心编：《澳门研究》2004 年第 22 期。

②　《蒙学研究会章程》，《文言报》第 10 号，广告栏。

子。《四字书》、《五字书》的内容都是根据康、梁的学说和游记来介绍西方的科学和外国风土人情。这些课本当时曾被港澳甚至广州一些学校所采用。但在光绪二十六年（1900）以后。陈子褒的思想发生了变化，脱离了保皇会的政治活动。他甚至在革命党人的《中国日报》发表文章，表明自己反对光绪皇帝复权、反对君主立宪的政治态度。[①] 不过，陈子褒并没有转而成为革命党人，他选择了教育救国的道路。

光绪二十六至三十年（1900—1904），他接受当时在澳门的格致书院汉文总教习锺荣光的邀请，主讲该校的暑期国文讲习班。其后，格致书院发展而成岭南大学，他的一些学生在岭大任教，对提高岭大的中文教学水平作出了贡献。在澳门期间，他还率领弟子先后创办了培根平民义学、赞化平民义学、灌根劳工夜学。1918年，他把学校迁往香港，名为子褒学塾，后又改名子褒学校。1921年，他在香港开设了子褒女校，后来又联同其他人创办了培道联爱会工读义学。他一生致力教育事业，1922年病逝。

澳门的中式教育由传统到现代，陈子褒可以说是其中的代表人物，他在澳门推行的教育，打破传统科学制度的模式，开澳门现代教育的先河，具有划时代的意义。他在澳门施行的新式教育，概括有下列数项：[②]

（1）课程方面：陈子褒从开民智、养人才出发，培养学生具有一般国民"通常之智慧"。[③] 根据1912—1913年的《灌根年报》和1921年的《子褒学校年报》的介绍，学校开设了字课、

---

①　陈子褒：《论光绪帝之复权》，《陈子褒先生教育遗议》，第108—109页。

②　参见邱捷、颜远志《陈子褒的教育思想》，宋柏年、赵永新主编：《中外文化交流与澳门语言文化国际研讨会论文集》，澳门理工学院，2002年。何文平、颜远志：《平民教育家陈子褒与澳门》，《澳门杂志》2004年10月，澳门特别行政区政府新闻局。

③　《蒙学会问答》，《文言报》第10号。

经学、算学、历史、地理、物理、英文、国语、手工、唱歌、体育、诗集、法政等，包含现代小学甚至是中学的主要课程。

（2）班级方面：最初采用单级教授法，不同年级编在同一班，即今日通常称为复式班；随着学生增加，学校改为分年级编班。

（3）教学法方面：他注重儿童心理，采取多种方法提升学生的学习兴趣，对讲课的方法，包括声音大小、节奏快慢都作了研究，以使"学童入于耳，印于脑"。[1] 他反对灌输教学，提倡启发式教学。在讲课中常常"带定一个何以"，鼓励学生多提问。[2] 他对学生的任何问题都逐一解释，常和学生展开讨论。为了方便比较害羞的学生提问，他在课室中设立了"待问箱"，学生可以书面提出问题。[3]

（4）语文教育方面：他反对儿童过早读经，用自己编写的白话课本作为教材。先教认字解字，在此基础上再让学生填字串句，使小学生在运用中加深理解，"故初学的人，都自觉的知道自己日日都在进步"。[4] 他先要求学童学会串字、造句、译文（文言白话互译），在学童有了一定知识和训练之后才开始作文。

（5）学生发展方面：他注重学生全面发展，学生不应局限在书本上学习。他很注意增强学生的体质，在学校的选址、校舍的建设，甚至各年级教室桌椅的设计，他都要求有利于儿童身体的发育，还把个人清洁、保护视力、注意饮食等列入教学内容。他规定初等小学每日授课时间为 5 小时，高等小学为 6 小时，其中 1 个小时为体操时间，每课时之间有 15 分钟的休息。在他所办的学校，体育课有着重要的地位。

---

① 陈子褒：《讲解读之教授法》，《陈子褒先生教育遗议》，第 72 页。
② 陈子褒：《何以》，《陈子褒先生教育遗议》，第 97 页。
③ 《灌根年报》1912 年，"纪事"第 13 页。
④ 王齐乐：《香港中文教育发展史》，香港三联书店 1996 年版，第 197 页。

（6）处理学生纪律问题方面：他采用以激励为主的方法，在学校设立"记功簿"，只记功不记过，让学生竞争上进，[①] 强烈反对体罚学生。他认为，如果对学童"鞭挞绳缚若囚徒"，那么学童就会把学塾视为监狱，不仅失去对学习的兴趣，而且会影响学生道德和心理的成长，使学生"偷薄庸劣，日趋下流"。[②] 对必须惩罚的严重违反纪律的学生，他依据儿童的心理，采用不损学生健康、不伤学生心理的处罚方法，使学生"知己之非，不再重犯"。[③]

（7）对老师的管理方面：陈子褒极为注重教师的表率作用。在办学时严格选择品格高尚、学问优良、热爱教学的人当教师。他本人亲任课程，大小课卷，一定亲自批改；上写字课，亲自书写字格让学生临摹；上作文课，他亲自撰写范文供学生学习。其诲人不倦的精神使学生受到感染和教育，受业于他的学生，多数"小以成小，大以成大"，各有所立。[④]

（8）学校体制方面：是中国女子教育的先驱者。清光绪三十三年（1907），政府学部的章程仍规定"女子小学堂与男子小学堂分别设立，不得混合"。[⑤] 而早在光绪二十九年（1903），陈子褒就在自己所办的学塾招收女生，实行男女同校。他不顾顽固势力的反对，提倡并实行女子教育，不仅培养了一批女子人才，而且起了开风气的作用。

（9）教科书方面：陈子褒不满意当时以浅近文言文编写的一批新的教科书，认为对学童来说尚嫌艰深，极力主张用白话编写蒙学教材。他从 1900—1921 年用白话为儿童妇女编写的国文、

---

① 《小学校教科章程》，《教育说略》，蒙学书塾 1900 年刊，第 22 页。
② 陈子褒：《体罚教育学》，《陈子褒先生教育遗议》，第 16 页。
③ 同上书，第 17 页。
④ 杨寿昌：《陈子褒先生》，《广东文征续编》，第 370 页。
⑤ 《奏定女子小学堂章程》，《中国近代学制史料》第 2 辑下册，华东师范大学出版社 1989 年版，第 657 页。

历史、习字等教材达四五十种。他编写的国文课本包括字课课本、释词课本和妇孺读本。陈子褒认为，训蒙的关键是识字解字，因此，字课课本的编写尤为重要。他前后花近 20 年时间，把 7000 个汉字按由浅入深的原则编成了一套七级字课书（通行于世的是第一到第五级，第六、七级未及刊行）。他还编了《妇孺三字书》、《妇孺四字书》、《妇孺五字书》等读本，代替传统蒙学的《三字经》、《千字文》。这些读本，尽量用儿童的口头语，把各种知识以及道德、修身教育的内容编成韵文，便于朗诵和记忆。

陈子褒开澳门教育风气之先，同期，一些教学较为新式的改良书塾亦相继出现。著名的有创办于清光绪二十七年（1901）崇实书塾。书塾初设在卖草地街租得二楼两座，学生仅得十余人。课程专授经、史、书、算，课余之暇，偶然以爱国歌曲，教授学生演唱。于民国元年（1912）迁往天神巷三十七号（即宋氏大屋），学生随增至百余人，分高初两级，按民国当时学制，改名为"崇实初等高等小学校"。①

不久，清政府施行新政，全面推行学堂政策。清光绪二十八年（1902）公布《壬寅学制》，规定各级各类学堂的培养目标、修业年限、入学条例、课程设施等。光绪三十年（1904）公布《癸卯学制》，对各级教育，从宗旨目标到学校管理、教学方法、仪器设备等，都有详尽的规定。并通过光绪三十一年（1905）发布停科举，使传统教育观念的转变加剧，亦使新式学堂的发展加速。澳门受到影响，开始有新式学堂出现。

澳门的新式教育主要是维新人士掌握，而同盟会为宣扬革命思想，推翻清朝统治，亦希望在澳门创立一学校，让同盟会会员来澳门时有一根据地，遂于光绪三十四年（1908）在澳门创办

---

① 王文达：《澳门掌故》，澳门教育出版社 2003 年版，第 304 页。

"培基两等小学堂"。学校校长潘才华早年留学日本，在东京加入同盟会。但潘才华回国后主要忙于商务，并没有积极参加同盟会的活动，对于学校事务也不大过问。正式负责该校务的是同盟会会员谢英伯。培基两等小学堂是当时港澳两地唯一曾获得清政府核准立案的学校。清末华人小学是九年制，分高级和初级两等，主要学习《四书》及《五经》后便可以毕业。学生年龄一般也比较大，高年级学生多数为 16—17 岁，甚至到 22 岁。学生共有 100 余名。该校也使用子褒学塾一样的课程与教科书。同盟会会员区大球、王岐生、陈峰海、李醒魂、刘卓凡等先后到校演讲。由于演说会不断宣传革命，澳门当局开始干涉学生行动，演说会被迫停止举行。①

华商学堂是维新人士在澳门首创，他们在港澳间，或办报刊，或办教育，借以宣传维新宗旨。学堂以知识德智体群并重，具备现在学校之形式，与传统的学塾不同。一般的学塾只是一二老师宿儒所设之训馆，收徒教学，只授经学古文，间或兼教珠算信札，属于守旧派人士。②

华商学堂创于清朝宣统初年（约 1909），设立在天神巷 37 号。屋旁开辟草地广场，设置有秋千架，运动仪器等，提供学生体操运动及游戏之用。学堂按各学生的程度，分编为甲、乙、丙、丁各班，没有所谓第几年级。全学堂的学生人数约有一百余名，以当时澳门人口而论，学生人数亦不算少。所授课程除当时的新式读本以外，仍要攻研经学训诂，等等。图画、唱歌、体操、游戏等科亦有设立。华商学堂在澳门不过如昙花一现，只有

　　① 冼玉清：《澳门与维新运动》，林亚杰：《广东文史资料存稿选编》第 6 册，广东人民出版社　年版，第 620 页；赵连城：《同盟会在港澳活动和广东妇女界参加革命的回忆录》，全国政协文史资料委员会编：《辛亥革命回忆录》第 2 册，文史资料出版社 1961 年版，第 302—306 页；何伟杰：《澳门与中国国民革命研究：1905 年至 1926 年》第二章，香港中文大学历史系博士论文（未刊稿），第 84—85 页。
　　② 王文达：《澳门掌故》，第 297 页。

一两年时间便结束。原因是当时有一名学生因练习秋千而跌毙，使所有学生家长害怕其子弟嬉戏会遭遇不测，又认为图画唱歌、体操游戏是荒废学业之举，所以纷纷退学。

晚清推行新政未久，辛亥革命推翻清朝统治，1912 年南京临时政府教育部颁行《普通教育暂行办法》（14 条），内容包括清末各项学堂改称学校，初等小学可以男女同校等。澳门的华人教育亦配合作出改变。

光绪三十一年（1905），由五所学学塾合并而成的镜湖义学，至 1912 年将学校制度革新，依据中国教育部立案，把从前之甲乙丙班，及蒙学两班，改为初小一二三四年级，及高小一二三年级，完成小学七年学制，定名为"镜湖小学"。

在此期间，很多有志之士在澳门兴起办学热潮，如：1914年，热心英文教育者，如蔡克庭、郭枸、区利仁，发起成立"树学会"的组织。开办"澳门英文学校"（简称为 M. E. C）。该校学制是依香港学制，设有由 Form 1 至 Form 5 各级，高级完全用英语讲授。且于每年派学生参加香港大学堂会考之初级试和本级试等。1912 年该校加设汉文小学部，校名改为澳门英文、汉文学校。又如 1923 年吴寄梦办励群小学，陈公善办陶英小学，1928 年廖奉基的粤华中学从广州迁来澳门，其他如濠江小学、知用小学、致用小学、佩文小学、宏汉小学、华仁中学、中善中学等，澳门的教育完成了由传统过渡到现代的转变。

三　结语

澳门虽然身处中西文化汇集之处，教育的发展也是中西并行，不过，从传统教育发展成近代教育来看，澳门受到中国内地方面的影响较大。从科举制、塾师、义学转变成近代新式教育，主要与中国教育的变化，关系较为密切。在旧式的科举传统教育下，师塾与塾师，无论在教学内容及教学形式、方法上，与中国内地，特别是华南地区的师塾教育，没大分别。

至于由传统教育过渡至新式教育，亦是受到中国内地的影响最深，澳门本地的葡人教育，所起的作用并不显著。就新式教育而言，无论在课程、学校的建立、师资等方面，都是由中国内地移入澳门，要是没有晚清的动乱政局，情况也是一样，晚清动荡政局只是加速了国内教育的移植。就以陈子褒及华商学堂为例，这些新式教育的先驱，早晚也在澳门开花结果，只是时局变化加速了他们在澳门的发展。其他较晚开设的新式教育学校，如知用小学、致用小学、佩文小学、宏汉小学、华仁中学、中善中学等就更明显了。总而言之，澳门的教育发展政策与方向，特别是以绝大多数居民为对象的中式教育，与中国的关系极为密切，由传统转为近现代教育，主要是因应中国教育变化所致。

港澳传统与新式学校古建筑初探

何伟杰

一 前言

过往有关教育史的研究中，私塾往往被指为是保守的教育力量，与现代新式西方教育形成强烈的对比。事实上，诚如研究中国现代文学卓有成就的王德威教授晚所发现，晚清文学与五四新文学之间其实有密切的继承关系，并且提出了"没有晚清，何来五四"的著名说法，引起文学界的激烈讨论。[①] 本文尝试借用这种说法来考察香港及澳门地区在 19 世纪末至 20 世纪初期，中国知识分子对改善教育的种种努力，反映传统教育之中，在一定程度上是进步的，而非绝对的墨守成规的。

本文的其中一项研究重点是通过探访一些现存在香港及澳门的古迹建筑，找出有关教育的建筑设施及其环境来作讨论。本文笔者尝试在结论中评估这些早在第二次世界大战前已经存在的古迹，如何反映当时这些港澳地区教育承前启后的作用，并兼讨论

[①] 有关的详论，请参见王德威著《被压抑的现代性：晚清小说新论》，宋伟杰译，"国立"编译馆主译，城邦文化事业股份有限公司：麦田出版事业部 2003 年版。

如何保存这些珍贵的港澳地区古迹的史料面貌。①

二　从不变到巨变的香港传统教育书室

清代的私塾教育是基于准备科举考试而出发，根据传统儒家思想的典籍来进行教育。本来儒家着重的教育大纲是礼、乐、射、御、书、数的六艺，强调个人品德上的德、智、体、群各方面发展。但是在考试范围内过于集中在《四书》、《五经》的情况下，初入学的学童便只可集中在识字及经典的钻研之上。一般私塾老师会教授《三字经》、《百家姓》、《论语》、《孟子》、《大学》、《中庸》等，而到能够掌握一定的学习水平之后，便开始学习写作诗文、古诗、八股文、试帖诗等技能。②

香港教育史的具体开端可从宋代说起，因为香港最早有记载的书院等传统教育场所的记载，是位于新界锦田鸡公岭力瀛书院。从《新安县志·山水略》记载得知，力瀛书院是在 1075 年由北宋进士邓符协所创建。可惜的是这个当年宋代的教育场所，在王崇熙在撰写《新安县志》时的嘉庆时期，只是可见"今基址尚存"，换言之当时已经不复存在。③

屏山、锦田、上水、龙跃头等地宗族重视子弟教育，鼓励他们参加科举考虑来晋身仕途。现存的书院及书室多保留在新界，包括锦田水头村的周王二公书院、二帝书院、屏山坑尾村的觐廷

---

① 可参见陈志华、黄家梁、罗国润编著《香港古迹考察指南》，现代教育研究社有限公司 1999 年版及林发钦主编《澳门历史建筑的故事》，澳门培道中学历史学会，2005 年。

② 明基全撰文，何惠仪、游子安编辑：《教不倦：新界传统教育的蜕变》，香港区域市政局，1996 年，第 6—13 页。

③ 罗香林：《一八四二年以前之香港及其对外交通》第九章《锦田之力瀛书院及香港九龙新界等地之旧日文物》，中国学社，1959 年；王齐乐：《香港中文教育发展史》，三联书店（香港）有限公司 1996 年版，第 32—36 页。

书室、粉岭善述书室、大埔泰亨乡善庆书室等。值得注意的是一些用作家塾的新界祠堂,例如新田的麟峰文公祠、八乡的梁氏宗祠和郭氏宗祠、元朗厦村邓氏宗祠、上水的廖万石堂、应龙廖公家塾和应凤廖公家塾等。①

位于香港新界大埔区大埔头村的敬罗家塾,其建造年份不可考,只知是新界五大姓族之一的邓族以清代邓氏第十三代玄云公为纪念第十代兄敬罗公而建,为地邓氏百多年来的宗族家祠。由于家祠为族中各人聚集之地,有明显的长幼伦常的色彩,如把家祠用作书室,学生可以在实际的族人聚会与传统节中更易学会种种仪式的细节,而且带有强烈的长幼有序的色彩,因为在一定程度上宗族之中最重要的知识是认识中国传统的伦理。敬罗家塾中有不少书法的陈列,正好是令学生可以从中增加观望的机会。战前的不少名人,例如书法家邓尔雅就是为"敬罗家塾"四个大字题名的。另外正厅的"流光堂"三个大字更由革命家胡汉民手笔。这些广东的名人也令学生从中得知他们与邓氏的渊源,或许可以起见贤思齐之心。

锦田水头村二帝书院亦是由锦田邓族所建,这是纯作教学用途的教育建筑,与其他一向是宗祠之中兼具教育功能的其他新界建筑大有不同。亦可能如此,其建筑结构只是青砖及夯土,远比其他宗祠的装饰简朴。从二帝书院之名便可反映,其书院所供奉的是在二星阁偏厅的文昌和关帝两位神祇的造像,而且近处亦有一座五层高的文昌风水塔,都是提醒在书院读书,或许有神灵庇佑而会事半功倍。而书院正门外有一条由白石铺砌的巷称做"白石巷"。而在二帝书院的学生也于是成为了他们特有的团结身份,亦即被称做"白石巷子弟",情况有如香港大学的宿舍舍堂

---

① 有关这些中文教育的背景,详见王齐乐《香港中文教育发展史》。

文化一样。①

仁敦冈书室位于屏山，又称燕翼堂。有如大部分其他新界的书室一样，其具体建造年份已不考，不过据村民相传是屏山邓族为了纪念他们第十四世祖邓怀德（号仁所）、十五世祖邓枝芳（号敦服）至十六世祖邓凤（号鸣冈）而建成的。而今天所建最早建筑是清朝同治九年（1870）大规模修缮后的成果。仁敦冈书室也是邓氏族人的祠堂，供奉坑头村邓氏族祖的木制神主牌。这书室设有两所耳房来招待来自广州的老师来讲学的。因此学生可从老师的生活上见贤思齐，老师也可以在学生前有更多身教的机会。在民国年间，顺应教育改革的潮流而把为族中儿童读书的地方改成现代化的学校，直至30年代才被村内另一所达德学校所取代其教育功能。

如以今天的外貌来考察，最精致的书室可能是在1870年屏山邓族廿二世祖香泉公纪念其父觐廷公而建的屏山坑尾村的觐廷书室，具有祭祖及教育子弟功能。这两进式的庭院建筑中，有华丽的花岗条石、斗拱、屏板、浮雕木雕、檐板和灰塑等，是一个庄严的地方，有如祠堂及古府一样。在门口的一副对联写着"崇山毓秀，德泽流芳"，正好说明当年建立此间书室，是期望子弟建立美好的德行，令宗族可以流芳百世。学生在这种环境中，也可以通过观察这些庄严的建筑结构来认识宗族社会建筑的种种象征主义。这种有明显体罚成分的"卜卜斋"的建立目的，还有训练族中子弟考科举，借以提升家族在地方社会的地位。所以当时的觐廷书室虽然是邓族子弟可以免费入读，但是村内大部分的佃农子弟，仍然是未能入学。②

位于沙头角上禾坑村的镜蓉书屋是村中的李氏客家人在清初

① 苏万兴：《坐言集之锦田邓族》，超媒体有限公司2008年版，第118—126页。
② 可参见严瑞源编著《新界宗族文化之旅》，万里机构·万里书店2005年版，第102—103页。

所创建，其建立之初规模很小，只是可容纳五名至三十名村内子弟读书的私塾格局。地方虽小但仍然有供奉孔子的正厅，可见镜蓉书屋希望营造儒家思想耳濡目染的学习环境。镜蓉书屋的命名并非如其他新界的村落一般是为纪念族人而建，反而是以 1871 年中进士的粉岭龙跃头生员邓蓉镜而命名。因此这所建筑的建立及命名就有时刻提醒族人中进士的榜样及楷模。而事实上，历史上镜蓉书屋亦培育出多名秀才，是故吸引从大埔、沙田和荃湾前来寄宿的学生，打破了以地缘及血缘为本的局限。①

　　植桂书室是位于新界元朗八乡，其建筑年份可能是在清中叶至 1899 年期间，由上村的黎金泰所建，在英国租借新界时已经有记载。与其他以宗祠为本的书室相比，其独特之处在于它先是书室，后来在 20 世纪 30 年代竟然改成祭祖用途的，成为村民议事的地方。战后更进一步改成提供现代小学教育的"永兴学校"，最后在改为幼儿园后在 60 年代停办。由这段历史可知，植桂书室一方面是由传统书室中蜕变而成现代化的学校一脉相承的曲折的故事，同时更是说明宗族社会的伦理往往也是影响传统教育背后的精神的。②

　　1841 年 4 月，在香港岛上已经有九间私塾。短短两年之间，港岛赤柱、石排湾、黄泥涌、香港仔等地私塾已经多达八至十所，可惜这些私塾也大多早已关闭，也没有留下古建筑给后人凭吊。唯一仍然存在的只有落成于 1847 年的文武庙是香港著名的古迹，其背后的屋宇曾经于 1874 年起用作文武庙义学。这所由香港华人社会捐款创建的文武庙，庙中供奉文昌帝和关帝，一方面是当年上环华人宗教信仰的中心，也是华人社会议事、教育和仲裁的地方，因此学生在这个小区的气氛下，种种华人处事的方

---

① 　古物古迹办事处：《镜蓉书屋》，古物古迹办事处，2003 年。
② 　《植桂书室列古迹》，《太阳报》2007 年 5 月 5 日。

式也可从上学的环境中加以考察，是带有宗教教育色彩的例子
之一。①

三　百花齐放的西式学校

前九龙英童学校（Kowloon British School）是本港现存最早
的英国幼儿学校建筑，但相比其他在新界的建筑而言，其历史可
谓短得多。因为这建筑物最早是 1900 年由何东先生捐赠 15000
元，资助香港政府为当时新迁过来的九龙半岛的英国人提供土地
来兴建的。历时两年的建筑之后正式启用，并易名为中央英童学
校（Central British School），其对象为居港英国人子女。从这所
学校的名称以及在其校旁的圣安德烈堂可知，这些在殖民地长大
的英籍儿童不论在教学语言或是其学习环境上，也一定是全盘保
持学习英国绅士、淑女的英式生活，而不会太着重了解本地华人
文化。学校也成为——之中最具英国文化特色传承的地方。②

英皇书院现址前身为西营盘学校，建于 1923—1926 年。英
皇书院于 1879 年创立时其原址是在第三街，后迁至薄扶林道现
址。这红砖内部格局分东、南、北三翼，并设有中央广场、庭院
及喷水池，属于典型的英国式学校建筑。值得注意的是校舍原本
设有 29 间课室、教职员休息室、博物馆、图书馆、美术室、实
验室、工科课室、泳池及运动场馆等，都是当时以英国式学校为
本来介绍新式西洋事物、图书、美学、科学及体育等新知识及范
畴的学术前沿机构。

原址位于坚道的圣士提反女子中学（St. Stephen's Girls Col-
lege）是在 1906 年由英国海外传道会（Christian Mission Society）

---

① 郑宝鸿：《约 1915 年的楼梯》，《文汇报》2008 年 12 月 2 日，"图说香江"。
② 周家建编：《建人建智：香港历史建筑解说》，中华书局 2010 年版，第 114—
125 页。

所创，是香港历史最悠久的女子学校之一。虽然女校的出现姗姗来迟，不过也在 20 世纪初大放光芒，可谓别树一帜，例如圣士提反女子中学部分学生正是香港大学首批毕业的女学生的主要成员。后来于 1918 年因汕头大地震的影响，而暂迁往巴丙顿道。1940 年曾改作临时医院接收玛丽医院及那打素医院的病人。因此学生在校园可以见到当时医疗人员如何抢救伤者，亦可明白生、老、病、死等人生必经阶段。①

　　教会学校的使命各有不同，有的是希望培养华人当传教士为他们在中国传教提供协助。但是华人的教育水平在当时一般都不高，于是学校必须从基础识字教育开始。圣类斯中学（Saint Louis School）是由一群天主教传道会的神父于 19 世纪创办，属于香港少数的工商业实用学校，其历史之悠久可上追至 1864 年的"养正院"学校。11 年后，交由华籍神司梁神父（M. Leong）手上改到基督学校修士会（亦即喇沙修士会）管理，又在 1921 年转由玛利诺外方传教会营办，6 年之后又由慈幼会接管，因此其校园可谓集这些天主教差会特色之大成。而且也给传统中国式的科举导向的课程，或是英式学校的文法学校形式注入新的元素。因为他们给当时在西区的穷苦子弟及街童提供正规的工艺教育，例如印刷、皮革、裁缝、木工、机械等工艺科目，因此后来改名为"西环教导所"及"圣类斯工艺学院"。后来于 1936 年才开设中学部，并改为文法学校。

　　圣若瑟书院前身是成立于 1860 年的圣救世主书院（St. Saviour's College），是一所建立在砵典乍街的葡萄牙人资私立学校。后来香港教区主教高主教（Timoleon Raimondi）神父说服教廷，于在 1875 年 11 月 7 日派出了第一批共六名喇沙会修士到香港，

---

　　①　吴国昌撰文及摄影：《港岛街大搜旧》，明文出版社有限公司 2008 年版，第 111 页。

他们亦把圣救世主书院改名为圣若瑟书院。校长都化·玛利修士
（Brother Hidulphe Marie）由于善于经营，于是数周之后书院录
取了一倍的学生。次年6月，高主教以一万四千元购置了位于坚
道9号的一幢华丽建筑来作校舍之用。①

圣若瑟书院上承了男校的传统，在1877年与圣保罗书院
合办了香港开埠以来首次校际运动比赛，开始了香港本地学届
运动会的新传统，三年后又成立了中国最早的足球队之一。除
了拥有体育气氛外，在两年之后又招收了第一班华籍的学生，
与来自澳门的葡萄牙人分享校园的气氛。这些强调体育及中葡
共处的传统，令学生在体格上及民族融和世界观上有正面的学
习作用，在学校于1918年迁往坚尼地道7号的旧德国会所的
现址仍然不变。

另一所同样是把英国式教育带入香港的是拔萃男书室（Di-
ocesan Boys' School and Orphanage）的旧址。这所现时用作般咸
道官立小学的校舍，除了校园是由英国圣公会创办的教会学校之
外，更是有1869年的旧校址的长久历史。昔日曾称为曰字楼孤
子院（Diocesan Home and Orphanage）、拔萃书室（Diocesan
School and Orphanage）、拔萃男书室（Diocesan Boys' School and
Orphanage）等，于1926年迁至九龙亚皆老街现址。迁校初期，
曾短暂借用今旺角警署之地（1927）。1922年由费瑟士东校长引
入了新的学生组织方法，这就是社堂制度（House System）。其
精神在于把学生分成绿社、深蓝社、黄社和褐社四个组别，在校
内进行体育和戏剧比赛，从竞争及互相学习中成长。这所英语学
校也像其他一些英式学校一样有寄宿服务提供，令学生可以在正
式课堂以外学习照顾自己日常起居。

同时在校园中招收不同国籍的学生，当中最著名的是1883

---

① 萧振豪主编、许明德副主编：《雅瑟撷萃》，圣若瑟书院，2005年。

年从夏威夷前来就读的孙中山先生。①本来曰字楼孤子院的招生不分英裔、华裔、欧亚混血儿以及各种国籍的适龄儿童，真正提供了多元化的校园生活。而且在 1878 年 3 月前更是招收生男女学生，因此当时又叫曰字楼男女馆。由于个别生童的生活条件须要协助，因此教会亦通过学校提供衣食住宿。当然学校亦引导他们建立根据英国国教为本的信仰生活，也强调学生有勤俭生活的观念。

四　规模宏大的香港大学古迹校园

港督卢押（C. C. Luard）在 1908 年的圣士提反书院颁奖礼上，曾经表示希望创立一所大学。香港大学是香港历史最悠久的大学，正在 1911 年正式成立，但其前身香港西医书院却是于 1887 年创立。1887 年，何启（Kai Ho）爵士捐款兴建雅丽氏医院内的香港西医书院，可谓香港第一所专上学院，当时学制为五年制。后来西医书院在 1912 年与香港大学医学院合并为香港大学。②

当时只设有医学院、工程学院及文学院三个学院。不过香港大学的建校宗旨，却是希望建立一所不受教会控制的大学，来培训殖民地的外国学童来接受大学教育，同时亦为培训本地公务员做准备。事实上，中国传统教育制度也受到西方的影响，造成中国教育的改革发展。在 1927 年成立中文学院及 1939 年成立理学院。香港大学在 20 世纪二三十年代早已有希望建立中文学院。

---

① 有关孙中山的生平可参见史扶林《革命先驱：孙中山传》，时代文艺出版社 2003 年版。

② 有关香港大学的校史，最佳的作品是 Chan Lau Kit-ching and Peter Cunich, eds. , *An Impossible Dream: Hong Kong University from Foundation to Re-establishment, 1910 – 1950*, New York: Oxford University Press, 2002。

前清翰林学士赖际熙与陈伯陶在1923年于香港般唐道20号一栋三层楼房创立学海书楼，而早岁肄业于广东广雅书院的赖际熙更是在1927年建议建立香港大学中文系的学者，当时港督金文泰因本身也是汉学者，因此给予大力支持，出任该系首任中文系系主任并主授经学。①

在1929年得到绅商邓志昂的慷慨捐助，最终在1929年动工兴建并以邓志昂先生命名的大楼，发展中国语文及文学的教研活动。建于1932年的冯平山楼虽然并非课室，但这所由富商冯平山捐款兴建的中文图书馆却能提供最佳的中国古籍，令以西方英语知识为本位的香港大学，增添了中国的书卷气氛。

五　有待发掘的澳门传统教育史古迹

五四被视为中国现代史的起点，也是"传统"与"现代"断裂的标志，同时也是中国近代启蒙的开端。不过早在这个起点之前，香港及澳门等华南地区的教育已有明显的两个大发展趋势。其中之一是随着科举考试的废除，传统教育衰落，同时新式西方教育萌芽。西方教会学校对中国教育界的影响，最明显的是传教士引进西方的学校教育制度，以及近代科学知识来培育人才。可惜的是澳门最重要的地标古迹建筑圣保禄学院已经在1835年的大火中烧毁，当年传教士在其中学习神学及数学等科学知识的具体场景，只可从现存的遗址上进行推论。而另外一所澳门古迹名录中涉及西方教育的圣若瑟修院只提供传教士往中国内地的传教准备用的中文及神学等知识，这些并非普及到民间的教育也没有留下具体他们是如何学习的设施给研究者参考。

---

①　遗史（赖际熙）辑：《香港大学经学讲义》，香港：奇雅中西印务1930年版。亦可参见程中山《赖际熙：致力香港教育》，《文汇报》2005年1月12日，"香江诗话"。

　　澳门的土地祠庙星罗棋布,在内港沙梨头、下环区以及雀仔园等旧区街巷则更是民众现时仍然信奉的对象。坐落在澳门麻子街的沙梨头土地庙本来前临浅湾,由土地殿（永福古社）、医灵殿、水月宫、观音岩四小殿宇组成,现在是毗邻在白鸽巢公园。根据澳门教育史研究专家刘羡冰校长的研究,相传这别称永福古社的庙宇是建于宋朝末年,也是最早澳门有义学的地方。[①] 这一方面象征了当时这个渔民地区的子弟对教育十分重视,而且这所义学也见证葡萄牙人来到澳门前的历史,在澳门教育史上有开创先河的意义。而面对内港的浅湾,如果这些学生是渔民子弟的话,也会从中学到不同天气与航海之间的关系。

　　根据观音岩庙的石刻题字上,有三个残存的"重修"字样,而且有光绪丙申（1896）的字样,这说明了当时可能在1896年又有重修。另外,观音岩庙也可能被用作学校,因此有"仲山绘"的"教子朝天"写样。但仲山是什么人,以及何时用作学校教子,则未有记载。[②] 不过,这些都可以说明,观音岩庙在建庙之后二十年,附近的地方社会仍然是以观音岩庙为中心,作为他们的宗教甚至教育中心,而且其支持的信众,也可能包括商店以外的村落成员。笔者亦从口述历史得知,氹仔的医灵庙曾经在第二次世界大战之后有过学塾,教授《四书》、《三字经》等童蒙识字教育,可惜除口述历史之外,未有其他实物证据可以留存,也暂时无从找到庙内其他证据更进一步探究当时这些本地的氹仔学生与本地的医疗教育发展及庙宇对面的爆竹厂的关系。另外,福庆街的包公庙内也设有文昌殿,可见这些澳门庙宇与教育有密切关系。[③]

---

　　① 刘羡冰:《澳门教育史》,人民教育出版社1999年版,第12页。

　　② 郑炜明:《葡占氹仔、路环碑铭楹匾汇编》,加略山房1993年版,第2—3页。

　　③ 《包公庙——设文昌殿》,《文汇报》2009年1月23日。

六　结语

从上文可知，如果要探讨过往的环境如何影响学生从生活之中学习，其中一个切入点就是通过学校的校舍来作出考察，估计学生当年的经验，感受他们如何在特定的校园或空间中，进行他们的观察及学习。以传统书院为例，如果学子在地方狭小的祠堂或庙宇中学习，事实上除了学习书本上知识之外，长期在这样的氛围之中，也会增加一分对传统价值及人际关系的体会。庙宇之中的各种节诞以及族中长辈平息纷争的技巧，也是令中国传统文化得以在这些学生身上播种的环境。西方式的学校，大都带有教会背景，因此在华洋共处的殖民地中，反而提供了一样英式生活文化的环境。不过这些西式学校不少专收男子或女生的，令本来可以增加对异性理解的机会有所限制。当然，西方教育无论在中学或是大学，也是强调科学的知识，而体育文化及中国文化便成为了学生的一些课程以外在校园范围可以找到的平衡点，增加学习的广度。澳门作为天主教训练传教士北上中国内地传教的中心，其学习环境虽然已经严重破坏，但神学生是在教会的宗教气氛中学习应该是明显不过。另一项同样带有宗教色彩的澳门教育场所是中式的庙宇，研究者可以旁敲侧击地找到一些零碎的记载。如果要更全面地了解这些细小的庙宇环境对学生有何启发，仍然需要文物保护者及研究者的进一步努力。

马礼逊教育理念的延续：
马礼逊学堂的筹建及前期工作

张伟保

一　引　言

　　马礼逊是 19 世纪初伦敦传道会派遣来华的传教士，也是第一位来到澳门的基督新教传教士。他在 1807 年 9 月抵达中国。鉴于当时中国禁止教士传教，马礼逊只能匿居广州美商洋行，并秘密学习汉语。由于马礼逊难以在广州自由传教，其后便移居澳门。经过艰苦的汉语学习，马礼逊获聘为英国东印度公司的中文翻译。利用译员的特殊身份，马礼逊才能较自由地穿梭于澳门和广州之间，而澳门一直是他的传教基地，并开始了翻译《圣经》的巨大工作。到了 1816 年，在另一位教士米怜（Milne）的协助下，他在马六甲创办了英华书院，并陆续整理出版《华英字典》和中文版《圣经》。到了 1830 年初，美国首位传教士裨治文来华。1832 年，他们在澳门创办了具深远影响的 *Chinese Repository*（《中国丛报》）。马礼逊不但为《丛报》提供赞助，并撰写了不少关于中国文化、政治、风俗、教育的文章。在他的著作中，马氏特别强调中国的未来发展之成败将系于现代教育的引入和推广。他对中国传统教育以记忆为主的教学方法深表不满，认为引进西方教育是改良中国社会的重要手段。由于马氏长期的过度工作和生活压力,特别是1833—1834年因东印度公司专营权的终止而产生的中英纠纷,和第二任夫人因需返英休养而可能引致永久的离别,为马氏带来了极大的困扰和伤感。最后,律劳卑(Napier)为全权代表来华,委任马礼逊为中文秘书和翻译官,马礼逊终于在身心俱困的情况下,在1834年8月1日溘然长逝。对这位终身献身基督工作的播道者,其亲朋为纪念他,为了完成他的崇高理想,遂于1836年创立马礼逊教育会,① 并于1839年在澳门创办中国第一所新式学堂——马礼逊学堂。

二　马礼逊的早期在华活动回顾

马礼逊于1807年1月启程来华,并于是年9月抵达中国。在漫长的航行中马礼逊加紧学习中文。1809年2月20日马礼逊与莫顿小姐结婚,并在婚宴上知悉被东印度公司聘为译员,年薪500英镑。突如其来的工作安排,使马礼逊改变早前拟订前往南洋的计划。因此,他投入了新的工作,并利用东印度公司职员的身份穿梭于广州和澳门之间。到了1810年,马礼逊成为东印度公司三位雇员的汉语老师,"每个人都惊讶我在两年时间内能够书写和用中国官话或方言土语与中国人交流"。②

由于担任译员,马礼逊和中国官员频繁地开会。他很遗憾地说:"中国官员极端傲慢、专制、嚣张。"③ 除了有关工作外,马礼逊还积极进行其翻译《圣经》和编纂《华英字典》等繁重的工作。此外他的时间"一半花在广州,一半花在澳门。他的妻

---

① 马礼逊教育会的会章见本书第72页。

② 汤森著:《马礼逊——在华传教士的先驱》,吴相译,大象出版社2004年版,第63页。

③ 同上书,第64页。

子和年幼的女儿住在澳门。马礼逊先生一年中有半年要忍受与妻女暌隔的痛苦"。① 这一切都使他的健康从来都没有得到及时的调理。这种状况，在马氏逗留在中国的 25 年中，基本没有任何的改变。此外，"澳门的罗马天主教主教对任何与马礼逊交往的人，或者接收了马礼逊小册子的人，以及向马礼逊提供中文书的人都予以强烈的谴责"，也客观上导致其传教事业的进展缓慢。②

上述马礼逊的文化工作虽然很有成就，但教育工作却未能正式展开。除了在澳门和广州的各种正式和非正式的限制外，只身赴华的情形使马氏难以更有效地建立其庞大的教育计划，直至 1813 年伦敦传道会派遣米怜牧师来中国。米怜夫妇在考察了南洋的情形后，在 1815 年决定前往马六甲设立英华书院（附设中文印刷所）以便培养懂得中文或马来文的传教士，并印刷大量字报书刊（包括中文《圣经》和传教小册）。③

经过一段较长时间的筹备工作后，英华书院在 1818 年正式建立。在原始创设的计划中，它涵盖中学和小学。各项课程的设置均以和平地传播基督教和东方文化为目标。它为学生提供懂得中文的欧籍教师和本地的中文教师，并设置宿舍，提供清贫子弟奖学金。科目方面，本土学生必须学习英文、地理、历史、数学、科学等。如有时间，也可以学习伦理哲学和基督教神学等。1820 年，英华书院开始招生。直至鸦片战争后，新任校长理雅各（James Legge）才决定将学校迁至香港，从而结束了马六甲的一段重要教育史。④ 其中最著名的学生何进善（按：即何福堂）是第一位华人牧师，其儿子何启乃香港西医学院的创办人、

① 汤森著：《马礼逊——在华传教士的先驱》，吴相译，第 69 页。
② 同上书，第 68 页。
③ 谭树林：《马礼逊与中西文化交流》，中国美术学院出版社 2004 年版，第 199—200 页。
④ 关于英华书院的教育特点和影响，可参见谭树林《马礼逊与中西文化交流》，第 205—216 页。

孙中山先生的老师。

在马礼逊来华 25 周年的日子,他回顾英华书院在传播福音和教育方面的成就。他说:

> 马礼逊和米怜合作的《圣经》译本及其他宣传小册、祈祷书等等,亦已印行。感谢上帝,现已有一些传教士由他国纷纷东来,极力援助、发扬及解释基督教的工作。伦敦会在马六甲英华书院所开设的中文印刷所,及麦都思先生在爪哇所开设的印刷所,各已发行多种刊物,页数以百万计,满载永恒的福音真理。而英华书院则给予数十个本土青年基督教的教育。现在又有本土的中国人宣讲基督的福音,且逐家逐户向人谈道。①

1834 年 8 月 1 日,这个辛勤的主仆停工歇息。马氏无疑因工作过劳以致寿命减短。然而,他的光辉人格、"忠于职守的素心",影响了他身边的朋友。② 为了传承马礼逊在华传播基督教和改良中国教育等方面的功绩,1835 年 1 月 26 日,旅居澳门的英美籍新教传教士和商人共 22 人,发出通告倡议成立马礼逊教育会(The Morrison Education Society),期望能将赍志而殁的马氏一生的光辉延续下来,使中国教育达致永久的进步。

三　马礼逊的晚年心境

马礼逊早期在华的传教工作一直受多方面的制约。除成绩彪炳的文字传教外,无论在广州或澳门,马氏均在讲道和吸收信徒

---

① 海恩波著:《传教伟人马礼逊》,简又文译,基督教文艺出版社 2000 年版,第 153 页。其中,新、旧约译本分别完成于 1813 年和 1819 年。
② 同上书,第 170—173 页。

方面面对极大的阻力。在鸦片战争之前，外人来华不能自由活动。即使是各国商人，他们均只能在每年 9 月至次年 3 月在广州商馆（按：即所谓十三行，或称为"夷馆"），活动范围十分狭窄，也不容有正常的家庭生活，因外国妇女不容踏足广州，只能逗留在澳门。如身体不适，更随时会逼使家人的长久分离。马氏一生与两任太太的长期分隔两地，均在此种令人神伤的情况下发生，让马氏只身在极其孤独的环境下生活。同时，以牧师身份来华的马礼逊，更处处受东印度公司的阻挠，严禁其公开传教活动，以免妨碍公司贸易利益。即使在澳门，也因天主教人员对新教的敌视，曾发生多次不愉快事件。在 1830 年前，除米怜（William Milne）在 1813—1822 年为伦敦传道会派遣来华，以助马氏开展传教工作[①]外，基本上是形单影只，以致马氏将未来的传教工作寄托于其年幼的儿子马儒翰。[②] 这是当时马氏的唯一选择（the option choice）。直至 1830 年后，裨治文（E. Bridgman）、雅裨理（Abeel）、卫三畏（S. W. Williams）等美籍传教人员相继来华后，情况才稍有改善。然而，伦敦传道会在马氏逝世前，始终没法派遣更多的传教士来华。到了 1833 年，东印度公司在中国的专营权由英国国会废除，马氏的前途便增添上不确定性。由于他是六名子女和夫人的唯一经济支柱，早前资助马六甲和新加坡的教育工作以及投资印刷事业亦引致马氏经济状况并不宽裕。[③] 由于以上原因，马氏在 1833 年底在伶仃洋送别夫人和五名子女后，心情极度失落。早在当年的夏天，医生证实马礼逊患上了肝病。在夫人的照顾下有了一点好转，但因当时"一

---

① 米怜的工作主要在马六甲展开，由马礼逊在中国指导其工作。详见米怜著《新教在华传教前十年回顾》，大象出版社 2008 年版。

② 汤森著：《马礼逊——在华传教士的先驱》，吴相译，第 131—137 页。

③ 参见苏精《中国，开门！马礼逊及其相关人物研究》第四章《福音与钱财：马礼逊晚年境遇》，基督教中国宗教研究社 2005 年版，第 65—107 页。

艘走私鸦片的英国货船打死了两名中国人，公司命马礼逊博士立即去广州写公文与中国政府交涉这个案件"，① 马礼逊在日记中写道："虽然我的健康状况很不好，我的家眷即将回英国，我却被英国行的大班召去广州。因在外面走私鸦片的船上，一名水手和一名中国人在争吵中被杀害，要我去翻译公文等事情。中国政府要求以人命抵人命，这案件如何结束，我什么都不知道。"② 到了广州两星期后，马礼逊再也无法忍受，便向公司大班请假，让大儿子马儒翰代理其职务，便匆匆回到澳门协助妻儿整理行装和道别。1833 年 12 月，当马礼逊目送妻儿离开时"泪如泉下"，并表示"我立定宗旨将我自己完全奉献给中国人"。③ 又说："现在我已经不觉得我在这里的工作有多么的重要了。圣工没有我，也能在中国继续前进。"④

由于预见东印度公司的结束，马氏写信给好友斯当东爵士说："因着新的制度，我想原来澳门东印度公司每年捐助给英华书院的经费也将失去了。我盼望英国政府实在也应该像这里的公司那样多做一些帮助中国教育的事。"到了 1834 年 2 月，马氏收到斯当东爵士的回信，表示将在英国下议院复会时提出资助马六甲英华书院的议案。

在马氏生命最后的半个多月，他面对更巨大的工作压力。随着律劳卑在 1834 年 7 月 16 日抵达澳门，⑤ 马氏"被任命为中文秘书和翻译官，年薪 1300 英镑，可以穿上英国副领事的官服，缀上英国皇家的领扣！英国政府将替代（东印度）公司按月拨

---

① 马礼逊夫人编：《马礼逊回忆录》，顾长声译，广西师范大学出版社 2004 年版，第 287 页。
② 同上。
③ 同上书，第 290 页。
④ 同上书，第 291 页。
⑤ 同上书，第 299 页，译者注 1。

给 100 英镑给我在麻六甲（马六甲）创办的英华书院"。① 马氏
在翌日"接受了英王的委任状"。② 面对律劳卑来华而出现全新
的中英关系，体力日渐衰弱的马礼逊心情十分烦闷。由于马氏非
常熟悉中国官府对外国贸易的态度，故已预见律劳卑急于求成，
"不愿与十三行的中国行商谈判，宁愿直接与广州的中国政府官
员谈判"，是一种鲁莽而不顾后果的行径，必然会引起中英关系
的紧张。严重的纠纷马氏可以预见，却无从改变，使身为翻译的
关键角色大感头痛。同时，7 月的酷热天气，路途遥远的广州
（按：当时从澳门出发，经虎门转船再到广州，共需三天的船
程。实际日期为 1834 年 7 月 23—25 日）。前往广州时的一段行
程非常辛苦，他的遗孀感慨地说："（马氏）在甲板上露天过了
一夜，接着又下了一场暴雨，又因要去广州与中国官府谈判使他
担忧，无疑地加速他走向生命的尽头，造成了许多知道他和关心
他的人深深地为之痛惜。"③

马氏到达广州后，在中英关系并未有任何改善的迹象。"律
劳卑爵士虽由英王授命为英国政府首任驻华商监督，但他出现在
广州，并没有得到中国最高当局的批准；律劳卑爵士拒绝通过中
国公行的中介去会见两广总督，坚持要直接与总督谈判。"④ 律
劳卑采取的策略，让身居此次冲突中心的马礼逊身心俱极度疲
乏。马礼逊沮丧地指出："由于身体虚弱，天气炎热，我在讨价
还价的谈判中头痛病发作，使我这次行程极端地不自在。我今天
情绪非常低落。"⑤ 在几乎崩溃的精神状态下，他"已完全不能
忍受在广州这样的劳累"，想到要放弃"英王的任命"。往后数

---

① 马礼逊夫人编：《马礼逊回忆录》，顾长声译，第 300 页。
② 同上。马氏接受不顾身体状况而接受英王的委任，主要原因在其沉重的家庭
负担，详见苏精《中国，开门！马礼逊及其相关人物研究》，第 109—115 页。
③ 马礼逊夫人编：《马礼逊回忆录》，顾长声译，第 301 页。
④ 同上书，第 302 页。
⑤ 同上。

天，马礼逊在无尽的翻译文件和紧张的中英关系中倒下来，他"感觉非常虚弱，流泪甚多，无法克制"，更想到远在他方的妻儿。① 双方交涉不断，但毫无成功的机会。马氏心里很明白，问题的核心是：

> （两广）总督（卢坤）不接受律劳卑爵士直接给他的公文（按：这违反了自乾隆帝以来的安排），除非通过中国公行的行商转呈；而律劳卑爵士又坚决不肯使用中国行商为中介，由此而形成僵局。②

马氏最后的日记是在 7 月 28 日晚上 8 点所记的，是他的绝笔。他说：

> 亲爱的，今天又度过了疲劳的一天，我方与中方又争论了一整天，仍旧不能达成协议。我身体仍非常虚弱。③

四　马礼逊逝世与其教育理念的延续

在极度困顿的情况下，马礼逊身心交瘁，终于在广州离开了纷争不断的尘世。1834 年 8 月 1 日马氏逝世后，马儒翰、裨治文、史梯文斯、卫三畏等随即护送其灵柩返澳门安葬。他的遗体在送往码头上船前，所有在广州的欧洲人、美国人和英国籍的亚洲人都到码头送行。回到澳门后，许多在澳门的欧洲人怀着悲伤心情参加送葬。④

---

① 马礼逊夫人编：《马礼逊回忆录》，顾长声译，第 302 页。
② 同上书，第 302—303 页。
③ 同上书，第 303 页。
④ 同上书，第 307 页。

在从广州前往澳门的途中，马儒翰在船上写了一封信给他的继母。他说：

> ……7月29日，父亲身体的衰竭和病痛有增无减。第二天，父亲已无法出门了。……到了晚上，父亲曾一度呼吸短促，我第一次开始感到上帝是在呼召父亲回天家了。……8月1日……大约在晚上10点钟，父亲闭上眼睛休息了。啊！那时刻对他来说是最快乐的了，而对我们活着的人是充满了痛苦与悲哀！①

8月8日，卫三畏写信给其父亲，说出了对马氏的印象。他说：

> 自从东印度公司搬出后，对家庭未来生计的担忧也加重了他的病情。在一段安宁的日子之后突然担任律劳卑勋爵翻译的任务，以及在袭击广州的暴风中为的风寒，则是上帝从这个世界上解脱他的最后两个原因。他不断为自己的助手以及在中国的长子祈祷，希望我们这些活着的人鼓起勇气和热情继续他的工作。他打了一个漂亮仗，并一直战斗到最后。他与中国这个黑暗王国斗争了几乎27年，其中23年是一个人，没有人帮助他。如果不是东印度公司，他的字典根本不可能印刷出来，也不可能在中国与葡萄牙当局的压力下守住自己的阵地。……由于上帝的恩惠他出版了一部中文字典，把《圣经》翻译成了中文，还为中国青年建立了一所学院。②

---

① 马礼逊夫人编：《马礼逊回忆录》，顾长声译，第305—306页。
② 卫斐列著：《卫三畏生平及书信》，顾钧、江莉译，广西师范大学出版社2004年版，第28—29页。

8月20日,史梯文斯(Stevens)牧师写信给马礼逊遗孀说:"马礼逊博士是上帝所喜爱的人,也是人人所敬爱的人。……他留下的工作会有人接替他去做,直到全中国都献给上帝为止。"①

在护送的马礼逊遗体回澳门的亲友中,感受最深刻的可能是裨治文牧师。裨治文牧师被美部会派遣来华,是由于马礼逊多年来的推动。在华的第一年,裨治文曾深深益于马礼逊的指导和陪伴。②除了因为个人的感情而悲痛不已之外,更重要的是他失去了一起作战的师长和同袍。马氏逝世的直接因由是随着东印度公司专利的结束而带来剧变的中英关系和律劳卑的急进政策,使身体状况处于极度疲惫的马礼逊终于承受不起。他在1834年7月8日写信给裨治文。他说:

> 我的身体和精神状况变得很糟糕,再也没有气力为《中国丛报》写稿子了,这让我很难过。在天热的气候中生活了那么长时间后,我的身体变差了,这一点都不奇怪。上帝已经很仁慈地延长了我的生命和工作,很多我同时工作的人早早就离开了人间。③

在1834年8—9月,中外关系空前紧张。律劳卑企图以英国政府的官方代表直接致函两广总督卢坤,并在没有效果后公开张贴了一份中文声明,谴责其在处理最近的纠纷时的表现为"无知和固执"。律劳卑宣称英国政府希望"与中国在互惠的原则上

---

① 马礼逊夫人编:《马礼逊回忆录》,顾长声译,第306—307页。
② 雷孜智著:《千禧年的感召——美国第一位来华新教传教士裨治文传》,尹文涓译,广西师范大学出版社2008年版,第58—63、83页。
③ 马礼逊致裨治文函,转引自雷孜智著《千禧年的感召——美国第一位来华新教传教士裨治文传》,尹文涓译,第83页。

进行贸易往来"·，并且会将这一努力进行到底，直至两国在贸易上取得对等地位。对于这个举动，裨治文在 8 月 31 日[①]评论说："昨天律劳卑发报的声明又引起了新的骚动，可能导致更严重的后果。"[②] 随后两星期，传教活动受到严重的冲击，"中方终止了英国的所有特权，并施加压力将逗留的英国人驱逐出广州"。同时，南海县黄县令下令逮捕梁发及其助手，并"禁止传播刻印外人经文等书籍"。结果，梁发的三名印刷工被关押，最后裨治文等付出了 800 美元的赎金才能将他们救出。事件也迫使梁发逃往新加坡。[③] 此外，裨治文自 1830 年 10 月起私下创办的小学校，也同时在事件中被迫解散。[④] 一连串的事故对整个新教传教工作造成极其严重的影响。在经历律劳卑事件后，裨治文估计在"一到两年内，无论是梁发还是其他什么人也没法在这里继续传发宗教书籍"。[⑤]

然而，裨治文等传教士并没有在困难面前倒下。相反地，他们立刻寻求其他有希望的领域。[⑥] 这方面的突破点很自然聚焦在已故的马礼逊的身旁。正如现在位于澳门基督教坟场的马礼逊墓地上，他的墓碑是由英国著名画家钱纳利（George Chinney）设计的，碑文除介绍马礼逊的生平和贡献外，也写下了以下的话："（马氏等）所做的工作将由后人继续做下去。"[⑦]

1835 年 1 月，由裨治文和几位同仁向广州的外侨发布了一

---

① 雷孜智著：《千禧年的感召——美国第一位来华新教传教士裨治文传》，尹文涓译，第 83 页。原文作 3 月，据事情的发展，疑误。

② 同上书，第 84 页。

③ 同上书，第 84—85 页。

④ 同上书，第 86 页。这所小学校是裨治文在 1830 年 10 月成立的，属于私人的实验性质。

⑤ 同上书，第 87 页。律劳卑因热病在 1834 年底逝世。

⑥ 雷孜智著：《千禧年的感召——美国第一位来华新教传教士裨治文传》，尹文涓译，第 88、98 页。

⑦ 马礼逊夫人编：《马礼逊回忆录》，顾长声译，第 308 页。

份通告,号召成立"马礼逊教育会"。他们在数月内就集合了二十多个签名和获得 4860 元的捐款,并随即成立了一个由罗便臣(George B. Robinson)、裨治文、马儒翰、查顿(William Jardine,或译为渣甸)、奥立芬和颠地(Lancelot Dent)组成的临时委员会。裨治文被委任为通讯秘书(corresponding secretary),负责马礼逊教育会的主要筹备工作。①

五　马礼逊教育会的前期工作

1835 年 2 月 25 日,裨治文根据临时委员会的安排,再向广州和澳门的外侨发表了一份阐述马礼逊教育会目标的《通告》:

> 正如懂得汉语知识给外国人带来的强大优势一样,掌握英文将会给这个帝国的人民同样或更多的好处,为了让中国人获得这些好处,也为了继续马礼逊博士所开创的伟大事业,我们提议组建马礼逊教育会,以马礼逊博士毕生追求的目标为己任,使之成为一座比大理石或是黄铜还会不朽的丰碑。②

裨治文传记的作者雷孜智指出,以上目标,即"培养英语人才"是为了配合失去马礼逊和梁发之后的需要,也是为了让掌握英文的中国人自行学习西方的各门知识。这对中西文化的交流将会产生良好的影响。③

这份《通告》同时详细交代创办马礼逊教育会的原因。裨

---

① 雷孜智著:《千禧年的感召——美国第一位来华新教传教士裨治文传》,尹文涓译,第 88 页。
② 同上。
③ 同上书,第 88—89 页。

治文说：

> 马礼逊是第一位来华的新教传教士。他的主要工作在翻
> 译《圣经》和传播福音于占四分之一人口的国家，并为这
> 种真正的宗教终有一天在全世界上流传而努力。为了延续其
> 精神，我们筹备建立马礼逊教育会。这个机构的目标，就是
> 在中国兴建和资助一些学校，以教育本地青年，使他们在掌
> 握本国语言的同时，能够读写英文；并能借助英文了解西方
> 的各门知识。同时，《圣经》和有关基督教的书籍亦将会在
> 学校阅读。①

为了扩大基础和争取更大的支持，他们最少两次决定将马礼逊教
育会的成立日期延后，原订是1836年3月第一个星期三，后来
便推迟至同年9月28日。在此期间，身为临时委员会通讯秘书
的裨治文继续做了不少的准备工作，以求为教育会的未来发展奠
下更稳固的基础。除了争取更多的捐款②之外，当时裨治文主要
的工作约可分为五个部分：（1）深入调查中国教育现状与利弊；
（2）选聘合适教员；（3）资助部分学童的学习费用；（4）筹备
设立公共图书馆；（5）规划教育会的章则和（办学）附则等。
详情如下：

（一）深入调查中国教育现状与利弊

临时委员会为了能够"对要做的工作树立正确的概念"，十

---

① 《关于马礼逊教育会的成立，包括其宪章、委员会成员名录及其工作目标
等》，《中国丛报》1836年9月号，第373—378页。
② 根据马礼逊学校第一任校长的记录，到马礼逊教育会成立的时候，共有
9977元在其财务处，参见 William Elliot Griffis, *A Maker of The New Orient: Samuel Rob-
bins Brown, Pioneer Education in China, America, and Japan. The Story of his Life and
Work*, Fleming H. Revell Company, 1903年，第60页。

分"希望尽可能早的了解中国人教育的真实情况,不论在国内还是国外"。①

裨治文对传统中国教育,包括女子教育和童蒙教育做了深入的调查研究。他在《中国丛报》连续发表了两篇详细的报告,第一篇以改良中国教育、启发中国青年对科学和福音的了解,并确切掌握英语为主题。② 第二篇集中检讨传统教育的利弊,以便为未来工作寻求可供利用的经验。③ 两篇文章对马礼逊教育会的发展有很大的指导作用,足以反映裨治文牧师对其教育事业的了解程度。

第一篇报告题为《传教工作在中国》。他指出传教事业需从不同方面入手,"采取适当手段推广福音的传播,包括(1)讲道;(2)学校;(3)报纸;(4)慈善事业"。其中,第二项与本文关系最密切。裨治文在文中说:"建立学校,让本地的年轻人受训练。"他首先指出:"中国政治由孔子及其追随者所奠定,视孝道为教育的主要目标。"而中国教育的问题严重,与中国文字的特点有关。中国的基础教育的弱点是"范围十分狭窄。读写训练花费学生数年的学习时间,故对艺术与科学均欠缺认识。当他们熟练本国语文后,他们已算是达到学问的顶峰"。裨治文认为"汉语的异常困难导致中国教育的缓慢进步。学童需花费多年的时间才能对中国文字的形、音、义有所了解。当他们有了一些进步,仍会遇到不少困难,如错误地视经典为最高智慧的终极,而不再最求更高水平的学问,从而反映其教育的极端缺陷"。据其他资料显示,一般学童的入学时间较短,平均不多于两年。只有很少数有经济条件较好的家长会安排聪颖的子弟从事

---

① 《马礼逊教育会第一次年度报告》(以下简称《第一次年度报告》)1837年9月,收于《中国丛报》第6卷,第232页。

② 《传教工作在中国》(Christian Missions in China),《中国丛报》1835年4月号。

③ 题为《中国人的教育》(Education among the Chinese),《中国丛报》1835年5月号,第1—10页。

科举考试。据裨治文的分析，"假如能用一些基础的教材以取代经典（按：指《三字经》、《千字文》、《四书》和《五经》等经典），如同南洋地区的新教学校，采用较佳的识字课本来熟习中国文字，以便学童易于记忆，则除读写之外，应可学习更多的东西"。面对中国社会强大的保守性，他谨慎地得出以下的结论："由于对传统典籍的偏爱已属根深蒂固，在改变开始的时候便采用新的模式也是鲁莽的。因此，在开始的时候，有关基督的书籍只适宜与本地作品一起阅读，而一些钟点也可留给口头讲解，日常的程序则必须遵守。"

故此，裨治文最初拟订的目标是较高程度的年轻人。他解释说："初级学校并不是我们的目标，而乡村学校亦广泛分布于全国每个角落，扮演着有关工作。我们尽力的方向宜以已具备初阶知识，并已掌握一定语文能力的青年为对象。学校程度应属中级，主要教授宗教和科学方面的基本知识。因此，地理、历史、物理等课程是合适的，也是应被推荐的。当学生有了知识作为武器，偏见将被理性取代。"此外，鉴于中国青年学习外语有多方面的好处，不但能让他们更好地了解西方文化和基督精神，并作为前辈为"他们的中国同胞讲授英语"。① 然而，这方面的进度并不理想，因为根据教导中国小童的一些经验，裨治文表示当时感到十分失望。原因是中国人对英文文法的学习极感困难。他慨叹道："对中国人讲解英文基本文法是异常艰巨的工作。但是，如他们不能完全掌握其要点——这是精熟外国语文的关键——则用处是很微小的。他们能够迅速记住大量事实，使用零碎的字词来表达其一知半解的知识，但却不易明白抽象的观念，和掌握外国的熟语。他们对外国文学深存偏见，总认为本国文学的价值远

---

① 关于中国青年掌握英语的好处，1836 年 9 月会议后的宣传小册子也有相同的说法，见《中国丛报》1836 年 9 月号，第 374 页。因此，英语教育也自然成为日后马礼逊学堂的主要学科。

较外国的为高。虽然如此，我们并不视之为不可克服的困难。"

此外，与马礼逊相似，他也发现身处内地的中国女子在教育上"极受忽视"。相反的，一些传教士在"槟城和马六甲开办女子学校，却正处于兴盛的状况"。因此，裨治文表示必须"让这个国家能够接设立女子学校，并期望获得上帝的帮助"，才可以在中国成功推展福音传播的工作。①

在1836年底，马礼逊教育会认为需要采取以下措施来了解中国和东南亚地区华人的教育的状况，包括调查上述地区的人口数量、开始入学年龄、在学时间、教学方法、学费和课本等各种与教育有密切关系的资讯。② 正如在马礼逊教育会第一份报告中表示的："我们希望尽可能早的了解中国人教育的真实情况，不论在国内还是国外，使我们对要做的工作树立正确的概念……我们现在最关注的是初等教育。"③

当时，基督新教在整个东南亚已建立了一个广泛的传教网络，从新加坡、马六甲以至巴达维亚、曼谷、马尼拉等城市居住了很多的青少年华人。因此东南亚也成为临时委员会调查中国教育的重要渠道。这种情形大概与两个世纪以前天主教耶稣会的传教范围极为相近，④ 只是马礼逊教育会并不是纯粹的教会组织，而是以居住于广州和澳门的商人和传教士为主的团体。

由于需要详细了解中国教育的状况，临时委员会拟定了一个全面的问卷，对中国，特别是他们身处的广东地区，制定以下的调查内容：

---

① 参看本文附件。

② 详见下文。

③ 《第一次年度报告》，《中国丛报》第6卷。

④ 关于传教范围，包括日本、越南、马六甲和印度等。有关耶稣会与中国教育的工作，可参见拙文《范礼安与中国第一所西式大学的创办》，收于张伟保主编《澳门教育史论文集》第一辑，中国社会科学出版社2009年版，第52—65页。

1. 中国的人口；

2. 不同阶级的人民；

3. 男女比例；

4. 不同种类学校；

5. 具识字水平男性的数量；

6. 具识字水平女性的数量；

7. 学生入学的年龄；

8. 初级教材；

9. 教学方法；

10. 在校年数；

11. 学习时间；

12. 学校教室；

13. 学校学生的数量和特点；

14. 老师的特点；

15. 老师的薪资；

16. 考试；

17. 奖励；

18. 惩罚。

同时，执行秘书裨治文亦就东南亚地区，包括马尼拉（Ma-
nila）、巴达维亚（Batavia）、槟城（Pinang）、马六甲（Malac-
ca）、新加坡（Singapore）和曼谷（Bangkok）等居住较多中国
青年的城市了解中国人的学习状况。通过新教传教士的人际网
络，他向当地的传教人员提出 22 个与教育有关的问题，希望能
够采集到更多的资讯。问题如下：

1. 在某个或某几个地方，中国人的男女比例是多少？
如某个街道，村庄，地区，县城，城市，省份？

2. 识字的男性和女性分别有多少人？

3. 会写字的男性和女性分别有多少人？

4. 孩子通常从几岁开始学习读书写字？

5. 他们用何种方式学习？

6. 每个学生一年的学费有多少？

7. 学生在学校学习几年？

8. 老师每月或每年的薪水有多少？

9. 他们是在什么时间以何种方式领取薪水？

10. 作为老师，他们的责任是什么？

11. 学校里惩罚学生的方式和程度是什么？

12. 对学生有奖励吗？

13. 如果有，是什么样的奖励？效果如何？

14. 每天学习时间为多长？

15. 背诵的方式是怎样的？

16. 学生在学期或学年末参加怎样的考试？

17. 学校教室怎样布置？

18. 一个教室容纳几个学生？

19. 学生在教室里怎样安排？

20. 用的教材是什么？

21. 这个教育系统有什么缺陷吗？

22. 可以改进吗？如果可以，采取什么样的措施？怎样改进？①

有关中国的教育状况，在教育会《第一次年度报告》中曾详细介绍。与全面问卷中的第9点和第14点相对应，对目光如中国教师的教学方法、传统的教学模式和特点作出详细描述，值

① 《第一次年度报告》，《中国丛报》第6卷，第238页。

得在此加以介绍。文件首先指出:"毫无疑问,教学方法是由所使用教材的特点和风格来制定的。学生入学后,他开始学习老师的发音,老师念,学生跟读,并努力尽可能准确地模仿老师的语音。当他能够阅读课本中的几行或几句时,学生就坐在座位上不断重复,直至他对课文变得熟悉并能'背'出来,就像把书背在身后复述课文。一本本书就是这样'背'出来的。书法课也同时进行。这门课上使用的宣纸很薄,将字帖放在宣纸下面,学生们就可以用铅笔临摹字帖。学习这门课程一到两年后,学生们可以熟悉数百个甚至数千个汉字,这时老师开始讲解课文,利用学生们前面打下的坚实基础,逐字逐句地解释已经背诵下来的课文。"[1] 这种方法存在严重的问题,特别是大部分学生的就学时间不多于两年。换言之,学生在学校的主要内容是以识字和背诵为主,缺乏周详的规划,知识面十分狭窄,难有持续发展的机会。至于第 14 点,对老师的特点做了描述,认为"很多老师依赖这份工作是因为找不到其他工作。大多数普通学校的老师都是在乡试中落榜的考生。由于在乡试中接连落榜,他们的年龄已经不适合从事商业或体力工作。于是他们做起了小学老师,除了充足的耐心和一些管理技巧外,他们不需要更多的能力。在筛选老师的时候,讲课的能力并没有作为考察的重要方面。第一节课上老师带领学生读书,之后的课上听学生不断复述同样的课文,除此之外,老师就像哨兵一样,只需对管辖范围严加看管"。[2] 语句中充满很多批评的话语。

　　至于东南亚的华人教育方面,教育会初步收到一些相关的资料。例如,巴达维亚 (Batavia) 地区中国人近四年的居住情况如下:[3]

---

① 《第一次年度报告》,《中国丛报》第 6 卷,第 235 页。
② 同上书,第 237 页。
③ 同上书,第 238 页。

年份	男性	女性	男童	女童	总人数
1833	11370	9424	5906	5160	31860
1834	12333	9751	5901	5604	33589
1835	11843	9324	6119	5226	32512
1836	12363	9818	6545	5823	34549

　　有关报告也指出："尽管巴达维亚（Batavia）地区中国人数众多，但能够读书的人却寥寥无几，很有可能不足十分之一。如果你们希望聘请小学老师，可能在所有人中只能找到数十人。"①最后，他们逐一回答了关于临时委员会的问题，对我们了解19世纪前期东南亚地区华人教育有重要的意义：

　　巴达维亚（Batavia）地区男孩教育每年的开支是多少？这是因人而异的。富贵人家希望自己的儿子跟从好老师接受好的教育，他们每年花费30到100美元不等。但最贫穷的家庭花费不超过22美元的费用。他们每半年付一次学费，有时要分更多次付清；在这点上没有相关规定。

　　每天的常规学习是怎样的？学生们五点进教室开始看书，给老师背书；之后他们开始上新课，学习到七点半去吃早饭。八点，他们继续看书；十点，他们再给老师背书，上新课。之后书法课将一直持续到中午的午饭时间。下午一点他们回到教室，或者继续书法课，或者老师讲解课文。两点半，他们看书，直至四点半给老师背书，并布置晚上学习的课程。五点半，一天的学习结束。

　　老师（每年）的薪酬怎样？部分为1000元，或600、

---

① 《第一次年度报告》，《中国丛报》第6卷，第239页。

800 或 900 元。最低工资为每年 400 元。

对学生有什么奖惩措施吗？没有奖学金之类的奖励，但有时，学生的作文写得好，老师欣赏他的才华，会赠与纸笔以示鼓励。学生犯错误时，老师会用戒尺体罚学生，使其改正。

学生参加考试吗？老师有时会要求学生写诗来考察他们；但没有类似中国乡试之类的公共考试。

一个学校里通常有多少学生？他们怎样安排？学生的数量从 10 到 30 不等；有些时候，他们分成两排按高低年级坐。但大多时候他们随意就座。

学校里规定了什么礼数？使用什么教材？学生进教室时，必须先向孔子鞠躬，后向老师鞠躬；然后马上开始学习。在巴达维亚（Batavia）地区，《四书》、《五经》著作注释，和其他一些古文被用作学校的教材。[1]

巴达维亚的情况较具代表性，也较为详细。其余在槟城、马六甲等地调查报告则较为简略。至于新加坡（Singapore）、曼谷（Bangkok）和马尼拉（Manila）有关中国人学校的消息，在第一次报告中表示"目前还没有收到"。[2]

（二）选聘合适教员

1836 年 12 月的报告中，裨治文指出临时委员会正尽快从美国遴选一位年轻、富活力、熟悉教育并以之为终身事业的导师。他们亦期望最少有一位英国教员被选派到中国。[3] 根据资料显

---

① 《第一次年度报告》，《中国丛报》第 6 卷，第 239—240 页。
② 关于槟城、马六甲的报告，参见《第一次年度报告》，《中国丛报》第 6 卷，第 240 页。
③ 《中国丛报》第 5 卷，第 378 页。

示,临时委员会在 1837 年 1 月 18 日举行的会议上宣读并通过了
两封事先准备好的信函———一封寄给一位军人,他和美国最古老
的大学之一保持长期联系,另一封寄给英国国内外教育协会的秘
书。实际上,第一件函件是全权委托耶鲁大学组成遴选委员会,
函件中请他们"尽快找到一名老师"。为了让受托人更清楚有关
的要求和安排,函件中表示"希望聘请到一位能够马上来中国
并全心全意投身于教育事业的年轻人。出国通行手续可无条件办
妥;并保证到达之后,向他提供住宿及教育会工作中所需的一切
方便。这位老师到达后,他将开始学习中文,这将在接下来的四
到五年内成为他投入精力的主要方面,再之后的近四到五年里中
文的学习还将占据他大量时间。另外不久后可能立即分派少量的
学生给他"。由此可知,临时委员会的目光十分远大,期望他们
的教师最后能以熟练中文,并"能够用中文口头教授课程,并
用同样的语言编写基础课程的教材,因为这样的教材还从未编写
过"。① 同时,为了达成上述目标,他们决定最初数年,新聘老
师来华只需"分派少量的学生给他",以便腾出时间来学习
中文。

　　临时委员会的工作的另一个方向是培育中国籍的青年当教
师。《第一次年度报告》曾追述他们的设想:

　　　　为了实现教育会的计划,教育会还将培养一批中国老
　　师。这项工作十分困难,但也十分重要……如果没有这样的
　　帮助,我们不论在扩大还是改善中国教育方面,都很难取得
　　进步。②

---

① 《第一次年度报告》,《中国丛报》第 6 卷,第 229 页。
② 同上书,第 230 页。

事实上，教育会早期的困难主要是当时未能立刻选聘合适的老师。不幸的是，遴选工作在一年后仍未有任何结果。① 因此，临时委员会在马礼逊教育会在1836年9月举行成立大会时，有委员表示筹备工作并不顺利，"教育会已招来非议，因为所做的工作没有带来立竿见影的成果"。② 当然，这并不代表临时委员会的不称职，只是在当时中国的社会环境中，确实没法让遴选教师的工作迅速完成。因此，伯驾医生说："尽管我们遇到很多困难（对此我们简单提及就已足够——因为教育会十分了解并深深地体会过这些困难），马礼逊教育会成立的第一年也取得了令人满意的进展。工作人员——即临时委员会的委员们——几乎无偿地做着大量工作。除此之外，他们花费了全部的时间和精力。"③

到了1838年10月4日，事情有了突破性发展，耶鲁大学毕业生，正在纽约聋哑学校任教的布朗先生（Samuel Robbins Brown）最终被遴选委员会敦聘为马礼逊学校的教员。在不足两星期（12天）内，布朗先生被按立为牧师，完成了婚礼并带同新婚夫人一起启程前往中国，并于翌年2月抵达澳门。④ 布朗牧师在裨治文和卫三畏等的协助下，一方面学习中文，另一方面积极筹办学校。到了1839年11月4日，在澳门大三巴旁、马礼逊教育会的会址上，布朗校长宣布马礼逊学堂正式开学，当时共有

---

① 《第一次年度报告》，《中国丛报》第6卷，第230页。

② 同上书，第242页。

③ 同上书，第243页。

④ 由于需乘搭在10月16日起航的马礼逊号，一切安排得非常匆忙。布朗夫妇在10月10日完婚，情况与他的前辈裨治文相同，也是当时海外传教的习惯做法。一同前往的人，有船东奥立芬先生和雅裨理牧师。经过125天的海上旅程，他们绕过好望角，在1839年2月19日抵达澳门，详见 William Elliot Griffis, *A Maker of the New Orient: Samuel Robbins Brown, Pioneer Education in China, America, and Japan. The Story of his Life and Work*, pp. 61—65, 69。

六名学生，算是第一个班。①

（三）资助部分学童的学习费用

在 1836 年底，马礼逊教育会认为需要立即开展工作，其中包括采取以下措施来协助中国青年接受新式教育，特别是年纪幼少的学童。他们认为"寻找开展教育的最好方法——尤其是关于孩子几岁开始学习、学习的时间、使用的课本等问题——都还等待我们去解决。很多时候，人们在人生中必须'改掉早期教育中的陋习'。整个中国，教育都极度匮乏，仅有的教育中也存在着很大的缺陷。因此，帮助中国的朋友们具有双重目标——他们必须对现有错误进行指正，还要进行以前所缺少的教育"。②为此，在临时委员会成立不久，他们便对合适的青年加以资助。第一份年报指出："目前，五名学生正在接受教育会的援助。其中四名正在学习中文和英文两种语言；另外一名六岁的孩子今年还停留在中文的基础学习阶段。如果教育会没有为他们提供教育机会，这名学生，连同另外一个男孩或许永远没有这样的机会。"③ 他们之中包括一个曾经是个乞丐的孩子。他被家人抛弃后，在大街上游荡，吃不饱，穿不暖，无依无靠，并逐渐变得虚弱。④ 教育会极感惋惜地指出："在中国这样的孩子不在少数。除非得到慈善团体的援助，否则他们必须在知识贫乏中成长，或

---

① 参见李志刚《容闳与近代中国》，正中书局 1981 年版，第 40、46 页。关于马礼逊学堂的校址，历来均欠缺清楚的介绍。笔者发现在 William Elliot Griffis, *A Maker of The New Orientt*: *Samuel Robbins Brown*, *Pioneer Education in China*, *America*, *and Japan. The Story of his Life and Work*，第 71 页保存一段重要的文字，其中说："在澳门一所葡式大屋，面积 110×60 英尺，前由郭士立夫妇所使用，现租作住所（按：即布朗夫妇的居所）和学校。这里很接近贾梅士洞（按：贾梅士洞在澳门白鸽巢公园内，距马礼逊墓地仅一箭之遥）。"

② 《第一次年度报告》，《中国丛报》第 6 卷，第 230 页。

③ 同上书，第 231 页。

④ 同上。

者，在大多数情况下，他们逐渐憔悴而在成年前夭折。"① 此外，这些学童也可能成为未来的华人教员。第一份报告析述了教育会对这些受资助的学童的期望时说："委员们希望他们继续一段时间的学业，直到他们做好准备承担生活的重任。我们希望看到他们不仅养成了刻苦的好习惯，还学会了勤奋努力，自力更生。如果可能，我们将聘用他们作老师，这样他们既可以养活自己又可以帮助他人。"②

除了直接资助学童外，教育会并以附设的方式安排学童寄读于澳门一所女子私塾。这种合作，在教育会开办自己的学堂之前便可以招收第一批学生。由于同属推进中国教育的机构，以及郭士立与其他传教士和外国商人的密切关系，教育会便嘱托郭士立夫人代为照顾这批学生。《第一次年度报告》指出：

> 教育会已经用基金对郭士立（Gutzlaff，又译作郭实腊）夫人在澳门找到的几名孩子进行了支援，数额会在会计出具的报告中呈现。我们几天前收到了一份报告，上面说，学校里共有 20 位学生。他们接受同样的教育，学习几乎相同的课程。孩子们参加初级的英语学校，接受中国老师每天额外的中文阅读和写作课程，英文写作课则是由葡萄牙的一位专家来教授的。③

《第一次年度报告》继续说：

---

① 《第一次年度报告》，《中国丛报》第 6 卷，第 231 页
② 同上。
③ 根据 *History of the Society for Promoting Female Education in the East*（London，1847，BiblioLife Reproduction，p. 33）一书的报道，Theodosia Barker 女士在通过实习和试用阶段并掌握了一定程度的中文后，被派往郭士立夫人在澳门的学校。报告书中提及的英文教员可能便是这位女士。

这所学校开始于 1835 年 9 月 30 日,共有 12 名女学生和 2 名男学生,由女子协会①捐助,这个组织的目的在于促进印度和东方女童接受更好的教育。学生数量在 15 至 25 人不等,也有可能更多,平均可达 20 人。学校为他们提供食宿等条件。学校的办学模式,尤其在选拔学生方面,并不像委员们所希望的那样;但应该说,郭士立(Gutzlaff)夫人遇到了很多困难;她都一一解决,坚持了下来,我们相信更多的经验能够进一步修改和改善教育体系,不枉费教育会对他们的支持,因为教育会的目标之一就是向同类机构提供支援。②

中国第一个获得美国著名大学(耶鲁大学)学位的容闳便是上述两名男生的其中一位。根据容闳的回忆,"古夫人③所设学堂,本专教女士,其附设男塾,不过为马礼逊学校(Morrison School)之预备耳。马礼逊学校发起于 1835 年,至 1839 年成立。未成立时,以生徒附属于古夫人塾中,配拨该校经费,以资补助。是予本马礼逊学校学生而寄于此者"。④

关于郭夫人女塾的教学和生活的安排,李志刚牧师的研究指出:"学校招收学生,均需寄宿。衣服、文具、伙食等,一切均由学校供给,概不收费。全校由郭牧师夫人掌理,管理至严,每日上午,授课五小时,下午为集会,黄昏有晚课,至九

① 关于这个组织,其实是与裨治文一起来华的雅裨理牧师(Rev. David Abeel)推动之下成立的,有关文件见 History of the Society for Promoting Female Education in the East 附件甲 "An Appeal To Christian Ladies In Behalf Of Female Education In China And The Adjacent Countries",第 260—265 页。

② 《第一次年度报告》,《中国丛报》第 6 卷,第 231—232 页。

③ 按:即郭士立夫人。由于晚清以来外文音译多不统一,故容易做成译名的混淆。

④ 容闳:《我在中国和美国的生活》(或译作《西学东渐记》),恽铁樵、徐凤石等译,东方出版社 2006 年版,第 3—4 页。

时始休息。每周均有中英文考试，中文每周四次，由郭牧师主持。"①

（四）筹备设立公共图书馆

在 1835 年 6 月《中国丛报》上登载了一封郭雷枢医生（Dr. T. R. Colledge）的信件，表示建议将解散后东印度公司附属图书馆遗下的全部共 800 册图书送给马礼逊教育会作为建立中国首间公开图书馆之藏书。② 马礼逊教育会成立图书馆的意义极其深远。它代表着筹备人员长远的目光，对公众获得良好知识的重视。由于获得不少的支持，因此，到了 1836 年 9 月教育会正式成立的时候，它的藏书量已增至 1500 册。③

在《第一次年度报告》中，裨治文介绍了图书收藏的情况。报告说：

> 图书馆今年收到了大量书籍。这些新添书目被放置在合适的房间里；图书目录一经列印，将马上开始实施向公众开放的管理办法。图书馆的管理规则以及向公众开放的条件将附带在图书目录后面。
>
> 图书馆现有的 2310 卷图书均为向教育会的捐赠。郭雷枢（Colledge）先生率先做出榜样，后来李维斯（Reeves）

---

① 据容闳的回忆，当时的学生有五名在一年多以后仍然在学，与容闳成为同学。他们是黄胜、李刚、周文、唐杰、王宽等。郭士立夫人的学塾因中英交恶而被迫在 1839 年 5 月停办，容闳因此回南屏乡生活。到了马礼逊学堂开办后，郭士立夫人委托合信医生安排继续其学业，但直到 1841 年初，合信医生才与容闳取得联系，并经多月的观察，容闳才被安排到校谒见布朗校长，详见李志刚《容闳与近代中国》，正中书局 1981 年版，第 40、45—46 页。

② 《中国丛报》1835 年 6 月号，第 97—98 页。

③ 据李志刚牧师《马礼逊纪念学校的创立经过及其影响》（收于氏著《香港基督教会史研究》，道声出版社 1987 年版，第 53 页）指出，直至 1836 年 9 月止，共有图书 1500 册。

先生也加入了他的行列，这两位先生均为图书馆提供了大量书籍，这些书籍都来自尊敬的东印度公司的员工。其他捐赠人包括颠地（Dent）先生，福克斯（Fox）先生，布兰奇（Blenkin）先生，马儒翰（Morrison）先生，莫勒（Moller）先生，英尼斯（Innes）先生，基廷（Keating）先生和麦都思（Medhurst）牧师，史梯文斯（Stevens）先生和裨治文（Bridgman）先生。

　　书籍的组成可以通过检索了解，在馆内或从目录中了解。图书馆已经接收了如此慷慨的捐助，我们相信其馆藏还将继续增加，尤其是关于中国的图书以及可作参考文献的规范化图书。[①]

以当时的标准而论，马礼逊学堂所附设的图书馆，其收藏量已算丰富。同时，图书馆除了马礼逊学堂的师生使用，更会对外开放。这种安排，在近代中西文化交流上，在西方科学知识的传播上，对马礼逊教育会的社会声望上，均产生重要作用。[②]

（五）规划教育会的章则和（办学）附则

　　为了让教育会能尽快进入发展常规，裨治文在 1836 年 9 月会议前已拟就了《马礼逊教育协会章则》，并在会议中宣读，并在 1836 年 11 月 9 日正式公布。

　　有关内容可客观说明其办学精神，具有特殊的意义，详细条文如下：

　　第一条：本组织定名为马礼逊教育协会。

---

　　① 《第一次年度报告》，《中国丛报》第 6 卷，第 241 页。
　　② 这批图书即使在马礼逊学堂在 1850 年结束后，仍继续对公众开放。到了香港大学成立，该批图书转赠给香港大学图书馆，至今仍继续供学者使用。

第二条：本会是以学校或其它方法促进或改善在中国之教育为目的。

第三条：凡一次捐赠不少于二十五元，或每月认捐不少于十元者得为会员，在大会时有表决权。如因事未能出席，须得会议准许方得委予他人代理表决事宜。如有特别事故，以书面提出者，须随会议公报一并提出，以便讨论。

第四条：基金会是以捐献、赠予及其它方法筹募，惟须由董事会处理之。

第五条：协会事务由董事会全权处理。五人董事须居于中国。董事之选举乃在每年九月最后礼拜三之会，以不记名投票选出之。

第六条：董事会主席一人；副主席一人；财务一人；秘书一人；书记一人。

第七条：董事会定二、四、六、八月之第三礼拜三召开会议，商讨会务。惟须三人出席方得成会。

第八条：董事会主席职责，乃主持协会大会及董事会之会议，乃执行协会有关之职务。

第九条：董事会副主席之职责，于主席缺席时，乃代主席主持会议，如正副主席缺席时，得由财务处理之。

第十条：董事会财务之职责，保管协会钱银处理日用开支，每年年会均须提出收支及所存基金之报告。有关财务之账目，每年于年会中均须选出专人以作稽核。

第十一条：董事会秘书之职责，乃处理协会一般事务，履行董事会之决议及指导，其工作应包括协会之来往书信，招收学生，聘任教员；选用课本等。此外有关协会之文件均须妥善保管。年会报告，须得董事会决议后方得提出年会及正式公布。

第十二条：董事会书记之职责，专司协会年会及董事会会议之记录，协助秘书招收学生，聘任教师，选用课本及预备年会报告等工作。

　　第十三条：本章则有未善之处须予修正或增订者得于协会大会议决。惟有关修正或增订之建议乃须早于一月前书面提交董事会，获董事会一致通过后方得提出大会议决；如未获通过亦无须延至下届年会会期讨论，可另行召开大会商讨。凡属修正或增订之建议须得超过出席大会之三分之二会员通过，方得接纳。

（办学）附则

学生

不分年龄，性别，在中国内地或海外之青年，并获协会赞助人接受者，得申请入学，惟仍须由董事会核准。

凡六岁、八岁或十岁之儿童，随时均表欢迎接受入学。

凡属马六甲海峡、印度、欧洲、美洲为达成学习目的之儿童，如获协会董事核准及家长监护人之保证，乃得申请入学。

如有需要学生得从协会获得膳宿、衣服、书籍、学费之供给，但不设赏金，倘捐款人另有书明或经协会通过者则属例外。

教师

校长及教师从欧洲、美国征聘，如属协会同意得为长期聘任。

如有需要及有良好品格之教师，亦得聘任。

课本

本校课本旨在教导学生学习阅读、写作、数学、地理及其它科学，并以英语及华语教授，以期获得最佳效果。

一如基督教国家之优良学校，借教师之教导及帮助，各学生必须完成圣经课程，惟其接受之教义信仰，实非作为学生资格认可之证明。①凡属教育协会之书籍乃为建立一公共图书馆，其名称为"马礼逊教育协会图书馆"。②

其中，除了规定会员义务和权利、会议组成人员和运作模式等方面外，还在第十一、十二条清楚列明董事会秘书裨治文、董事会书记马儒翰之职责。前者为："处理协会一般事务，履行董事会之决议及指导，其工作应包括协会之来往书信，招收学生，聘任教员，选用课本等。此外有关协会之文件均须妥善保管。年会报告，须得董事会决议后方得提出年会及正式公布。"后者则除保存会议记录外，还需"协助秘书招收学生，聘任教师，选用课本及预备年会报告等工作"。③

伯驾医生在第一次周年大会中明确肯定："教育会的目标很远大。基础就一定要够深够广，来支撑所要建立的上层结构；深谋远虑、辛苦劳累和足够的耐心是必不可少的。打下广阔的根基，你们将为海外的知识分子和慈善家带去信心，也可从他们中间争取合作。他们不会认为这是一时的冲动，而是把它当作关系到长远未来，并值得他们赞助的事业。"④

六　小结

卫三畏回顾马礼逊在华二十七年的工作，其任务几乎是不可

---

① 此条说明马礼逊学堂并不隶属任何教会团体，学生也不一定是信徒，宗教信仰并不作为入学和毕业的附带条件。根据资料显示，日后很多马礼逊学堂的毕业生并不是基督徒。

② 译文转录自李志刚《基督教早期在华传教史》，商务印书馆1985年版，第215—218页。

③《中国丛报》第5卷，1836年9月号，第375—376页。

④《第一次年度报告》，《中国丛报》第6卷，第243页。

能成功的。然而，他终于奠下了传教事业的丰碑。他的突然离世使侨居中国的传教士和商人无限惋惜，最后，促使"马礼逊教育会"在 1836 年 9 月正式成立，以求继续弘扬马礼逊所开创的伟大事业。诚如伯驾医生在《马礼逊教育会第一次年度报告》中提及的："教育会以其命名的那位先生……作为一个上帝的臣子，通过秩序、勤奋和耐心坚持所做出的成绩。……回想起他早期的事迹。我好像看到你在仓库里刻苦学习……就这样认真钻研这门后来他熟练掌握的语言，这些知识也使他为广大的人民带来福音。……正是这种坚持不懈的精神——不在困难面前退缩的精神，以及纯粹而又崇高的动力造就了这个人，教育会应当吸取这种精神。"[①]

附件

Chtristian Missions in China, April 1835

…The means to be employed in the promulgation of gospel, are (1) preaching the word; (2) schools; (3) the press; and (4) well – doing, or working of charity. …hoping to fix and direct the attention of those who are interested in the welfare of the Chinese. …

2. Schools are needed to train up native youth. The Chinese political system laid down by Confucius and his followers, is founded on filial piety, and regards education as the principal object of its solicitude. Yet the range which education here takes is very narrow. Reading and writing occupy the attention of the pupil for several years, while the arts and sciences are wholly neglected. When he is well

---

① 《第一次年度报告》，《中国丛报》第 6 卷，第 243 页。

versed in the literature of the country, he has then arrived at the acme of knowledge. The difficulty peculiar to the Chinese language, accounts for the slow progress made in education. The boy must spend many years in learning the sounds, and meaning, and forms of characters. As he advances, new difficulties present themselves; and the preposterous idea that the classics contain the *ne plus ultra* of wisdom and knowledge places a bar to his high attainment, and renders his education extremely defective. If other books than the classics were used as elementary works, as has been done in the protestant schools in the Archipelago, and if a better plan for imprinting the character upon the memory of the student was adopted, it might be expected that something more than reading and writing could be taught. But the prejudices in favor of the classics are so deeply rooted, that it would be imprudent to adopt at the outset this otherwise reasonable mode. Christian books may be read together with the native works, and some hours may be set apart for oral instruction, but our routine will be circumscribed. Elementary schools, though useful, are not the prime object of our endeavor; and the native schools, now existing in all parts of the country, will render assistance in this part of the labor. It should therefore be our endeavor, to form schools for those youth who already posses a tolerable knowledge of their own language, and instruct them both in religion and science. The more elementary and general knowledge can be communicated, by so much the more will the grand object be facilitated. To this end, a course of geography, general history, physics, & c. , is not only to be recommended, but is necessary. With the aid of this powerful weapon, knowledge, prejudice of every form can be effectually combated.

The teaching of the English language, and thus opening the road to general literature, has been thought a very practicable way for the attainment of this object. The experiment has been tried, but under many disadvantages. It was fondly hoped that when the Chinese youth became conversant with English literature, they would eagerly avail themselves of their advantages, and become instructors to their fellow countrymen.

But in this, we have been hitherto disappointed. It is, moreover, a most arduous task to teach a Chinese the principles of grammar, and to make him fully acquainted with the spirit of a foreign language, without which he would be very little benefited. They are exceedingly quick in obtaining a smattering of knowledge, and expressing their ideas in a broken jargon, but are slow in understanding abstract ideas, and mastering the idiom of a foreign tongue. And the prejudices they have imbibed against foreign literature is such that they cannot persuade themselves that our books contain more than their own.

While we thus freely state these difficulties, we would by no means convey the idea that they are insurmountable.

It would be very desirable that some individuals thoroughly acquainted with the best system of education should devote their time and talents to promote it among the Chinese literature, would be desirable. To find a suitable location for such an institution, would perhaps be very difficult, and prejudice might act on the minds of the people, and thus decrease the number of scholars. But from the fact, that the Roman Catholic missionaries prevailed upon a great number of Chinese youth to acquire the Latin language, and to wade through the mazes of scholastic theology, but little fear need be entertained of the practicability of founding an institution on a liberal plan.

Female education, as in all other countries, is greatly neglected also in China, but the prejudices against it are not so strong as they were formerly in Hindostan. There are now female Chinese schools at Malacca and Penang, which are in a flourishing state. If we are persuaded, as every thinking Christian ought to be, that no country can be raised from barbarism, and enjoy the privileges of the gospel, until the female sex obtains their proper tank in society, we shall exert ourselves to the utmost to establish female schools. Obstacles there undoubtedly will be to such a plan, but we hope by gracious assistances of God to overcome them all. (*The Chinese Repository*, Vol. III, pp. 562 – 565)

澳门连胜仿林联合学院初探
——一所遗忘已久的专上院校

老志钧

澳门连胜仿林联合学院在现今澳门教育界是一个陌生的名字，在澳门教育史上也是一所遗忘已久的院校。本文试以有关的零碎资料重现该院校的面貌，最主要的目的，在于填补澳门教育史的阙漏。

本文内容大致包括：（一）澳门连胜仿林联合学院的时代背景、创办缘由与创办过程（由广东坪石迁至澳门）。（二）办校宗旨与教育抱负。（三）课程设置（主要是：高级师范专修科或特别幼稚师范科）。（四）学院师资与教学对象，师资培训的必要学习元素。（五）该学院与澳门同时代的高等院校或师范课程加以比较，以明异同，以见其价值。

一　前言

2006 年暮春时分，笔者正在撰写《澳门圣若瑟教区中学的师范课程》一文，期间搜集了不少有关澳门教育的资料，也仔细阅读过，知悉澳门这个开埠四百多年，位处南中国边陲，面积蕞尔，人口不多的城市，高等教育事业在昔日曾有蓬勃发展的一页。除 16 世纪开办了远东最早的一间高等学府、澳门第一所专

上学院——圣保禄学院（Colégio de St. Paulo，1584—1835）
外，在20世纪三四十年代，烽火连天、动荡不安的岁月，直至
60年代末民生困苦、百业萧条的社会中，还涌现了多间专上学
院、多个师范课程。① 文章撰写完毕，满以为自己对澳门的高等
教育、师范课程有了更广泛更深入的认识。岂知半年后，在澳门
大学教育学院同事郑振伟教授的办公室，偶然翻阅两叠颇为陈旧
的影印资料——《澳门华侨学校联合会成立纪念特刊》、《澳门
连胜仿林联合学院特刊》，② 赫然发现这两份资料都记载了20世
纪五六十年代一间笔者素未谋面的专上学院、一个笔者从无听闻
的陌生名字——澳门连胜仿林联合学院。

澳门连胜仿林联合学院不单对笔者而言，是一个相当陌生的名
字，就连现今澳门不少教育工作者，包括教育耆宿也鲜闻其名。翻
查有关澳门教育的资料，如20世纪60年代初冯汉树的《澳门华侨
教育》；近十年的：冯增俊《澳门教育概论》、郭锋《澳门教育发展
的回顾与展望》、黄启臣《澳门通史》、刘羡冰《世纪留痕——二十
世纪澳门教育大事志》、刘羡冰《澳门教育史》、吴志良《澳门史新
编》，等等，③ 都不见片言只字的记载。不过，上述两份资料不见得

---

① 这段期间开办的专上学院、师范课程，计有：1938年协和女子中学三年制
幼稚师范班、1938年执信女子中学附设师范班、1949年华南大学社会教育系课程、
1949年越海文商学院教育学系、1950年中山教育学院特别师范夜班、1950年华侨大
学高等师范科、1951年圣若瑟中学简易师范科、1952年濠江中学简易师范班、1953
年德明中学幼稚园师范科、1965年官立葡文小学师范学校、1966年圣约翰书院中文
部特别幼稚园师范科、1967年圣公会幼稚师范学院（蔡高中学一年制幼稚园师范
班）等。

② 这两叠资料，一是《澳门华侨学校联合会成立纪念特刊》，澳门华侨学校联
合会，1962年。另一是《澳门连胜仿林联合学院特刊》，澳门连胜仿林联合学院，
1964年。

③ 参见冯汉树《澳门华侨教育》，海外出版社1960年版；冯增俊《澳门教育概论》，
广东教育出版社1999年版；郭锋《澳门教育发展的回顾与展望》，《比较法研究》第1期
（总第49期），中国政法大学出版社1999年版；黄启臣《澳门通史》，广东教育出版社
1999年版；刘羡冰《世纪留痕——二十世纪澳门教育大事志》，刘羡冰，2002年；刘羡冰
《澳门教育史》，澳门出版协会，2007年；吴志良《澳门史新编》，澳门基金会，2008年。

是虚假的。《澳门华侨学校联合会成立纪念特刊》除载有有关澳门连胜仿林联合学院的资料外，还在其内文"澳门华侨学校联合会第一届执行委员名录"中，列出该学院院长徐济东先生（兼福利组）的名字。[①] 至于《澳门连胜仿林联合学院特刊》，既有多帧各类活动的照片——包括当时澳门总督罗必信检阅该学院童子军的照片——又有多篇教师撰述的文章，称得上图文并茂。特刊最后几页附有当时澳门多间商户店铺刊登的商业广告以及该学院的招生简章。此外，并详列该学院的中英文院址——澳门三巴仔街二号及二号 B（Unite College Lien Shen &Fong Lam Macau）。由此可知，两份资料的可信程度实在不低。

本文仅属于述而不作的篇章，主要以《澳门华侨学校联合会成立纪念特刊》、《澳门连胜仿林联合学院特刊》两份资料为写作底稿，将之重新整理，加以比较、探讨而已。目的在于让尘封多时的资料得以重见天日，又借以抛砖引玉，引起方家注意，或能获取更多资料，以填补本文的不足或补苴澳门教育史的阙漏。

二　办校过程

澳门连胜仿林联合学院，顾名思义是由两个办学团体——连胜学院、澳门仿林中学——联合组成的。连胜学院原址在广东省乐昌县坪石镇，前身为连胜纪念中学。这间中学开办于 1943 年，目的是纪念追随孙中山先生加入革命行列，在护法援闽之役殉职沙场的徐连胜。[②] 1945 年，因逃避抗日烽火而迁至坪石的国立中

----

① 参见《澳门华侨学校联合会成立纪念特刊》，第 3 页。

② 徐济东《本院过去与现在和将来》指出："连胜纪念中学，系纪念革命先烈徐公连胜，追随国父参加革命，于民国七年，护法援闽之役，身先士卒，殉职沙场，国父及邓仲元上将，以徐公功在国家，特拨巨款购置学田房屋，至民国卅二年，由孙科、邹鲁、张发奎、高信、梁鸿楷诸先生，呈准广省教育厅批准立案，开办连胜纪念中学于粤北乐昌之坪石。"见《澳门连胜仿林联合学院特刊》，第 4 页。

山大学①再迁回广州。留在坪石的校舍，经教育部明令拨款充为连胜纪念中学校址，连胜纪念中学校务得以发展，就读学生增至两千余人，于是就扩展校务的计划，增办专上学院。经教育部批准，获创办人高信全力支持、前中山大学校长张云协助，连胜学院随即开办中国文学系、教育系、历史系等系。② 澳门仿林中学校址在麻雀仔街，③ 建校历史颇为悠久，是一间完全中小学暨幼稚园的学校，并设有夜班，以便日间工作者上课。④ 1949 年秋，国内政治局势转变，连胜学院经有关当局核准迁到澳门继续办理，⑤ 为求适合环境起见，就和仿林中学联合组成澳门连胜仿林联合学院，⑥ 并礼聘香港文教名流李会桃先生为名誉董事长，李风扬先生为学校董事。其后获澳门政府有关当局、天主教福利会等协助，加上学院上下一心，悉力合作，校务得以顺利发展，学院渐见雏形。⑦

---

　　① 抗战期间，国立中山大学为逃避烽火而迁至坪石。《澳门华侨志》指出："溯自七七事变爆发，我国全面进入抗战时期，广州为重要战略地点，亦为北上兵源、物资之集散地，遭受日军惨无人道滥炸，损失程度与日俱增。广东军政当局为求人民生命财产之安全，乃下令大疏散，广州市列为紧急疏散区。广州市中等及专科学校林立，各校当局为策安全，或迁校于市郊，或移设于各交通不便县市。"见华侨志编纂委员会《澳门华侨志》，华侨志编纂委员会，1964 年，第 73 页。

　　② 参见《澳门连胜仿林联合学院特刊》，第 4 页。

　　③ 就《澳门华侨教育》、《澳门华侨志》等资料所见，该校校址仅有街名，而无门牌号码。

　　④ 参见《澳门华侨教育》，海外出版社 1960 年版，第 46 页；又见《澳门华侨学校联合会成立纪念特刊》，第 9 页。

　　⑤ "澳门密迩粤省，粤人咸视为避难圣地，多相率逃澳暂居……澳门既被视为安全地带，故亦为粤省当局列入学校疏散区。由抗战截至二十八年上半年为止，先后由粤迁澳复课之学校达二十余间。在此期间内流亡澳门教育界人士乘机开设学校。"参见《澳门华侨志》，第 73 页。

　　⑥ 徐济东《本院过去与现在和将来》指出："追卅八年秋，环境转变，本院（按：指仿学院）校董会呈奉教育部等教育司穗高字九九四号批示，核准迁澳继续办理，并推本人为院长，本人于兵荒马乱中，率领少数同学，携带图书仪器，匆匆来澳，只以人地生疏，环境特殊，工作迟迟未得开展，幸能以苦干硬干的精神，排除万难，始得与具有历史悠久之仿林中学，成立联合书院。"参见《澳门连胜仿林联合学院特刊》，第 4 页。

　　⑦ 同上。

三　教学宗旨与抱负

葡萄牙人管治澳门百多年，一直只专注葡人葡语的教育，未推行全面的义务教育。[①] 直至 20 世纪五六十年代，葡人政府对华人教育，仍然采取消极不管、不负责的态度，以致华人教育处于独立自主、自生自灭的状态。[②] 或许基于这些原因，澳门连胜仿林联合学院一方面遵照国内教育部的规定，另一方面适应澳门的社会环境，揭示的教学宗旨就在于：加强华人教育，培养华校师资，发扬中国固有文化，提升自由民主教育，促进世界大同。为谋求华校发展，特别设立师范科课程，授以最切实用的师范教育课程，以培养优良师资。[③]

澳门连胜仿林联合学院除培养优良师资外，更注重人格感化，养成高尚品德。以四维八德为教学目标；正人伦，立纲纪，以为学生敦品励学的依据；指导学习各科，提高基本程度，根据最新教育原理，实行五育并重，以期造就实用人才。[④]

四　课程设置

澳门连胜仿林联合学院的课程设置，除遵照国内教育部规定的标准外，并参照台湾师范大学师资训练班（按：该校于 1946 年创立，名为"台湾省立师范学院"，1955 年升格为师范大学）、香港公立师范学校的课程，目的在于适合港澳教育。其基本课程设有：（一）普通教育学；（二）分科教学法；（三）教育心理；

---

① 参见刘羡冰《澳门教育史》，第 130 页。
② 同上书，第 32、43 页。
③ 参见《澳门华侨学校联合会成立纪念特刊》，第 11 页。
④ 同上。

（四）普通教育法；（五）国学概论；（六）教育行政；（七）健康教育；（八）教学示范及批评；（九）教育测验与统计；（十）乡村教育等科。① 此外，还设有各式各样的课程，以应社会不同的需要。这些课程可见于《澳门连胜仿林联合学院特刊》中，② 现分列于以下各表。

表1　　　　　　　　　各学系共同修习课程

大学国文	英文	哲学概论	中国通史	世界通史	论理学	伦理学	经济学	社会学	法律通论	心理学	国际组织

表2　　　　　　　　　师范班课程

普通教育学	分科教学法	教育心理	儿童心理学	普通教学法	国学概论	教育行政	健康教育	中国教育史	教育测验与统计	教育哲学	教育示范及批评	乡村教育

表3　　　　　　　　　工商管理系课程

工商组织与管理	民商法	会计学	高级会计学	成本会计	市场学	国际贸易	统计学	投资学	公司财政	银行会计	货币学	国际汇兑与金融	保险学	银行制度

---

① 参见《澳门华侨学校联合会成立纪念特刊》，第11页。
② 参见《澳门连胜仿林联合学院特刊》，第5页。

续表

审计学	财政学	经济学	经济地理学	经济政策	商用数学	西洋经济史	运输学	广告学	会计理论	商用统计	英文速记	社会问题	劳工问题	劳工福利

表4　　　　　　　　　　　文史学系课程

中国文学史	历代文选	各文体习作	历代诗选	文字学	西洋文学史	音韵学	词曲学	中国学术思想史	训诂学	中国经学史	中国古文字学	中国小说戏剧研究	新文学及习作	中国文化史	中国政治制度史	中国社会经济史	西洋文化史	西洋上古史	西洋中古史	西洋近代史	西洋现代史	人类史	日本史

表5　　　　　　　　　　　经济学系课程

经济学概论	国民经济学	经济思想史	中国社会经济史	经济地理学	中国经济问题	经济政策	土地经济学	经济名著选读	世界经济问题	国际贸易	财政学	统计学	高等会计学	商用数学	成本会计	投资学	市场学	国际汇兑与金融	银行制度	商用统计	会计制度	西洋经济史	货币银行学

表6　　　　　　　　　　　外国语文系课程

英国文学史	19世纪英国小说	西洋哲学	中国文学史	英文作文	法文	古典文学	新旧约圣经文学	维多利亚时代文学	现代英美词歌	现代英美小说	现代英美戏剧	英文教学法	应用英文	英语	语言学入门	美国文学	分期英国大学研究	欧洲文学选读	18世纪英国文学	英语辩论及演说	翻译	毕业论文或研究报告

表 7 　　　　　　　　　　　**社会教育学系课程**

社会学	社会心理学	社会教育概论	社会研究法	社会统计	社会福利及行政	社会调查	教学原理	教育社会学	统计学	伦理学	中国教育史	社会教育行政	视听教育	广播教育	电影教育	公共关系	比较社会教育	社会教育教材教法研究	社会政策	社会福利	儿童福利	个案与集团工作

表 8 　　　　　　　　　　　**会计学系课程**

会计学	成本会计	政府会计	审计学	会计制度	会计报告分析	公司理财	商用数学	货币银行学	银行会计	所得税会计	会计实习	主计制度	工商组织与管理	国际贸易	国际汇兑	投资学	经济计	经济学	高等经济学	会计问题	毕业论文或研究报告

以 20 世纪五六十年代澳门的社会环境而言,澳门连胜仿林联合学院设有上述八门课程,规模可说是不小;但八门课程不见得全都开办,能开办的相信只有社会教育学系课程、师范班课程,而师范班课程确实是开办过的。其理由是:

(一)当时澳门的社会环境困乏,经济状况欠佳,人口不多,不少学校的课程,往往因生源不足而告停办。澳门连胜仿林联合学院处于这样的环境,又如何能扩大发展,开办全部课程?

(二)学院的教学宗旨,主要是培养华校师资。

(三)学院课程的设置特别提出"参照了台湾师范大学师资训练班、香港公立师范学校的课程"。

（四）学院的招生简章，订出的招生课程只有"学系：甲、大学部，社会教育学系；乙、高级师范专修科；丙、特别幼稚师范科"。①

（五）《澳门连胜仿林联合学院特刊》这本册子，除了徐济东《发刊词》、李凤飔《进德修学》、李综一《欢送师范班毕业同学献词》、徐济东《本院过去与现在和将来》这少数几篇外，其余27篇师生的文稿，绝大部分都和教学有关，② 若学院开办的不只是师范班课程，又岂会如此！

既然澳门连胜仿林联合学院的师范班课程确实是开办过的，本文能讨论的也只有师范班课程。这门课程具备了四个师资培训的必要学习元素——教育理论、课程与教学、专业学科、教学实习（见表9，由表2重整而成）。

---

① 参见《澳门连胜仿林联合学院特刊》，第51页。

② 徐济东《本院过去与现在和将来》指出："这本特刊，虽然是小小的篇幅，但是有一个特点，我应当在这里把它指出来的，那就是从各教授教师们到毕业同学的稿子，泰半是向着教学和管理方面的阐述，而且有许多言人之所未言，发人之所未发的言论，殊有研究的价值，同时，一般毕业同学，如果担任教学的话，更值得置诸案头，按图索骥，作为教学的参考和指针。"其实，并非泰半，只有徐济东《连胜诗词》一篇和教学的关系较疏离，其余26篇阐述的内容都和教学关系密切。可参见黄英华《我国固有文化与现代教育思潮》、林范三《孟子性善论在教育上之价值》、林世恩《行政三联制与学校行政》、卢斌《论教育与道德》、李建华《教师应有的修养》、李毓坤《怎样管理教室》、蓝丹山《写字与标点》、赵济民《师资培养》、李泉《怎样读书》、郭劲贤《学校管训的设施》、邹华梁《如何训练童子军》、胡婉玲《如何防范阿飞产生》、区以仁《谈谈人格教育》、廖琪《怎样养成儿童良好的习惯》、徐适存《学习的方法》、杨玛丽《漫谈教学计划和教案》、杨明玉《从事盲人教育两载之心得》、锺焕媚《家庭教育学校教育与社会教育何者孰重》、翁莲芳《学校与家庭》、何赐明《人格与教育》、徐应存《考试应如何准备》、都兆雄《体育之价值》、谢慧明《为处理操行不良学生进一言》、杨坤茹《论教学之目的》、何丽嫦《美术教育对儿童之重要》、冯健生《国语科教学之我见》。参见《澳门连胜仿林联合学院特刊》，第7—42页。

表9

学习元素 学科	教育理论									课程与教学		专业学科	教学实习
	普通教育学	教育心理	儿童心理学	教育行政	健康教育	中国教育史	教育测验与统计	教育哲学	乡村教育	分科教学法	普通教学法	国学概论	教育示范及批评

　　这四个学习元素包含的学科,对在职教师、职前教师都深具意义。教师掌握了教育理论,才易于发展其专业技能,解决教学上诸多问题。教师具备专业学科的素养,才能恰当引导学生学习。教师了解课程要素和教学方法,教学才会得心应手,获得良好效果。职前教师借由教学实习,得以验证已学的教育理论、教学技巧和教学方法,从而获取经验,加强信心,有助于教学。

　　不过,四个学习元素各自包含的学科,数量上差异颇大。教育理论有九科,课程与教学有两科,专业学科则只有"国学概论"一科。专业学科只有一科,未免过少,或许会结合"各学系共同修习课程"(见表1)中的大学国文、英文、中国通史、世界通史等学科一起学习。要学生学习"国学概论",这在许多师范课程里都不多见。之所以如此,大概和该学院的教学宗旨"发扬中国固有文化"有关。事实上,教学课程的设置,和设置者的教育理念、文化传统、社会背景都有密切关系。

　　上述的师范班课程(见表9)和其年代相若的师范课程(见表10)——澳门圣若瑟教区中学师范课程[1]——相比,差异之处

---

　　[1]　澳门圣若瑟教区中学师范课程不是澳门最早开办的师范课程,却是历史最悠久的。自1951年开办至今(2009),长达58年。

不少。

表 10　　　**澳门圣若瑟教区中学 1965/66—1975/76 学年**
一年制日间"特别师范科"课程表

学习元素	教育理论				专业学科														课程与教学	教学实习
学科	教育概论	儿童心理	幼稚园行政	保育法	国文	数学	要理	劳作	美术	体游	音乐	乐理	保健	节奏	英文	体育	舞蹈	应用文	幼稚园教材	实习
课时	2/3	2/3	2	2/3	3/4	2	1/2	2	2	2/3	1/2	2/3	1	1	2	1/2	7/5	1	2/4	2/6

表 10 乃按老志钧《澳门圣若瑟教区中学的师范课程》一文中的表 5 重整而成。见张伟保编《澳门教育史论文集》（第一辑），中国社会科学出版社 2009 年版，第 219 页。

　　澳门连胜仿林联合学院师范班课程，教育理论占了全部学科的大多数，课程与教学、专业学科只占少数。这正反映该学院的师范班课程设置，重视教育理论，轻忽实际教学。至于澳门圣若瑟教区中学师范课程，刚好与之相反，专业学科占了大多数，共有十四科，教育理论只占少数，一共四科，四科中包含了"教育概论"。"教育概论"是师范课程里一个基础学科，学生借由"教育概论"认识教育领域的大概，了解师范课程的大要，为学习其他教育学科奠定基础。澳门连胜仿林联合学院师范班课程却欠缺了"教育概论"这一科，总让人觉得课程有欠完备，实有商榷之处。

五　教师与学生

澳门连胜仿林联合学院聘请的教师,都是学识广博、经验丰富、资历优良,从事教育 20 年以上的教授。纵使限于当时社会环境,待遇至为微薄,可是许多教师,不但不以待遇微薄而见责,反而对学生时加策励,诸多教导,阐譬周详,认真负责,所以深受学生爱戴,学校敬佩。这些教师称得上是真正为教育而教育,一心想教好下一代的教育工作者。①

学院招收的学生,一般以高中毕业学生为限,并须经入学考试合格,才获录取。此外,曾在教育界服务两年以上的教学人员,或合于规定的同等学历资格者(其录取名额受规定限制),也获录取。又另有特别规定,就是特别幼稚师范科只招收女生。

学院办学以不牟利为原则,对家境清寒而有志于服务教育的学生,或服务优良的现职教学人员,多免除缴交部分或全部学费,或给予助学金、奖学金,以资奖励。

学院对毕业生的升学或就业都甚为重视。凡毕业生欲出国深造,学院会尽力指导和协助。高级师范专修科的学生,毕业后,可以升入该学院其他学系,或保送和学院有联系的大学肄业。对不打算升学的学生,学院指导就业途径,或介绍职业。②

六　结语

《澳门华侨学校联合会成立纪念特刊》、《澳门连胜仿林联合学院特刊》这两份资料,经笔者多番探究后(见本文前言),笔

---

①　参见《澳门连胜仿林联合学院特刊》,第 6 页。
②　同上书,第 5、6 页。

者相信应该是真实可靠的。换言之，澳门连胜仿林联合学院确实是 20 世纪五六十年代澳门教育的一分子，学院开办的师范课程，属于由内地迁澳的学校开办的这一类型。①

澳门连胜仿林联合学院的办校过程，纵使称不上筚路蓝缕，也算是迂回曲折，付出的努力不少。其教学宗旨——加强华人教育，培养华校师资，发扬中国固有文化，等等——正符合当时澳门的社会环境。开设的课程虽然不少，但是能开办的相信只有师范班课程。事实上，当时澳门经济疲弊、民生困乏，能入读专上学院又有几人呢！即使如此，师范班课程的设置——师资培训的必要学习元素——并无缺少。若能添加"教育概论"一科，均衡教育理论、实际教学两者的比重，当更理想。此外，学院的教师都学有所长，教学认真；学院除指导学生敦品励学，更注重学生的升学就业，称得上照顾有加。

限于资料，笔者除了知悉师范班课程的四大学习元素和各学科外，其余的课时、学分、组织、评量等课程要素，就一概不知；也难以稽考这个课程是二年制高级师范专修科，抑或是一年制特别幼稚师范科。② 此外，以下种种疑问：

（一）既然澳门连胜仿林联合学院确实存在于澳门，何以记载的资料鲜见？知者极少？

（二）学院开办于何时？结束于何时？

---

① 澳门的师范课程从 1938 年协和女子中学开办幼稚师范班以来，可分为以下三类：（甲）由内地迁澳的学校开办，如协和女子中学三年制幼稚师范班、执信女子中学附设师范班、中山教育学院特别师范夜班。（乙）由香港迁澳的学校开办，如华侨大学高等师范科。（丙）由澳门的学校开办，如圣若瑟中学简易师范科、濠江中学简易师范班、官立葡文小学师范学校。

② 澳门连胜仿林联合学院的招生简章，有如下的订定：高级师范专修科两年内修满学分毕业，特别幼稚师范科一年毕业。参见《澳门连胜仿林联合学院特刊》，第 51 页。

（三）停办的原因为何？据知20世纪三四十年代以来，澳门的师范课程，不管是官办或民办的，大多数只能维持数年，就像昙花一现而结束。[①] 原因在于当时澳门的社会条件有限，报读师范课程的学生不多，有时甚至少于教师；[②] 不少师范课程因生源不足，或迁返内地，或告停办。澳门连胜仿林联合学院的遭遇，是否同样如此？

（四）学院开办的真的只有社会教育学系课程、师范班课程？

还有待更多资料的发现，或知情者的告知，或方家学者的探究，才能一一解答厘清。若能拨开迷雾，重见青天，则本文总算起了抛砖引玉的作用。

主要参考资料

1. 冯汉树（1960），《澳门华侨教育》，海外出版社。

2. 澳门华侨学校联合会编（1962），《澳门华侨学校联合会成立纪念特刊》，澳门华侨学校联合会。

3. 澳门连胜仿林联合学院编（1964），《澳门连胜仿林联合学院特刊》，澳门连胜仿林联合学院。

4. 华侨志编纂委员会编（1964），《澳门华侨志》，华侨志编纂委员会。

5. 冯增俊编（1999），《澳门教育概论》，广东教育出版社。

6. 郭锋（1999），《澳门教育发展的回顾与展望》，《比较法研究》第一期（总第四十九期），中国政法大学出版社。

---

① 大多数课程为期都很短暂，如：濠江中学简易师范班（1年）、圣约翰书院中文部特别幼稚园师范科（1年）、华南大学社会教育系课程（3年）、执信女子中学附设师范班（4年）；甚至有的开办不久，即告无疾而终，如：越海文商学院教育系、中山教育学院特别师范夜班、华侨大学高等师范科。至于为时较长的，仅有以下两个：圣公会幼稚师范学院（12年）、德明中学幼稚园师范科（16年）。

② 参见刘羡冰《澳门教育史》，第240页，同注4所引书。

7. 黄启臣（1999），《澳门通史》，广东教育出版社。

8. 刘羡冰（2002），《世纪留痕——二十世纪澳门教育大事志》，刘羡冰。

9. 刘羡冰（2007），《澳门教育史》，澳门出版协会。

10. 吴志良编（2008），《澳门史新编》，澳门基金会。

11. 张伟保编（2009），《澳门教育史论文集》（第一辑），中国社会科学出版社。

19 世纪末澳门利宵中学的创立

单文经　宋明娟

一　前言

澳门利宵中学（Liceu Nacional de Macau）是 1893 年 7 月 27 日，由葡萄牙政府颁布政令（Decreto de 27 de Julho de 1893 que cria o Liceu de Macau）通过设立，① 这所为纪念航海家殷皇子（Infante Dom Henrique）五百周年诞辰而设立的中等学校，一直到 1998 年，与澳门商业学校，以及慈幼会办理的鲍思高中学合并为澳门葡文学校。1999 年，即中华人民共和国对澳门恢复行使主权的一年，澳门利宵中学正式关闭，并转变为由澳门葡文学校基金会设立的葡文学校。②

这所以出生于葡国的葡人和出生于澳门的土生葡人为收生对象、原本由澳葡政府设立，且具有葡萄牙国立中学性质的澳门利宵中学，因为政权移交与入学人口减少，而改为由民间基金会设立的私立中学。针对这样一所具有特殊性质的中学，理解其在

---

① Liceu Nacional de Macau 的直译应为澳门国立中学，但一般习以澳门利宵中学称之。
② 澳门葡文学校学校基金会是由葡萄牙政府教育部联同澳门土生教育协进会以及东方基金会在 1997 年组成。

19 世纪末创立的社会背景，澳门葡萄牙人催生利宵中学的缘由，以及创立时的情况，应具有教育的历史意义。此为本文撰作动机之一。

　　中文的教育史相关论著中，以澳门利宵中学为主题的专书或论文，皆不为多见。刘羡冰在其有关澳门教育史的著作当中，曾简介过澳门利宵中学。[①] Aresta 及 Simões 分别在中葡双语出版的澳门《行政》期刊当中，也曾概略介绍过澳门利宵中学的情况。[②] 至于，Teixeira 以及 Botas 曾以澳门利宵中学为主题而写成两本专书，但皆以葡文撰写而成。[③] 尝试借由所能找到文献，以 19 世纪末澳门利宵中学创立的历史背景为题撰成专文，借之填补中文世界对于澳门澳门利宵中学介绍的不足，为本文撰作动机之二。

二　19 世纪末的澳门社会

　　自从 16 世纪葡人进入澳门之后，转口贸易是澳门的主要经济活动。中国的手工业、生丝和瓷器很受西方人欢迎，澳门亦因其特殊的地理位置，而成为葡萄牙人进入中国和其他亚洲市场的必经通道。17 世纪，东印度公司在澳门开始活动，使澳门成为鸦片运销中心之一，东西经贸的交流扩大，澳门的人口亦有所增加；1840 年澳门的人口约有 40000 人。然鸦片战争后，香港成

---

　　① 刘羡冰：《澳门教育史》，人民教育出版社 2002 年版；刘羡冰：《世纪留痕——二十世纪澳门教育大事志》，澳门：鸿兴柯式印刷有限公司 2002 年版。

　　② A. Aresta：《澳门哲学教育课程的改革》，《行政》6 卷 4 期，第 935—946 页。R. Simões：《对移民的教育：关于十九世纪末澳门教育的讲话》，《行政》6 卷 4 期，第 947—953 页。

　　③ Manuel Padre Teixeira, *Liceu de Macau* (3rd ed.), Macau: Direccao dos Servicos de Educacao, 1986. João F. O. Botas, *Liceu de Macau, 1893—1999*, Macau: The Author, 2007.

为英国殖民地，因拥有优良的海港，取代了澳门作为贸易港口的地位，致使澳门在很大程度上降格为一休憩娱乐场所。后来猪仔（即苦力）贸易兴起，1860 年澳门人口又再增至 85000 人，迄1875 年，猪仔贸易渐招物议而日趋萧条，人口又再稍有减少。①

　　1897 年澳门《知新报》刊登《澳门》一文，其中载有澳门当时的情况：

　　澳门向为繁盛之区，商贾辐辏。自香港既辟以后，商务渐衰。又加抽工人饷项，故居民亦因之离散，直至同治十三年（1874 年）始免此例。商务以茶叶出口为大宗，每年约银 70 万元；各款花油及鸦片等物，颇为畅销；丝绸、砖瓦、红毛泥并别项工艺厂，亦有创设于埠中者。葡人商务远逊于前，华人商务则较葡稍胜。据光绪二十一年（1895 年）中国海关清单，华货销于此埠者，值银 9375928 两，上年则为9295373 两。但海滨沙坭淤积，碍于舣泊，苟非修理，华人商务亦恐顾而之他。此地西南，海风飘拂，夏令炎酷，香港各埠病人多有到此养病者。②

　　在 1842 年香港割让给英国之后，澳门仍保持苦力贸易、鸦片的加工与贩卖，以及各种赌博的收益，再加上珠江以西沿江的全面商业化，所以还勉强与香港港口维持了约三十年相互竞争的状态。至 1875 年，苦力买卖衰落，1876 年，北海继广州后开放，使得澳门失去在珠江以西沿江港务活动中享有的优越地位，1887 年成立了红湾海关，阻止鸦片的走私。印度和锡兰与中国的茶市场通过澳门展开竞争，而由于殖民越南的法国占了优势，

---

　　① 郑天祥：《澳门人口》，澳门基金会，1994 年。
　　② 澳门教育史研究小组：《澳门教育编年史稿》，澳门大学教育学院，2009 年，未出版。

澳门与东京湾的贸易也大幅消退。而更重要的是，澳门的港口逐渐淤塞，使澳门的商业活动更加衰落。[①]

《澳门回声报》1893 年显示，当时澳门尚未建立一套有组织的金融体制，缺乏会计人员又无健全稽核制度，不足以承担银行和保险业务，因而无法为入港船只担保支付货物费用，造成极大的不便，然而，香港在这方面较为先进，能为往来贸易的船只做较好的服务，也是澳门港口不再受到青睐的重要原因。因为澳门的商贸条件不再优越，居住在澳门的英国商人和一部分中国商人移居香港，留在澳门工作的人员，尤其是葡萄牙来的人员，则又都在政府的部门任职，习于征税和监管等工作，都没有条件参与较完善的经济活动。此外，正如这个时期的决算报告所示，民间的企业创收和积累的盈余，大部分都用于香港不动产的投资，因而澳门的经济更是发生了不可逆转的衰落。这些变化，使澳门居民首当其冲，生活水平受到影响，而经济之衰落亦导致了人口的减少。[②]

1896 年澳门第一次人口普查结果显示，澳门土生葡人的识字程度，平均超过来自葡国本土的葡萄牙人，造成这种现象的原因之一，即因在澳门服役的葡萄牙士兵多数来自农村，多未接受过最起码的识字基础教育；相对地，19 世纪末的澳门，为土生葡人所提供的识字基础教育机会比较多些，这又与澳门的都市化程度较高，以及以商贸服务业为主要产业的经济体制有直接的关连，另外，澳门的土生葡人十分重视妇女的教育，然而，特别值得注意的是，当时澳门的葡萄牙人，不论是来自葡国本土，或者是土生葡人，皆仅有少数具有中学水平，而具有大学水平者更屈

---

① 黄启臣：《澳门通史》，广东教育出版社 1999 年版。

② R. Simões：《对移民的教育：关于十九世纪末澳门教育的讲话》，《行政》6 卷 4 期，第 947—953 页。

指可数，这应是促成澳门的葡萄牙人催生利宵中学的重要
背景。①

三　澳门葡人催生利宵中学

兹就过去葡国本身中学教育背景、当时澳门官立教育之不
足，以及民间的教育革新力量等角度，分析澳门葡人催生利宵中
学的脉络。

(一)　呼应葡国中学教育改革的趋势

19世纪的葡萄牙，经历一连串的政治变革，20年代，由资
产阶级发动的自由主义革命，结束了古代专制的政体，进入了君
主立宪时期，逐步迈向共和国体制，从教育方面来看，兴办中学
为这一段时期一项重要的改革；一直到1836年以前，葡萄牙还
只设有大学和小学，大学是为资产阶级中的佼佼者而开设的，平
民只在小学读一些专为他们编写的基础读物。当时原来国家的社
会结构没有中间层，即没有小资产阶级，而小学和大学之间的教
育并不是中等教育，只是过渡教育（只有高等预科），为了进入
大学做准备。自由主义革命改变了这种状况，在平民教育和高等
教育之间加进了新的教育阶段。②

自由主义革命成功之后，1823年中等学校开始出现。当时
有准备建立高中（通往大学的渠道）及职业中学（就业渠道）
之理想计划提出。其为引进法国于1792年发布的康多塞（Con-
dorcet）报告，而拖延了很久才得以实现。1820年的自由主义革

---

① R. Simões：《对移民的教育：关于十九世纪末澳门教育的讲话》，《行政》6
卷4期，第947—953页。

② ［葡］J. H. 萨拉依瓦（Jose Hermano Saraiva）著：《葡萄牙简史》（*Historia
concise de Portugal*），李均报、王全礼译，中国展望出版社1988年版。

命之后，帕索斯·曼努埃尔（Passos Manuel）命令各省建立中学，课程设置参考法国学校课程安排，包括有：人文学、法语、英语、德语、化学、物理、自然、数学。但是，由于既缺乏师资也没有学生，计划未能真正落实，直到 1863 年，中学教育才开始有了较为像样的面貌。[①]

1870 年葡萄牙设立公共教育部，以专管教育业务，并且在 1872 年 9 月 23 日、1880 年 10 月 14 日、1886 年 7 月 29 日和 1895 年 8 月 14 日等发出了一连串公共政令，试图使中学教育的改革，特别是课程制度的建立，能够日渐成型，但是诚如当时革新派议员 Bernardino Machado 于 1892 年实地考察各地中学教育之后所指出的，中学教育没有确定的目标和学习计划，也不按任何公认的教学标准授课，甚至不要求毕业时应具备最起码的知识水平。[②] 因此，当时如果想组织一个真正的中学教学，实际上应该从零开始筹建。

必须补充说明的是，1892 年，教育部长雅伊梅－摩尼斯（Jaime Moniz）宣示了这一教育改革，葡萄牙的中学教育的落实是其重点之一。该项改革确认了中学教育的宗旨，就是让中学学生做好充分的学术准备，以便迎接更进一步的深造。为确保中学教育的成功实施，葡国教育部设置了专管中学教育司，职司各地中学的组建、经费的资助、校长的任命、教师的培训、教材的编印、教学的视道，以及考试的举行等业务。[③]

（二）补实澳门官立中学教育的欠缺

利宵中学成立以前，澳门的教育机构概有官立小学和教会教

---

① ［葡］J. H. 萨拉依瓦（Jose Hermano Saraiva）著：《葡萄牙简史》（*Historia concise de Portugal*），李均报、王全礼译。

② A. Aresta：《澳门哲学教育课程的改革》，《行政》6 卷 4 期，第 935 页。

③ João F. O. Botas，*Liceu de Macau，1893—1999*，Macau：The Author，2007.

育机构二类。官立小学教育机构包括创建于 1847 年的市政厅初级学校，以及于 1872 年先后成立的 1 所男子小学和 2 所女子小学。① 1873 年 2 月 3 日，澳门政府第 18 号训令通过了澳门初级教育学校条例，课程设置等公布在 1877 年的第 37 期公报上，1882 年以后，又将这些学校整并为男子中央学校（Escola Central do Sexo Masculino）及女子中央学校（Escola Central do Sexo Feminino），并且将学校分为初级教育和中级教育，初、中级教育内又各分低、高两级，1884 年后，则将中级教育分为低、中、高三级。②

　　而谈到教会教育机构部分，一定得提 1594 年创办的圣保禄大学学院（Colegio de Saint Paulo），惟该院在 1762 年因故被迫关闭。反而，1727 年成立的圣保禄学院的分校圣若瑟修院（Seminários de S. José），虽然其管理权责因故在耶稣会与教区及政府之间来回转移多次，但却一直持续肩负着重要的教会教育责任，1871 年 10 月时该院有学生有 326 人，当时的院长试图将修院世俗化，但是却因所聘请之俗家教师太过激进，且得不到澳门居民的认同，修院的教学品质下降，学生人数也开始减少，到 1881 年时，学生人数锐减到 68 人。③

　　圣若瑟修院专收男子，而另一所教会教育机构则是专收女子的圣罗萨·利玛（Santa Rosa de Lima）学校，该校于 1875 年 12 月正式成立，原为在 1844 年 2 月由葡王颁布敕令授权教区建立

---

　　①　1871 年 12 月 31 日，澳门政府颁布第 68 号省训令，决定在澳门成立 3 所官立小学教育机构。见 A. H. de Oliveira Marques, *História dos Portugueses no Extremo Criente*, Vol. 3, p. 510。亦见澳门教育史研究小组《澳门教育编年史稿》，澳门大学教育学院，2009 年，未出版。

　　②　施白蒂（Beatriz Basto da Silva）：《澳门编年史：19 世纪》，澳门基金会，1999 年，第 190 页。

　　③　Manuel Teixeira, *Macau e a Sua Diocese*, Vol. 3, pp. 391—393.

的孤女院女子学校。① 学校除孤女外，还接受交纳膳宿金的女学生，分为初等和中等教育；初等教育又分两级，第一级为读、写、算术、教理解说和天主教教义，第二级为葡萄牙语法基础和分析定律基础、葡萄牙简史、葡萄牙及其海外殖民地基础地理知识、社交礼仪、初等数学等。中等教育课程有葡语语言及语法、法语、英语、新旧约、宗教史、声乐及钢琴、体育、卫生学等，此外还有女红课。② 以上进一步说明了相对于葡国的葡萄牙人，19 世纪末的澳门为土生葡人所提供的识字基础教育机会并不更为落后。然而，除了教会所办理的教会教育机构尚具有中学教育的水平，其余的皆为小学水平，所以澳门在中学教育方面，特别是官立中学教育的欠缺，有待补实。

（三）延续民间催促官方兴学的传统

澳门利宵中学的成立，固然是政府的行为，惟民间也扮演了重要角色。这一点，与多年来逐渐形成的民间催促官方兴学的传统有关。试以三件事加以说明。

第一件事是 1847 年由民间组成委员会，筹设市政厅初级学校。

1847 年 2 月 22 日，澳门计划创立一所市政厅初级学校，但市政厅无力单独完成此项计划，于是澳门富商及知名人士若干人受命组成一个志愿者委员会，负责推动实施。③ 后来，1847 年 3 月 12 日，在澳门经商的英国商人马赞臣（J. Matheson）出资筹办这所初级学校，6 月 16 日，市政厅创办的市政厅小学在志愿者委员会操办下，又募集到 4000 银币后正式开学，课程是早日商定的英语和法语，同年 9 月起，由于孤儿太多，全都接受免费

---

① Manuel Teixeira, *Macau e a Sua Diocese*, Vol. 3, pp. 391—393.
② Auleliano Barata, *O Ensino em Macau, 1572—1979*, pp. 181—188.
③ 施白蒂（Beatriz Basto da Silva）：《澳门编年史：19 世纪》，第 93—95 页。

教育,使议事会无力承担,该校改由彩票收益资助。第一任校长是澳门土生葡人席尔瓦(Jorge António Lopes da Silva)神父,他还兼教语文,学校开始设在圣罗撒·利马收容院一隅。①

第二件事是民间对于澳门政府必须重视土生葡人教育的呼籲。

Ferreira 于 1872 年撰成知名的《真实呐喊》一文,力陈民众教育的重要性;他对于澳门总督对于教育所采取的放任自由的态度,大加挞伐,指出了在 1820—1862 年之间,政府怠忽职守,土生葡人们犹如被故乡母亲遗忘而不断呼喊,渴望得到教育;同时,该文也记载了澳门居民团结一致,出钱出力,终于设置了一所"新澳门人学校",并且因而唤醒了麻木不仁的政府,于 1861 年 4 月 6 日发布的省政府训令通过该校章程,并且请葡萄牙政府派遣教师来支援教学。②

这所"新澳门人学校"于 1862 年 1 月正式设立,分设小学部和中学部,贫困学生免交学费,并为女生进行单独教育,这是澳门第一所既非官办又非教会办的民办学校,惟缺乏办学经费,学校而不得不于 1867 年关闭。③

第三件事是"澳门土生教育协进会"(APIM,Associacao Promotora da Instituicao dos Macaenses)的成立。

澳门土生教育协进会成立的主要原因,是在 1870 年 9 月 20 日,葡萄牙政府对全国宗教教育作架构重整,下令驱逐所有在澳

---

① 施白蒂:《澳门编年史:19 世纪》,第 93—95 页。

② 昂西奥·费雷拉(Leôncio Alfredo Ferreira,1849—1920)生于澳门,在果阿获得律师资格,曾任华务代理事务所代理、上海领事,其名被澳门地名收用。上文引述出自(1996)Ferreira Leôncio Alfredo, Instrução dos Macaenses – Leôncio Ferreira "Um Brado Pela Verdade ou a Questão dos Professores Jesuítas em Macau e a Instrução dos Macaenses", in Direcção dos Serviços de Educação e Juventude (ed.), *Documentos para a Histróia de Educação em Macau*, volume 1 (pp. 15 – 31), Macao:Direcção dos Serviços de Educação e Juventude. Originally published in 1872.

③ 施白蒂:《澳门编年史:19 世纪》,第 144—169 页。

门教学机构任教的外国教师；正值在驱逐令实施下之扰乱时期，有志之士为使大部分之澳门青少年于澳门公营机关或于香港及上海之私人机构内能有更佳的工作机会及表现，主张在澳门建立一所商业学校。终于在 1871 年 9 月 17 日，热心人士聚集了一些有财势及具影响力之澳门公民，决定以书面契约形式，正式成立致力发展教育事业的协会，该会于焉诞生。①

综合本节所述，澳门利宵中学的创立，一方面受到葡国中学教育改革的大趋势的影响，另一方面则是导缘于澳门官立中学教育欠缺的实际需求，再加上民间有催促官方兴学的传统等因素交互作用而致成，若是因而说"官民共同催生澳门利宵中学"亦不为过。而澳门土生教育协进会（APIM）主席伯多禄（Pedro Nolasco da Silva）曾经回忆，"明德禄（António Joaquim de Medeiros）是首位向宗主国政府请求建立一所澳门国立中学的"，而澳门中学的创立，同样得益于市政厅主席巴士度（Autónio Joaquim Bastos）每年付出定额的经费赞助，另外，澳门在葡萄牙的议员柯高（José Maria de Sousa Horta e Costa）少校也居中协助不少。②

四　利宵中学创立时的情况

接着，就 19 世纪末利宵中学草创时期的情况，分为开办与经费、课程与师生、问题与争议等项略作介绍。

（一）开办与经费

迄 1894 年 4 月 16 日，利宵中学的学校委员会第一次会议在

---

①　参见澳门商业学校网页 http：//www. apim. org. mo/cn/index. html。

②　João F. O. Botas, *Liceu de Macau, 1893—1999*, Macau：The Author, 2007.

澳督府举行，由戈麦斯先生主持。在这次的会议当中，有 Horacio Afonso da Silva Poiares 学士、土木工程师 Matus Antonio de Lima、Camilo de Almeida Pessanha 学士、教士 Baltasar Estrocio Faleiro、总司库 João Albino Ribeiro Cabral、港务局副局长 Wenceslau Jose de Soula Morais 中校、卫生局长 Jose Gomes da Silva 博士，以及工务局局长工兵少校 Augusto César de Abreu Nunes，加上戈麦斯先生九位澳门利宵中学的教师宣布就职。①

1894 年 9 月 10 日和 11 日，澳门利宵中学举行了入学考试，有许多澳门小学的毕业生参加。9 月 28 日正式开课，共有 30 名学生到课。但因为当时正处于皇室成员服丧期，并未举行开学典礼，不过，仍有澳门圣若瑟修院和中央学校的老师们出席了开课的仪式。②

确认利宵中学创办的法令（Decreto de 27 de Julho de 1893 que cria o Liceu de Macau）是由海事部长 Joao Antonio Ferreira 于 1893 年 7 月 27 日签署，而以国王 D. Carlos 的名义于 8 月 3 日的政府公报上发布。这项法令值得注意的条文，比如第一条确认澳门的小学和中学公共教育，皆须根据该法的规定进行调整，第四条更要求澳门利宵中学各方面都要达到葡萄牙国立中学的标准。稍后，1894 年 4 月 14 日会省政府第 92 号训令，确定了利宵中学的地址设于圣奥斯定修道院内。③

如前所述，利宵中学的经费来自三个方面：澳门政府、市政厅，以及澳门土生教育协进会（APIM）。1893 年 5 月 4 日，总督 Custodio Borja、市政厅主席 Antonio Joaquim Basto、APIM 主席

① 澳门教育史研究小组：《澳门教育编年史稿》，澳门大学教育学院，2009 年，未出版。

② Manuel Padre Teixeira, *Liceu de Macau* (3rd ed.), Macau：Direccao dos Servicos de Educacao, 1986.

③ João F. O. Botas, *Liceu de Macau, 1893-1999*, Macau：The Author, 2007.

Pedro Nolasco da Silva 在市政府（Palacio do Governo）里会面，就利宵中学创立时每年所需经费 7.2 康托的分摊会商，结果由澳门政府提供 3.7 康托，市政厅提供 3 康托，APIM 提供 0.5 康托。①

（二）课程与师生

如前所述，于 1893 年 7 月 27 日创办澳门利宵中学的法令第四条当中，要求澳门利宵中学各方面都要达到葡萄牙国立中学的标准。而这些标准当中，最为重要的应属学校教育的宗旨和课程。

关于澳门利宵中学的教育宗旨，相近时间点的葡国在 1892 年，教育部长雅伊梅－摩尼斯（Jaime Moniz）所宣示的教育改革当中，明白指出中学教育最主要的目标就是让中学学生做好充分的学术准备，以便迎接未来接续的深造。②

前文讨论到葡国中学教育改革趋势时，亦曾经提及 19 世纪 20 年代的葡萄牙中学教育改革，受到法国于 1792 年发布的康多塞报告的影响，要求各省参考法国的做法，中等学校应设置人文学、法语、英语、德语、化学、物理、自然、数学等课程。③ 而 1894/1895 学年利宵中学最初开设的课程，包括第 1 科：葡萄牙语言和文学；第 2 科：法文；第 3 科：英文；第 4 科：拉丁文；第 5 科：基础数学；第 6 科：物理、化学和自然史；第 7 科：地理和历史；第 8 科：基础哲学；以及第 9 科：绘画。④

澳门政府于 1893 年 8 月 18 日公开招聘任教澳门利宵中学第

① João F. O. Botas, *Liceu de Macau, 1893 – 1999*, Macau: The Author, 2007.
② Ibid. .
③ ［葡］J. H. 萨拉依瓦（Jose Hermano Saraiva）著：《葡萄牙简史》（*Historia concise de Portugal*），李均报、王全礼译。
④ João F. O. Botas, *Liceu de Macau, 1893 – 1999*, Macau: The Author, 2007.

1、2、7、8 四科的教师，当时共有 39 名竞聘者，最后确定聘请
Horácio Afonso da Silva Poiares（第 1 科葡萄牙语言和文学）、Ma-
teus António de Lima（第 2 科法文）、João Pereira Vasco（第 7 科
地理和历史）和庇山耶（第 8 科基础哲学）等人，其皆为 1894
年从葡萄牙应聘前来澳门利宵中学任教者；另外，尚有 5 位教师
是由已经定居在澳门的葡萄牙人或土生葡人担任，包括 Padre
Baltazar Faleiro（教拉丁文）、João Albino Cabral（教拉丁文）、
Wenceslau de Morais（教基础数学）、José Gomes da Silva（教物
理、化学和自然史）和 Abreu Nunes（教地理和历史）；概略而
言，澳门利宵中学创立初期，大部分教师都是由澳门政府的公务
员兼任的。[1]

至于学生的部分，澳门利宵中学的学生多来自家庭经济条件
较好的家庭，一般家庭经济条件较差的市民，因为负担不起学费
而无缘入读。有来自 12 个家庭的 16 位学生的姓名及其家长的姓
名与职业见于记载：Arnaldo da Silva Basto，为 António Joaquim
Basto（律师）的儿子；Artur Júlio Rosa，为 Fernando António（少
校）的儿子；Cristina Ângela Maher，为 Jorónimo Maher（商号雇
员）的女儿；Carlos Augusto Ribeiro Cabral 和 Fernando Augusto
Ribeiro Cabral，为 João Albino Ribeiro Cabral（庄园司库）的儿
子；Francisco Analecto da Silva，为 Pancrácio da Silva（市政府雇
员）的儿子；Francisco Xavier Pereira 和 José Maria Guilherme
Pereira，为 Vicente Saturnino Pereira（律师）的儿子；Henrique
Nolasco da Silva 和 Juiz Gonzaga Nalasco da Silva，为 Pedro Nolasco
da Silva（汉学家）的儿子；Joaquim António Pacheco，为 Albino
António Pacheco（律师）的儿子；Joaquim Fausto das Chagas，为
Joaquim das Chagas（业主）的儿子；José d'Anunciação Dias

---

① João F. O. Botas, *Liceu de Macau, 1893 – 1999*, Macau: The Author, 2007.

Azedo 和 Jovita Júlio Dias Azedo，为 Caetano Dias Azedo（中校）的孩子；Juiz Ayres da Silva，为 Miguel Ayres da Silva（业主）的儿子；Juiz João da Silva，为 Cláudio da Silva（上尉）的儿子。[①]由这些家长的职业可以看出，这些学生多来自律师、军人、业主和雇员等工作较稳、收入较丰、经济条件较好的家庭。

（三）问题与争议

澳门的公共教育规范计划既经核准，创立澳门利宵中学法令亦经政府公报发布，如此不但补足了澳门欠缺官立中学的缺憾，且实现了民间多年来催促官方兴学的呼吁，故澳门的葡萄牙人对于此事，应该是多持积极正面的回应。

然而，创立一所学校并不容易，尤其是在一个远离宗主国数千里之遥的海外之地建立一间以非当地主要语文，也不是国际上较为通用语文的葡文学校，更是不容易。虽然，澳门政府、市政厅，以及澳门土生教育协进会等执事者皆亟欲把学校办好，但是，毕竟受到各种主客观条件的限制，草创时期的澳门利宵中学，似乎一开始就面临了一个十分棘手的问题：生源不足。因为这个问题，也带来一些争议。

澳门利宵中学甫一创立，所招收的学生仅有 30 名左右，花费这么多的心力，好不容易创办的一所国立中学，一开始却只能招如此少的学生，自然会引起许多澳门市民的忧虑，担心葡萄牙政府可能会关闭这所新建的学校。当时，澳门爆发了鼠疫，导致圣若瑟修院和中央小学停课，更增加了大家的忧虑。[②]

到了 1896 年，只有 18 名新生注册，而且有一段时期，某些科目甚至一名学生都没有，课堂上仅有一名学生的情况也很常

---

① João F. O. Botas, *Liceu de Macau, 1893 – 1999*, Macau: The Author, 2007.

② Ibid..

见，此般窘况的原因，依据 Botas 的记载，说明如下。①

其一，与澳门利宵中学生源重叠的另两所学校免缴学费，使其处于竞争劣势。

造成澳门利宵中学生源不足的原因之一，是圣若瑟修院和圣罗撒女子中学和澳门利宵中学的生源重叠。这两所学校的课程与澳门利宵中学相同，但是，却因为免缴学费，结果使得必须缴交学费的澳门利宵中学在争取生源方面，一直都处于劣势。

其二，教师兼任的制度使澳门利宵中学办学严谨的程度招致质疑，声誉难以提振，因而无法获致家长信任。

公务员兼任教师，是第二个困扰着创立时期澳门利宵中学的问题，也是另外一个让澳门利宵中学处于先天劣势的问题。诚如 Botas 引述 Basto 发表于 1899 年的《澳门报》的评论所指出的：

> 我们坚持一个看法，即公共教育是社会服务的重要一支。值得我们专门为老师支付工资来保证他们将所有的时间都投注于教育事业，否则将是浮于表面、毫不实际的。要么是老师，要么是公共雇员。兼职的结果是一样都做不好。②

这篇评论指出，当时澳门利宵中学有不少教师忙于处理他们的本职的工作和活计，因而经常缺课，任由学生们在大街上游荡，以致到了考试的时候，学生们没有学习教学材料，但到了学年结束，这些学生却都及格了。事实上，由教师缺课所导致学生学习的荒废，而引发大众对于学校的办学严谨程度的质疑，使得澳门利宵中学声誉始终无法提振，因而后来无法获致澳门一般葡萄牙

---

① João F. O. Botas, *Liceu de Macau, 1893 – 1999*, Macau: The Author, 2007.
② 同上书，第 39 页。

人家庭的信任，进而使得生源不足的问题始终未见改善。1898年10月9日《澳门之声》的文章，一针见血地点出了这项问题的症结所在：

> 澳门国立中学的入学考试非常简单，与大众的观念相去甚远。开始，学校要求过于严格，以至于连优秀的学生都无法通过，最后连公认功课不好的学生都被录取了，于是人们对学校的严肃程度然生了质疑。当人们见到一个老师兼任两或三门科目时，这种不信任感就更加强烈了。课程表安排不合理，简直像是根据老师们的方便和个人兴趣确定的，而不是为了广大学生。这是学校就读学生少的真实原因。①

其三，澳门利宵中学以博雅通识为考虑的办学方针，因而招致不切合实际的质疑。

办学方针所引起的争议，是第三个困扰着创立时期澳门利宵中学的问题。前面曾经提到，创办澳门利宵中学的法令明白要求，该校各方面都要达到葡萄牙国立中学的标准，而葡萄牙国立中学乃是承袭法国中学为培养继续深造而作学术准备的传统，以教授广博的文化知识为其办学的方针，所以，在课程的设置也当然就是以博雅通识为考虑。

具体而言，澳门利宵中学的办学方针，是希望学生毕业之后，可以回到葡萄牙进入大学深造。但是，这样的办学方针，却一直受到澳门葡萄牙人，特别是人数占绝大多数的土生葡人质疑。《澳门之声》在1898年6月19日有一篇题为《澳门人的未来》的文章，即对于这个问题有所讨论：

---

① João F. O. Botas, *Liceu de Macau, 1893 – 1999*, Macau: The Author, 2007, p. 36.

澳门利宵中学的办学方针考虑更多的是一些公务员、军人和他们的家属等在澳门工作的葡萄牙人,而不是出生于澳门本地的土生葡人。对于澳门的社区来说,就业出路主要是商业、港口、海关等第三产业,而不能适应就业局势是学校就读人数少的重要原因。读完中学课程的人可以进一步去宗主国深造,而这对于家境不富裕的人来说,并不是个令人满意的出路。总之,学校为以让学生接受高等教育为目的进行教学,教师 Eduardo Augusto 所发表的长文所作的总结"那里提供的教育不切合实际"的意见十分中肯。①

前曾提及,澳门利宵中学创立初期的经费来自澳门政府、市政厅,以及澳门土生教育协进会三个方面。代表官方的澳门政府总是会站在宗主国的立场要求澳门利宵中学应遵守博雅通识的传统,但是,代表一般民意的市政厅,以及主要由土生葡人为组成分子的澳门土生教育协进会,就较为实际地思考澳门利宵中学办学方针的问题。Botas 即直指,"这种三个利益方共同操作的形式不久就给澳门利宵中学早期的运作带来了极大的不稳定"。② 上述学生是否应该交学费、教师是否应该兼任,乃至课程应该偏重实际识应用等问题,似皆与三个方面对于中学教育目标的看法不同有关。

五　结语

19 世纪末澳门利宵中学创立,是尝试将葡国教育体制与内

---

① João F. O. Botas, *Liceu de Macau, 1893 – 1999*, Macau: The Author, 2007, p. 36.

② 同上书,第 33 页。

容落实在澳门的个案，其在华人教育史上具有特殊意义。它于澳门设立的初衷，是为了提供澳门葡裔子弟的教育，惟官方的思考，将之视为葡国中学的复制品，期待受教者所具备的知能，可比之葡国的葡人子弟，足以于往后接续葡国的高等教育系统；但同时，一般民意及土生葡人代表着实际教育需求的声音，却无法获得实现。当中所引起的问题与争议，体现了新的教育措施若无法兼顾本土化需求，则产生水土不服的现象；从利宵中学创立之时，课程设置不全、缺乏专任教师，以及收生来源不足等窘状可见一斑。

培正青年会的教育活动

郑振伟

一 前言

笔者近年整理培正这所老校的文献资料，其中有涉及该校"青年会"的活动，故本文尝试从所得资料考查这家老校的青年会在民国时期与教育相关的一些活动。本文所参用的资料，主要来自该校的出版物，如《培正校刊》、《培正青年半月刊》、《培正青年》、《青年会月报》等。

《培正青年》（*The Pui Ching Young Men*）虽然是培正校内的学生刊物，但出版的时期颇长，曾有不同的出版形式。它是"广州培正学校学生基督教青年会"出版的一种刊物，1921—1922年创办《培正青年周刊》，1922—1923 年改为半月刊。① 据阮其钜所忆述，青年会于 1921 年开始出版定期刊物，每星期一次，形式为单张，名《培正青年周刊》，次年秋才改为半月刊，装钉成册，1928 年改为月刊，而当时的印刷费约为一千三四百元。② 卢

---

① 《本会最近七年来历史上之记述》，《培正青年》5 卷 10 期（1926 年 5 月 29日），第 11—12 页。全文，第 10—15 页。

② 阮其钜：《培正青年会史略》，《培正学校四十周年纪念特刊》（广州：私立培正学校四十周年纪念筹备会，1929 年 10 月 20 日），第 46 页。全文，第 43— 46 页。

卓然是 1927/1928 年度和 1928 年秋季培正青年会出版股的职员（另一为凌汉新），也是 1928 年秋季的会长（另一为黎汝洪），[①]根据他的说明，《培正青年》刚出版的时候，是用散章的方式，后来可能有星期刊，后来变为半月刊，[②] 后来又出月刊，也有 20日出一册的。1927 年的时候，可能是一个月出三册，所以到他主编的时候，便进行改革，把《培正青年》定为月刊，并定为"培正青年月刊第一卷"。[③] 从保存下来的材料所见，阮其钜和卢卓然二人的说法大致是正确的。

　　从《培正青年半月刊》2 卷 8 号（1923 年 3 月 7 日）至 2卷 13 号（1923 年 6 月 25 日）的资料所得，当时的编辑所设于"王广昌宿舍二楼十一号房"，职员包括记者 12 人，书记 2 人，发行 1 人。1928 年初，在一则招登广告的启事中，曾记录《培正青年》月刊每期出 2000 多册，[④] 而每期的经费约为 500 元，经费部分来自广告收益。[⑤]《培正青年》的编辑，除总编辑、撰述员、书记、校务记者、体育记者、发行部等基本职员外，还让各会社的代表当通讯员，1925 年度的通讯员，包括学生会、奋志社、会仁社、乐群社、集益社和敬业社等。[⑥]

　　至于《青年会月报》，主编是"培正中学学生基督教青年会"，但它不是独立出版的刊物，而是《培正校刊》的附刊。如第 1 期

---

　　① 《培正青年会历届职员表（1922—1936）》，《培正校刊》7 卷 6 期（1935 年10 月 30 日），第 12 页。卢卓然于 1928 年 11 月 12 日辞去会长和编辑等职务，故 1929年 11 月以后出版的《培正青年》2 卷 4/5 期由别人接替。

　　② 《培正青年》第 3 期（1924 年 10 月 25 日）封底内页，注明逢每月 14 日及29 日截稿。该刊有售价，"国内壹元，国外壹元四角，每本半毫"，又有"本校旧生及各团体函索即寄"。"本市一元，国内壹元四角，国外壹元六角"，《培正青年半月刊》2 卷 8 号（1923 年 3 月 7 日），第 22 页。

　　③ 卓然：《回顾》，《培正青年》1 卷 9/10 期（1928 年 6 月），第 1—2 页。

　　④ 《本刊启事三》，《培正青年》1 卷 5 期（1928 年 2 月），第 67 页。

　　⑤ 《告白》，《培正青年》1 卷 5 期（1928 年 2 月），第 37 页。

　　⑥ 《本刊职员》，《培正青年》5 卷 1 期（1925 年 9 月 25 日），第 25 页。

(1939 年 9 月 15 日)至 11 期(1940 年 7 月 15 日)就是附于《培正校刊》的第 11 卷第 1 至 11 期,每期 4 页,独立编页。杨元勋(1885—1957)曾特意为《青年会月报》第 1 期写了序言,说明因为筹募出版经费的困难,所以在《培正校刊》中辟出版面,让青年会的刊物复刊。① 然而,从该会 1939 年 6 月 21 日至 9 月 8 日的支出项目来看,他们只付出版《培正青年》的部分出版费,共港币 100 元(伸毫银 144.8 元)。② 又据资料所显示,这一份附于《培正校刊》的《青年会月报》,在 1941 年的时候,每月出版数为 3500 份。③

二 青年会的组织

据杨保罗所述,"基督教青年会"是巴乐满(Fletcher S. Brockman,1867—1944)来华布道时所创设的。④ 培正青年会的会务,包括平民义学、工人夜学、名人演讲、半月刊、恳亲会、祈祷会、音乐会、奋兴会(revival meeting)等。查巴乐满为昔日"中华基督教青年会全国组合"(The National Committee of the Y. M. C. A. in China)首任(1901—1915)总干事,该会于 1915 年 11 月改称"中华基督教青年会全国协会"(Young Men's Christian Association of China)。巴乐满于 1915 年返美,由王正廷(1882—1961)接任,1917 年余日章(1882—1936)接替王正廷担任总干,直至 1936 年。"中华基督教青年会全国协会"这个组织,与当时中国各地学校青年会关系密切。

培正于 1908 年迁校东山,青年会即于翌年成立。根据阮其钜所述,培正有意成立青年会的时候,广州其他学校还没成立青

---

① 杨元勋:《青年会月报序》,《青年会月报》第 1 期(1939 年 9 月 15 日),第 I 页。
② 《财政布告》,《青年会月报》第 1 期(1939 年 9 月 15 日),第 Ⅳ 页。
③ 《培正青年》(第 32 周年年刊)第 21 卷(1941 年 5 月 15 日),第 39 页。
④ 《今后之培正学生青年会》,《培正青年》第 3 期(1924 年 10 月 25 日)。

年会。校长李锦纶与岭南和培英两校的代表在岭南开联席会议，当年培正的代表有谭沃心、邝乐生和李作荣等人。青年会于宣统元年（1909）成立，[①] 举办的活动有宗教、学校、社会和群育等各个方面。宗教方面，如举办"奋兴布道会"、"乡村布道"、"苦力布道"等，并协助学校办"研经大运动"，开"宗教讨论班"，举行"灵修会"。学校方面，该会与学校当局也彼此协助，推动校务的发展。社会服务方面，该会开办"平民义学"、"工人夜学"、"工人阅书室"，以惠贫苦，作育人才。[②] 至于群育方面，主要为举行"同乐会"、"友谊日"、"思亲日"、"游艺会"等活动，促进校内同学的相互交流。

根据杨维忠所述，青年会于 1917 年前后是该校唯一的一个学生社团。当时全校学生的课外生活，都由青年会办理，而青年会的办事处设于第一宿舍门口（其后拆卸，改建澳洲堂）。当年的同学在星期天会参加青年会主理的演讲会，早餐后全体参加主日学，11 时列队赴东山礼拜堂做礼拜。[③] 叶超常在《培正校刊》1946 年 6 月的复刊号上曾撰文介绍培正的青年会，他引用的是杨维忠《青年会会史》的资料。该文指青年会由该校李锦纶和林秉庭二人创设，原初的会址设于"第一宿舍"内的一个小房间，当时学生人数约 110 余人，主要的会务是协助学校办理研经班，到 1913 年以后，学生人数增至 200 余人，会员须缴付五角会费，会务除协助学校办理宗教事情外，还有举办辩论会、布道团等，而工人夜学等事业随后也陆续兴办。1918 年曾有筹建会所的募捐活动。1919 年"全国青年协会"在天津召开，该会曾派梅广

---

① 阮其钜：《培正青年会史略》，《培正学校四十周年纪念特刊》，第 43 页。全文，第 43—46 页。

② 《本会在本校之位置及其价值》，《培正青年》5 卷 10 期（1926 年 5 月 29 日），第 10 页。

③ 杨维忠：《做了二十五年的红蓝儿女》，《培正学校四十周年纪念特刊》，第 69—75 页。

林代表出席，并正式加入该协会。① 关于该会早年的活动，《本会最近七年来历史上之记述》一文点列出各项活动的名称。②

黄启明（1887—1939）在 1929 年该校 40 周年的报告中，把青年会的活动列作"学生生活"。根据他的说明：

> 盖斯会之旨，在培植德智体群四育及社会服务而使青年乐于为善者也。……所有会中应办各事如开交际会、音乐会，及宗教演讲会等，均在会所举行。青年会更有《培正青年》月刊之出版，以联络各生之感情；设立平民义学，以教育邻近村乡之失学儿童。凡此工作，与培养学生服务之精神大有裨益也。③

根据青年会的宪章，该会"以发扬基督精神，团结青年同志，养成完全人格，服务社会国家为宗旨"。至于具体的目标："一、研究基督教信仰之基础；二、崇奉并传扬基督之福音及兴办基督教事业；三、促进全校丰满之团契生活；四、实行个人与团体之生活锻炼；五、勉励学生为基督服务及团结立志献身社会之同志；六、谋求民众生活之解放。"④

培正设有一所女校（1918 年名"培坤"，1921 年 10 月改名"培正女校"），由"两广浸会"所办，"青年会者，是培养学生德智体群四育之机关也。故凡基督教之学校，多设青年会以陶冶学

---

① 叶超常：《一年来的青年会》，《培正校刊》14 卷 1 期（1946 年 6 月 1 日），第 20 页。全文，第 19—21 页。该文末端注明选节自杨维忠《青年会会史》。

② 《本会最近七年来历史上之记述》，《培正青年》5 卷 10 期（1926 年 5 月 29 日），第 14—15 页。全文，第 10—15 页。

③ 黄启明：《本校最近状况之报告》，《培正学校四十周年纪念特刊》，第 3 页。全文，第 1—4 页。

④ 《私立培正中学校学生基督教青年会宪章》，《培正青年》（32 周年年刊）21 卷 1 期（1941 年 5 月 15 日），第 4—5 页。

生，灌施基督之道德与精神，提高学生人格，意至良也"。① 故该开办的时候便已组织青年会，成立之初，约有 20 余人，1919 年的时候有 40 余人，1920 年的时候有 60 余人，1921 年有 70—80 人。从 1922 年开始，所有培正女校的学生都是会员。② 在《培正青年》中也设有"女校消息"的栏目，刊载相关的消息。

　　青年会于 1909 年成立时的原名为"培正基督教青年会"。这个学生组织，原初是征求会员的，后来随着学生人数增加，工作对象既是全体同学，对外活动又往往以全体同学的名义，所以 1920 年曾修改宪章，取消"纳费会员"，凡是在校的学生都属当然会员，会员不必缴纳会费，但可以自由捐输，并须义务为青年会筹募常年经费。

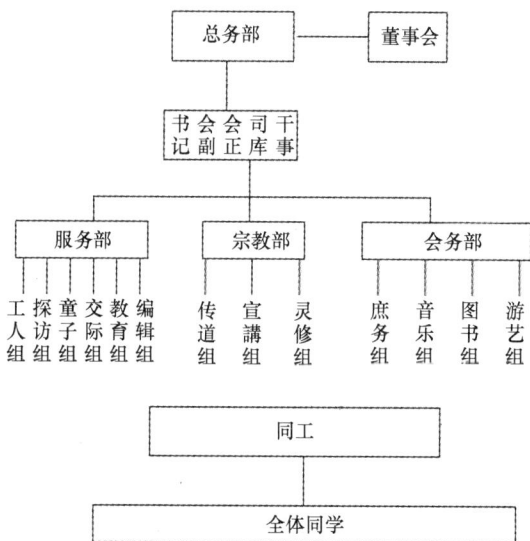

图 1　1926—1927 年度培正青年会组织图

---

　　① 《女校青年会纪略》，《培正青年半月刊》2 卷 10 号（1923 年 3 月 28 日），第 13 页。
　　② 同上。

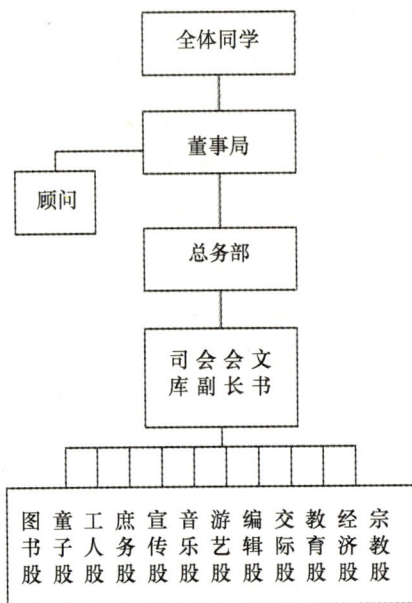

图2　1928—1929 年度培正青年会组织图

图 1 为 1926/1927 年度的组织图，[①] 图 2 为 1928/1929 年度的组织图。[②] 1928/1929 年度的组织图所显示的，与《培正学校学生基督教青年会章程》所列出来的组织完全一致，与从前的组织比较，分别就在于取消原来的服务部、宗教部和会务部，改以总务部为最高的执行机关，各股独立分工。至于"教育股"的工作，据第十七条第（八）项，就是"主理本会日夜平民义学，及一切智育研究智育演讲等"。

---

　　① 《本会今年之组织图》，《培正青年》5 卷 10 期（1926 年 5 月 29 日），第19 页。
　　② 《本会系统组织图》，《培正青年》2 卷 6/7 期（1929 年 3 月），第30 页。《本会下届之新职员》（《培正青年》1 卷 9/10 期，1928 年 6 月）预告下届新职员时，"宣传股"作"布告股"。

青年会于 1927 年成立宪章，该会定名"广州东山培正学校学生基督教青年会"，实行各股工作独立。该"章程"合共 19 项，1—3 项为第一章"总纲"；5—6 项为第二章"会员及权责"；7—9 项为第三章"董事局之组织及权责"；10—17 项为第四章，"职员之组织及权责"；18—19 项为第五章"选举"；另有一"附则"。据有关章程，青年会的宗旨为：

（一）联络校中有志振兴灵界生活者为一发扬真道之有力团体。

（二）灌输基督教道德联络青年友谊办理基督教一切事业。

（三）引导会员献身基督，服务社会。①

1932 年培正校方曾召集改进青年会的会议，修改青年会的宪章。青年会须重新向学校立案，改选职员，会章规定基督徒为该会基本会员，负责选举职员，其他学生为赞助会员。1935 年朱文清获选出席太平洋国际少年营，1936 年春，"青年会全国协会执会"在上海召开，培正获推选为校会委员。

由于青年会是一个基督教的团体，他们工作都以基督教教义为依归，较高级的主要职员要由基督徒担当，但非基督徒都可以参加青年会的工作。② 董事局设五人，校长及正会长为当然董事，并由校长于该校基督徒教职员中聘任二人，其余一人则由大会于职员外之基督徒学生中选举。《培正青年》32 周年年刊上刊载的

---

① 《培正学校学生基督教青年会章程》，《培正青年》（培正青年会日特刊），1927 年 5 月 21 日，第 34 页。全文，第 34—37 页。

② 当时中学部 800 多名学生当中，只有约 100 人为基督徒，所以青年会是人才难求，而其他教会学校如有相同的青年会组织，也面对着同样的困难。萧维元、杨维忠：《评阅青年会征文的一些观感》，《培正青年》（32 周年年刊）21 卷 1 期（1941 年 5 月 15 日），第 5 页。全文，第 5—7 页。

宪章，该会又定名为"私立培正中学校学生基督教青年会"。①

三　青年会的经费

青年会的经济来源有两项，一为"经济征求"，即向校内员生募捐，作为常年经费；二为"贸易收入"，即该会设有理发部和合作社，分别批租与人承办，年中收入拨归平民小学为常年经费。② 早期的资料显示，培正校内设有"食物公司"，租金收入拨作青年会的经费。但这公司于1923年曾被培正校方封禁，理据是节省学生的开支。1926年，青年会顺利将食物公司收回，当众投标，价高者得，计全学期青年会可收取租金为400余元。③ 如1928年，原在校内由学生竞投经营的"贸易公司"，由学生会批与外人承办，换取收益。此外，又有经营生果公司、理发店、洋服店、鞋店等，每学期可收取租金约300余元。此外，《培正青年》也会招登广告，④ 以及用各种方式筹款，如"影画筹款"等。⑤ 从培正中学第37届学生基督教青年会的财政报告所知，1946年度上学期的经费有三个来源：⑥

（一）会费：每一会员每一学期缴交葡币一元，共得会费918元。

---

① 《私立培正中学校学生基督教青年会宪章》，《培正青年》（32周年年刊）21卷1期（1941年5月15日），第IX—X页。

② 李荣康：《培正青年会第廿七、廿八两届经济状况》，《培正青年》11卷1期（1938年5月10日），第120—121页。

③ 《食物公司已为本会收回且已开投了》，《培正青年》6卷2期（1926年10月28日），第11页。

④ 《培正青年》第3期（1924年10月25日）封底，广告分全面、半面和四分之一，半年的收费分别为20元、11元和6元，全年收费则如数加倍。

⑤ 雄飞：《本会经济股今学期之新计划》，《培正青年》1卷5期（1928年2月），第37页。

⑥ 刘国显：《培正中学学生基督教青年会第三十七届财政报告》（其一），《培正校刊》14卷1期（1946年6月1日），第20页。

（二）捐款：剧团（小龙剧团）义演，社会各界人士捐输，共得葡币 1789 元。

（三）其他：（1）上届结存葡币 1498.28 元；（2）学校津贴葡币 170.8 元；（3）食物部租金共葡币 302.5 元；（4）理发部租金共葡币 84 元；（5）沽售赏月会入场券共葡币 152.5 元。以上五项收入合共葡币 2208.88 元。

该年度上学截至 1945 年 5 月 14 日共支出葡币 4668.26 元（原件的报表显示为 4653.26 元）。

四　筹建青年会所

培正青年会兴建所会的构想始于 1918 年，当年曾举办筹款活动，但因所得只有千余元而未有动工，于是在该校白课堂的西南处搭建"棚厂"一座，充作临时会所。后棚厂废漏，于是迁至日后兴建会所位址的右侧，仍搭建一临时"棚厂"。[1] 1922 年从香港青年会聘旧生黄役才为干事，积极筹划兴建会所的工作。《培正青年半月刊》2 卷 10 期（1923 年 3 月 28 日）特辟为"筹建学生青年会会所特号"，李宝荣（由梁宗岱译文）、张亦镜、李竹候和黄启明等人撰文鼓吹。该期更附录筹款总队长黄启明的《总队长致同学家长函》，[2] 向家长说明让学生于 4 月 4 日开始放假 14 天，募集经费。是次募捐，将全校学生分作 30 队，每队 20人，设正副队长 2 人管理，木排头分校和女校同学也竭力帮忙。[3]

---

① 图片，见《培正青年半月刊》（筹建学生青年会会所特号）2 卷 10 号（1923年 3 月 28 日）。

② 函件并无宣传宗教的味道，只表示"学生生活亦加意扩充，以造就良好之人材。原夫学生心理皆好集会结社，以联络感情，交换知识，故有学生青年会之设。会内各职员均由学生中选举之，历年所办各种业，成绩卓著"等（第 20 页）。

③ 《会闻——筹建青年会所之经过》，《培正青年》2 卷 11 期（1923 年 5 月 20日），第 3 页。

从省港澳以及四乡各地筹募,共得 2 万余元,并于是年 6 月 30 日举行动土礼,1924 年春假又再募捐。① 黄役才于 1934 年辞职他去,由林超云(林湛)接任干事一职。② 青年会的会所终于在 1926 年 5 月正式开幕,《培正青年》5 卷 10 期(1926 年 5 月 29 日)特辟为"开幕特号",而 5 月 29 日这个日子也就成为培正的"青年会纪念日"。该会所坐落于该校足球场之南,面北背南,楼高三层:楼下为职员办公室、编辑室,西南隅为议事室;楼上为礼堂;地窖之西南隅为理发所,而东侧为义学教室。③ 附设礼堂,供学生集会之用。

　　就资料所见,会所开幕一事也是几经周折。1924 年 12 月,因家具还没有制妥,1925 年 6 月,因滇桂军阀杨希闵、刘震寰在广州策

---

　　① 《本会筹建会所经过略述》,《培正青年》5 卷 10 期(1926 年 5 月 29 日),第 6 页。全文,第 6—8 页。

　　② 叶超常:《一年来的青年会》,《培正校刊》14 卷 1 期(1946 年 6 月 1 日),第 20 页。

　　③ 阮其钜:《培正青年会史略》,《培正学校四十周年纪念特刊》,第 44 页。全文,第 43—46 页。

动叛变,学校提前放假,到 1925 年 12 月,又因会所结构出现崩裂而于寒假重新修葺,[1] 当日的修葺费约两千元,概由学校承担。[2]

培正迁澳后,原来也打算筹建会所,后来在校方的协助下,将宗教室的工人房让与该会办工,于是培正的宗教事业委员会办事处与青年会的办事处就合在一起。[3] 1940 年夏,青年会向学校当局拨出"棚所",作为该会办公的地方。[4] 另有记录青年会的会所设于音乐室内的一个小房间。[5]

五　青年会的教育服务

据阮其钜所述,培正青年会兴办的教育事业,主要有"义学"和"夜学"两种。[6] 抗战胜利后培正的青年会曾办"民众学校"。

(1) 义学

青年会的义学于 1920 年创办,校址在瓦窑街口国光公司内,1923 年春迁往原址对面的国光货仓,增加设施,1923 年初招插新生,8—14 岁,不论男女,皆可报名,并定于 2 月 25 日复课。[7] 青年会会所于 1925 年落成后,义学即迁返会所地窖之东隅。1926 年因学生由 30 多人增至百余人,曾扩充教室。义学似乎是

---

① 《发刊辞》,《培正青年》5 卷 10 期(1926 年 5 月 29 日),无页码。

② 《会所重修》,《培正青年》5 卷 8 期(1926 年 2 月 10 日),第 9—10 页。

③ 《本会行政——设立会所》,《青年会月报》第 1 期(1939 年 9 月 15 日),第 IV 页。

④ 《第三十二周年》,《培正青年》(32 周年年刊)21 卷 1 期(1941 年 5 月 15 日),第 39 页。全文,第 31— 40 页。

⑤ 罗秉仁、冼维心:《卅一周年》,《培正青年》20 卷 1 期(1940 年 4 月),第 100 页。

⑥ 阮其钜:《培正青年会史略》,《培正学校四十周年纪念特刊》(广州:私立培正学校四十周年纪念筹备会,1929 年 10 月 20 日),第 45 页。全文,第 43— 46。阮其钜误作 1921 年。

⑦ 《会闻》,《培正青年半月刊》2 卷 8 号(1923 年 3 月 7 日),第 5 页。

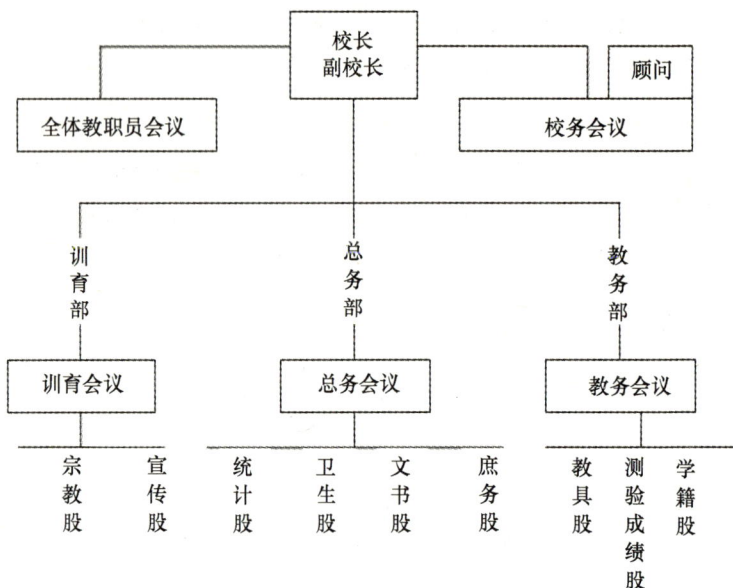

图 3　义学行政系统

免费的，但 1925 年 9 月青年会的《本会是期每月财政进支报告表》中有一项"义学学生挂号费"，金额为 50 元，[1] 又 1925 年 9 月、10 月和 11 月都支付 30 元作义学教员的薪金。[2] 1926 年 9 月 20 日，义学开学，男女生 60 余人，另加设四年级生，聘黄惠芳为二、四年级主任，黄咏为一、三年级主任，另加数位培正的中学生，分任学科教授（周志满主任手工，陈□颂主任图书，张冠良主任珠算）。[3] 1927 年 2 月 17 日，义学开学，人数 120 人，分四

---

① 《本会是期每月财政进支报告表》，《培正青年》5 卷 5/6 期（1925 年 12 月 10 日），第 13 页。

② 《本会是期每月财政进支报告表》，《培正青年》5 卷 5/6 期（1925 年 12 月 10 日），第 13 页；《本会是期每月财政进支报告表》，《培正青年》5 卷 7 期（1925 年 12 月 25 日），第 19 页。

③ 《培正青年会义学本期之进行》，《培正青年》6 卷 2 期（1926 年 10 月 28 日），第 12—13 页。

级，以一年级学生最多，聘黄惠芳为二、四年级主任教员，王颖女士为一、三年级主任教员。①

1928 年初，青年会的"平民义学"由该会教育股主任梁翰渠（副主任为梁卓芹）主持，1928 年 2 月 4 日招考新生，并于 2 月 6 日上课。该学期李秀兰辞职，由霍瑞芳代理。② 1929 年春，梁卓芹（副主任为曹春庭）是当时青年会教育股主任，曾改组义学的行政系统。是次改组，主要是废除"监学"，将职责改归训育部。③ 义学的教员皆为义务，到 1929 年的时候，除高中教育科学生充任义务教员外，另聘女主教员二人，学级分初小一年级至四年级。义学的全年经费约 1200 余元。

1928 年新学期，义学由梁卓芹接任校长，仿照新学制办前期小学四班，学生人数约 80 余人。学科照当时大学院颁布的小学暂行条例，④ 按特殊情形略有增加。学科包括国文、算术、作文、歌诗、社会、自然、公民、三民主义、作文法、论说、尺牍、珠算、体操和手工等。主任教员为杨卓卿和黄如捷两位女士，二人皆为培道师范毕业生，监学为曹春廷。⑤ 当日培正女校青年会的教育部也有办义学，于 1928 年 9 月 24 日开学，学生人数约 60 人，分一二三年级。⑥

梁卓芹其后在《培正青年》又再发了一份报告，具体谈及男

---

① 《一年来之会务记事——培正青年会义学本期进行》，《培正青年》，（培正青年会日特刊），1927 年 5 月 21 日，第 44 页。

② 雄飞：《义学消息》，《培正青年》1 卷 5 期（1928 年 2 月），第 36 页。

③ 《培正青年》2 卷 6/7 期（1929 年 3 月），第 78 页。

④ 1923 年民国政府颁行《新学制课程标准纲要》，改初级小学四学年，高级小学二年。另 1928 年 2 月曾颁布《小学暂行条例》，初级小学设置的学科，包括：三民主义、公民、国语、算术、历史、地理、卫生、自然、乐歌、体育、党童子军、图画和手工等。参见教育年鉴编纂委员会编《第二次中国教育年鉴》，第 29 页。

⑤ 《本会教育部所办之义学》，《培正青年》2 卷 1 期（1928 年 10 月 15 日），第 20 页；梁卓芹：《本会义学校之报告》，《培正青年》2 卷 1 期，第 21 页。

⑥ 《教育部的情形》，《培正青年》2 卷 1 期（1928 年 10 月 15 日），第 22 页。

校青年会义学在 1928—1929 年上学期的大概，以及进行中和未来的计划，当中提及义务教师和经济问题等，都是他们要面对的困难。按 1928—1929 年度上学期，教授由该校高三教育科同学中征求得十余人担任，后经该校教育科主任程美全同意，将该校高三教育实习科改拨义学实习。第二学期于 1929 年 2 月 2 日开课，主任教员杨卓卿女士辞职，由培道师毕业的冼橞芝女士充任。[①] 学生资料统计如下（原文记上学期有 80 人）：

表 1

学年	学期	男童	女童	一年级	二年级	三年级	四年级	总数	平均年龄
1928—1929	上学期	47	31	34	22	19	5	78	11.5 岁
12 岁	下学期	56	30	37	26	19	4	86	

1929 年初青年会为扩充义学而筹募经费，准备兴建一所有六间课室的校舍。当时的目标为 1000 元，该会设筹款委员会，发出捐册，中学以每级为一队，小学则以每班为一队，各设正副队长一人，募款为期 7 天。从各队的名字看来，当日筹款所到过的地方，遍及南海、番禺、顺德、中山、三水、东莞、从化、增城、龙门、新会、台山、花县、清远和宝安等地。[②] 又据叶常超所述，当日曾组织"筹建平民义学校舍委员会"，员生分头募捐，共筹得 2000 余元，1931 年曾再次募捐，又得 2000 余元，遂动工兴建校舍，历时九月落成。[③]

---

① 梁卓芹：《本会义学报告》，《培正青年》（文艺专号）2 卷 6/7 期（1929 年 3 月），第 75—79 页。
② 《会闻——义学筹款的经过》，《培正青年》2 卷 8 期（1929 年 5 月），第 61—62 页。
③ 叶超常：《一年来的青年会》，《培正校刊》14 卷 1 期（1946 年 6 月 1 日），第 20 页。

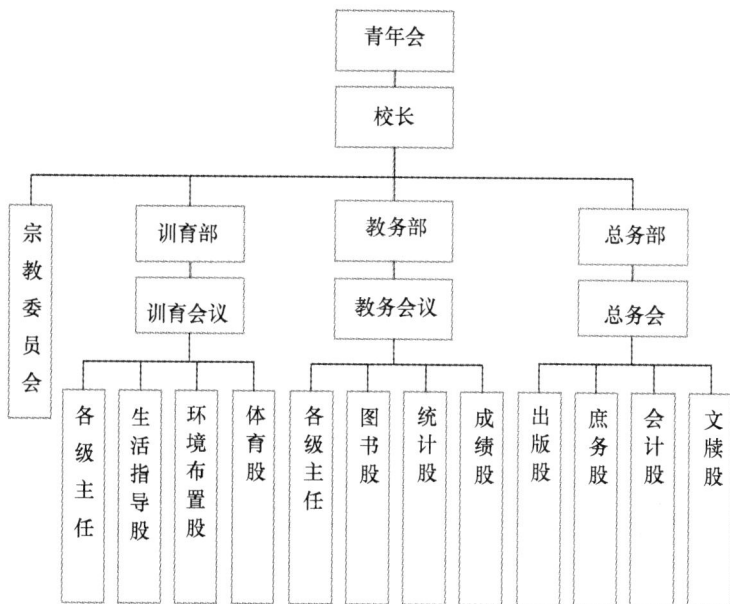

图4　平民小学架构

平民小学的校舍于1932年落成，资金由募金而得，全校面积长50余英尺，宽百余英尺，有校舍一座，运动场一所，教室四，另图书馆、校务处、职员寝室各一，校址位于当日的东山之末和山河东街之首。该校聘有三位专任教员，并由培正的学生分任义务教员，全校教职员共42人，学生103名。图4为1935/1936年度培正附属平民小学架构。据王颂刚所述，该校的宗旨："本校专为贫苦失学儿童而设，根据三民主义及基督之精神，培养国民基本之知识和技能，以适应社会生存为主。"[①] 由于青年会实为一宗教团体，故在教学以外，该校设有宗教委员会和研经社，每星期三和五均举行宗教早会，以及主日学等活动。校刊中

---

① 王颂刚：《培正青年会平民小学校概况》，《培正校刊》7卷6期（1935年10月30日），第7页。

就提及有六位同学信主，并在东山浸会堂及天主教堂受礼。①

平民小学于1935/1936年度开始改制，行"实验小学四年制"，以四年完成小学学制，也就是将原本是六年的普通小学缩为四年，每年分三学期，每学期分两学阶，每学阶有八个学周，全年共48个学周。又暑假缩为四星期，春假寒假照常上课。学生入学以实足8岁为准。学科分：国语、数学、社会、自然、卫生、公民、地理、历史、劳作、体育、美术、音乐、宗教、尺牍、应用文。② 当时广州其他各校也有平民小学。

1934年1月由陶行知（1891—1946）发起的"小先生运动"，在培正也引起回响。由于资料所限，现在所知道的，是该校的青年会附属的"平小"，1935年实行四年制，并鼓励学生于课余作小先生。该校于1935年11月12日，更举行誓师出发典礼，并有宣言。至于该运动的组织，"由平小市市长作领袖，及教育局长共同负责，并从二年级起一体实施，每生至少招小先生之学生一名，至多四名，并将授课情形布告学校，学校以其习字课为课本焉"。③ "平小市"为培正学生的自治活动，他们会举行市民大会，选举各部职员。举行作业展览等活动。④

培正迁校鹤山后，东山的平民小学不得已停办，但青年会在鹤山仍继续办理平民学校。当时的平民学校分为成年班和先童

---

① 《青年会近讯——平校新闻》，《培正校刊》7卷22/23期（1936年4月20日），第11页。

② 王颂刚：《培正青年会平民小学校概况》，《培正校刊》7卷6期（1935年10月30日），第7—11页。

③ 《青年会平小提倡普及教育之小先生运动》，《培正校刊》7卷8期（1935年11月28日），第3页。

④ 《青年会近讯——附属平民小学》，《培正校刊》7卷17期（1936年2月20日），第9页。

班, 有日班和夜班。[①] 青年会以为农村服务运动刻不容缓, 故将该会的"教育股"改为"社会服务部", 专司农村服务。[②] "培正中学乡村服务团"原是由自治会自治股和青年会社会服务股共同办理, 至下学期后取消"自治会与青年会主办"的名称。

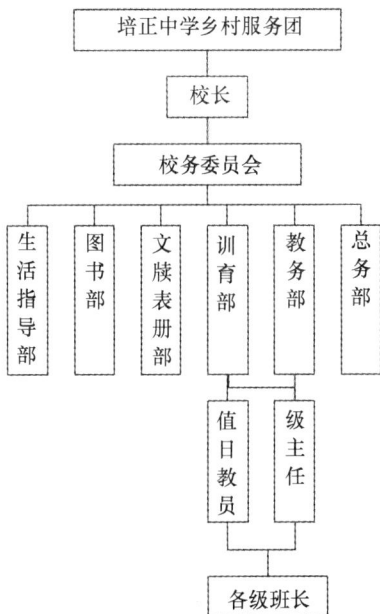

图 5　鹤山时期平民小学校组织

平民学校的课程内容和训育事宜, 完全以实用为主, 但特别注重战时常识、时事报告、精神讲话等。下学期由伍廷法和杨社尧二人分正副校长的职务。教员方面, 学校派两名小学教员负责

---

①　《学生会青年会主办鹤城区乡村服务团成立讯》,《培正校刊》(迁鹤第 1 号) 9 卷 1 期 (1937 年 12 月 20 日), 第 19 页;《平民小学开学上课》,《培正校刊》(迁存第 1 号) 9 卷 1 期 (1937 年 12 月 30 日), 第 20 页。

②　冯覃燕:《本会廿八届的事工》,《培正青年》11 卷 1 期 (1938 年 5 月 10 日), 第 90—91 页。全文, 第 89—101 页。

上午的教学钟点，其余皆为义务，以高三同学为主，共28名义务教员，由平民小学校长聘任或从同工互相选出义务教员。至于校役的工作，如洗黑板、抹地板、清洁大运动等工作，都由平民学校的几个职员承担。① 至于校址方面，青年会商借当地同善分堂和一间礼拜堂作为校址，刚开始报名的时候，有170多人，下学期因春耕农忙，故人数只有120多人。因应当时的需要，学制如下表，上学期（1937年10月/12月2日）6班，下学期（1938年2月/3月17日）10班。②

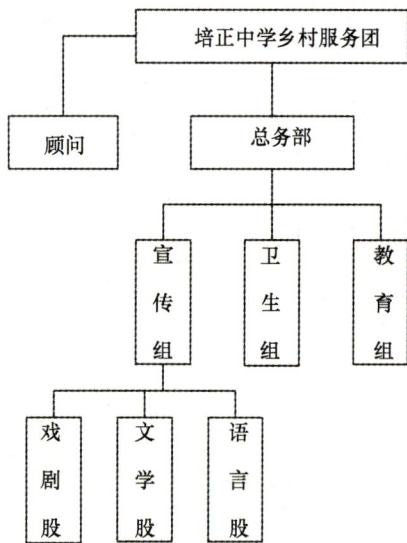

图6　培正中学乡村服务图组织

---

① 伍廷法：《鹤山城区乡村服务团工作概况》，《培正青年》11卷1期（1938年5月10日），第110—119页；关子美：《八月来我们在农村教育的工作》，《培正青年》11卷1期（1938年5月10日），第48—57页。

② 另有记录显示不同的日期，上学期（1937年12月2日），下学期（1938年3月17日）。《平民小学开学上课》，《培正校刊》（迁鹤第1号）9卷1期（1937年12月20日），第19页；《乡村服务团本学期扩展工作》，《培正校刊》（迁鹤第2号）9卷2期（1938年6月12日），第20页。

学期	上午			下午			夜间		人数
上学期	中级	初级		高级		初级	高级	初级	170多人
下学期		初级	一二	高级	四五六	初级 一二	高级	四五六	120多人

（2）夜学

培正青年会的夜学，专为该校工人，以及东山附近失学儿童而设，1922年开始由培正的师范班同学主理，借陈广庆饭堂为临时教室，后借用平民义学作教室。1923年春，该校校长徐柱石辞去职务，由赵汝钳出任，另廖显培为监学。① 当时夜校约有70名学生，分甲乙两级，每晚上两钟点的课，有国文、算术、信札、串句、《圣经》等科。② 学生结业时，更曾联名函谢该会的13名教员，包括赵伯厚、徐柱石、廖顺培、赵子泽、锺荣安、赵天驹、黎锡飞、欧阳新、徐金耀、唐马太、何杰雅、梁庭江和赵铁山等。③ 1929年有40人，义务教员由高中教育科学生充任，分甲乙两班，晚上授课两小时，教授的学科有国文、算术、信札、串句和常识等。④ 培正迁澳后，青年会曾办工友识字班，聘有专任教员一人，每晚上课时间为7时30分至9时。⑤ 1940年2月15

---

① 《夜学开课》，《培正青年半月刊》2卷10号（1923年3月28日），第11页。

② 《夜学之经过》，《培正青年半月刊》2卷11号（1923年5月20日），第5页。

③ 《恭颂培正青年会夜学教员之成绩》，《培正青年半月刊》2卷13号（1923年6月25日），第4页。

④ 阮其钜：《培正青年会史略》，《培正学校四十周年纪念特刊》，第45页。全文，第43—46页。

⑤ 罗秉仁、冼维心：《卅一周年》，《培正青年》20卷1期（1940年4月），第93—94页；《教育事工同志》，《培正青年》20卷1期（1940年4月），第105—106页。

日"工友识字班",有 19 名工友参加,课程除国文、算术和尺牍外,另加设英语一科,以适应他们的需要。①

1929 年初的时候,学生人数只有 30 多人,原借用学校课室上课,但因人数过多而迁入"雨操场",资料记载当时有 30 余名学生,分三班。②

培正女校的青年会也办夜学,但规模相小。1929 年初的平民夜学,该期只有二三十人,按程度分为三班,由同学担任义务教授。③

1935 年 10 月 1 日平民夜校举行开学礼,人数有 90 多人。上学年毕业的,有十多人要求继续肄业深造,于是增设六年级。该校功课有国语、算学、公民、信札、珠算、卫生和常识等。该校每月的经费约 70 元,学校按月津贴 40 元,余数由该校合作社负担。当日平民夜校的职员:校长:冯棠;教务长:卓锦裳;教员七人:廖寿柏、赵锦源、陈景柱、徐绳功、黄星朗、卓锦裳和曾耀俊。④

培正从鹤山迁澳,平民义学曾停办一年。迁澳以后,青年会的社会服务,主要以教育平民为主,曾办"夏令儿童会"、"儿童夜校"和"工友识字班"。青年会于 1939 年暑假的时候,曾筹设平民义学(日校),但因为课室问题,只能设置儿童夜学。⑤ 1939/1940 年度的儿童夜校,当时须经政府注册,1939 年 10 月 15 日获澳门政府批准,课室则借用该校初中一年级各

　　① 《工友识字班》,《青年会月报》第 7 期(1940 年 3 月 15 日),第 IV 页。

　　② 《夜学近讯——校址改在雨操场》,《培正青年》(文艺专号)2 卷 6/7 期(1929 年 3 月),第 80 页。

　　③ 《会闻——青年会夜学消息》,《培正青年》2 卷 8 期(1929 年 5 月),第 63 页。

　　④ 《校闻——平民夜校概况》,《培正校刊》7 卷 10 期(1935 年 12 月 10 日),第 3 页。

　　⑤ 《青年会月报》第 1 期(1939 年 9 月 15 日),第 II 页。

班室，因校舍不敷应用，获取录入学者只有190人，共分七班，第一学期于10月23日开始上课，课程分《圣经》、国文、算术，以及公民等科，义务教员37人。《青年会月报》自出版后，差不多期都有夜校的消息。儿童夜校校址设中学校内，采用六年制完全小学，课程有《圣经》、国文、算术，以及常识等，上课时间除星期六和休假外，每晚自6时半至8时40分止；上课时间分四小节。费用全免，书籍文具由青年会供给。10月23日开课，当日投考和取录的资料如下：[1]

	一年级	二年级	三年级	四年级	五年级	六年级	人数
考生	158	88	53	33	17	15	364
收生							
班数	2	1	1	1	1	1	
男	23	16	14	12	9	12	86
女	49	21	17	9	4	4	104
小计	72	37	31	21	13	16	190

　　第二学期于1940年2月11日正式上课，学生共213人，是届儿童夜校，为历年之冠。[2] 213名学员中，男87人，女126人，其中有80余人为插班生。学校聘两名专任教员，其余皆为该校学生，共38人。夜校除设有《圣经》课外，每星期日上午9时至10时有主日学，学童可自由参加。[3] 1939/1940年度，儿童夜校共有毕业生11人，其中三人投考培正和广大附中，均获取录。1940年的夏令儿童会共174人，工作人员43名，地点为

---

　　① 《儿童夜校已得当局批准》，《青年会月报》第2期（1939年10月15日），第Ⅳ页；《儿童夜校现况》，《青年会月报》第2期，第Ⅰ页。

　　② 罗秉仁、冼维心：《卅一周年》，《培正青年》20卷1期（1940年4月），第99页。全文，第93—100页。

　　③ 《儿童夜校》，《青年会月报》第7期（1940年3月15日），第Ⅲ—Ⅳ页。

儿童夜校的课室。① 青年会的儿童夜校,似乎是要报告的。该校曾按学校的当局的命令,将1939—1940年度上下学期的工作,包括校务、职员一览表、学生一览表、经费收支,以及毕业生一览表等资料,经校方呈交广东教育厅。②

1940/1941年度上学期(1940年9月22日至1941年1月11日),学生190人;下学期于2月13日开学,设六班,学生共182人。从培正青年会于1942年刊登的招生广告所见,当年秋季班于9月28日开课,分六级,课程有识字、算术、珠算、常识、唱游、社会等,凡16岁以上儿童,不分男女,均可报名,但须交保证金,中途退学将不获发还。③ 又夏令儿童会,上课五星期,当中除了儿童夜校之补习外,有新生百余人,合共174人。当中学业操行成绩合格而直接升入儿童夜校者共82人。④ 青年会在暑假期间举办的夏令儿童会,一方面是为儿童夜校中那些功课成绩较差的学生补习,另一方面是让那些有意参加儿童夜校的学生预修。1942年的夏令儿童会于7月1日开课,名额共250名,费用全部豁免。⑤ 国难时期,澳门的失学儿童数不胜数,青年会把教育视为社会服务,尽管是杯水车薪,但他们仍然是积极扩充和改进儿童夜校,"冀使失学儿童能成国家良好的公民,社会有用的器皿",但值得注意的,青年会也同时向学生"灌输宗教上的智识"。⑥

---

① 《夏令儿童会》,《青年会月报》11期(1940年7月15日),第Ⅰ页。
② 《儿校现况——呈报教厅》,《青年会月报》第9期(1940年5月15日),第Ⅳ页。
③ 《培正青年会举办儿童夜校招生》,《华侨报》1942年9月24日。
④ 《第三十二周年》,《培正青年》(32周年年刊)21卷1期(1941年5月15日),第32页。全文,第31—40页。
⑤ 《学校消息》,《华侨报》1942年6月27日,第3版。
⑥ 《写在卷首》,《培正青年》(32周年年刊)21卷1期(1941年5月15日),第2页。

　　培正的儿童夜校始于 1920 年春①，1946 年度下学期停办，往后的情况则待查。至于 1946 年度上学期，青年会的儿童夜校曾举行募捐，曾得小龙剧团义演，共筹得葡币 1789 元，扣除义演支出 561.5 元，实进 1227.5 元。② 1946 年度上学期学生的情况如下：③

一年级	二年级	三年级	四年级	五年级	六年级	合计
30	30	29	22	27	18	156

　　全校共 156 人，中途退学 31 人。该学期教员共 30 人，由培正的中学生充任，只有其中三人属专任，只有该学期才有专任教员。就青年会的财政报表所见，教员薪金以葡币计算，9 月份 4 人支 200 元，10 月份 5 人支 250 元，11 月份 4 人支 200 元，即当时的专任教员月薪为 50 元。④ 儿童夜校隶属于青年会，一切经费由青年会供给，校长由会长兼任，一切措施由青年会董事会取决，学校设有校务处、训育处和事务处，后来因人事更动问题而取消，另设教导主任一人总理校务，另专聘一教员负责抄写工作，由一名监学维持学校秩序。⑤

　　夜校课程与小学的相若，但由于上课时间太少，夜校不设体育、劳作、童军和美术科，但设有音乐和低年级的唱游。至

　　① 容家平：《工作报告》，《培正校刊》（复刊号）14 卷 1 期（1946 年 6 月 1 日），第 23 页。全文，第 23—26 页。
　　② 《儿童夜校卅四年度上学期经费募捐报告》，《培正校刊》14 卷 1 期（1946 年 6 月 1 日），第 21 页。
　　③ 容家平：《工作报告》，《培正校刊》（复刊号）14 卷 1 期（1946 年 6 月 1 日），第 23 页。
　　④ 刘国显：《培正中学学生基督教青年会第三十七届财政报告》（其一），《培正校刊》14 卷 1 期（1946 年 6 月 1 日），第 20 页。
　　⑤ 容家平：《工作报告》，《培正校刊》（复刊号）14 卷 1 期（1946 年 6 月 1 日），第 24 页。

于上课安排,周一至四由下午 4 时 15 分至 5 时 30 分,周五为例假,星期六、日则为下午 2 时 30 分至 5 时 30 分。及后取消了每天上课。上课时间方面,每星期有 20 堂课,每堂课 30 分钟或 40 分钟,休息 5 分钟或 10 分钟。各科的分配时间是纪念周、音乐、宗教、公民各 1 堂课,高小常识 2 堂课,国文、算术各 5 堂课,高小有英文科 2 堂课,初小有习字和唱游各 1 堂课。教学用具和设备相当简陋,只有一幅世界地图,二本辞典,以及各科教科书,各种模型欠奉,童军用具和风琴等则要向培正小学借用。①

(3) 民众学校

"民众学校"于 1946 年 10 月 20 日创办,目的为扫除文盲和普及社会教育。广州复员后的第一年,因夜校校址破坏不堪,青年会曾借用培正高中部的膳堂作临时课室。青年会于次年从筹款得 1100 万余元中,拨出 600 万余元建筑夜校,并于寒假中将原校修竣,当时约有学生 200 人,共分五班。②

据陈福北所述,当时林瑞铭告诉他们,广州教育厅有一个命令给学校,要求学校办一些社教工作,如举办通俗演讲、通俗图书公开展览,又或设办民众学校,林瑞铭选择了办理民众学校。1946 年 10 月 20 日,民众学校创办了。1946—1947 年度民众学校办理的情况如下:主要的对象是校内的工友和他们的亲戚子弟。11 月呈教育厅备案。当时借用培正的陈广庆膳堂作课室,因地方所限,只收了 92 人,分高级和初级两班。教学工作由学生担任。上学期结束,只余下 62 人。寒假的时候继续上课,增加了 17 名旁听生。学校设校长 1 人,司库、事务各 1

---

① 容家平:《工作报告》,《培正校刊》(复刊号) 14 卷 1 期 (1946 年 6 月 1 日),第 23 页。

② 赵北迎:《一年来之工作报告》,《第卅八届青年会日特刊》1947 年 5 月 17 日,第 3 页。

人，各班设班主任 1 人，并教师 2 人，该校刊共列教职员 21 人。学校有五班：高级班一，初级班一，识字班三。全校共 186 名学生，每天上课两小时，由下午 7:40 至 9:50。科目有国文、常识、算术和音乐等。学校有 8 间房子，除 5 间课室外，一作校务处，一作休息室，一作图书馆，中央有一处空地，为学生游戏或集会之所。[1]

1948 年，"民众学校"有 193 名学生，21 位教师，校址在山河东街，有 5 间课室，一间教师休息室，一间教道室，一间小型图书室，天井可容 200 多人。每月有 600 万元经费。[2]

1949 年 8 月 1 日曾被定为该校 47 周年校庆，其中或误。[3]校庆当日有隆重的庆祝典礼，活动有球赛、游艺、话剧、歌咏等。9 月 4 日为开学礼，日课的学生共 119 人，夜课的学生 120 人，教职员 32 人。9 月 10 日，夜课高级第五届，日课高级第一届举行毕业礼。1949—1950 年度，日课学生上课有劳作、早读、阅读等，课间活动有阅读、借书和课间操等；夜课每日下午 7 时 40 分至 9 时 40 分上课，分三节。课程有国文、算术、珠算、常识、音乐等，职员包括校长、教务、训导和图书馆员。高级班学生 12 人，中级班 29 人，初级班 40 人，识字班 38 人。课间如日课般设有活动。[4]

---

① 陈福北：《本会附设民众学校校刊》，《第卅八届青年会日特刊》1947 年 5 月 17 日，第 6—9 页。

② 黄树棠：《关于培青民校》，《第四十届培正青年会日特刊》，培正中学学生基督教青会出版，1948 年 5 月 21 日，第 12 页。全文，第 12—16 页。

③ 陈福北《建校的经过》一文有"1902 年创办平民义校"［见《本会附设民众学校校刊》，附于《第卅八届青年会日特刊》（广州：培正中学学生基督教青年会，1947 年 5 月 17 日），第 7 页］，但从该文内容可知，"1902"为"1920"之误。就较早期的资料来看，青年会曾早于 1919/1920 年开办工人夜学，1920/1921 年开办平民义学，详见《本会最近七年来历史上之记述》。

④ 《青年会附设民众学校近况》，《培正校刊》18 卷 1 期（1949 年 10 月 10 日），第 17—18 页。

1950 年春天，民众学校共有 29 人，设校长、副校长和教导主任。日课加设庶务一职，科目有国语、算术、常识。夜课则加设教务、训导、文书、图书馆和庶务等职，班级设高级（国文、算术、常识）、中级（国语、算术、珠算、常识）、初级（国文、算术、珠算、常识）和识字班（分正班和善班，有算术、常识、国语），另有宗教和音乐等科。[①]

关于民国时期的社会教育，1921 年教育部成立，即已通电各省注重社会教育。教育部设社会教育司，下分三科，分别主办宗教礼俗、科学美术和通俗教育。[②] 1922 年晏阳初（1893—1990）在上海全国青年协会总部首倡平民教育运动，于会中设平民教育科。晏氏其后与朱其慧（1876—1931）、陶行知（1891—1946）和朱经辰（1887—1951）等筹组平民教育促进会总会，1923 年 8 月 26 日，第一次全国平民教育大会于北平召开，20 名省代表到会，该总会获正式通过，自此各地相继成立省立或县立促进会。1927 年 4 月国民政府建都南京，民众教育逐渐成为党化教育之一。1929 年 1 月，教育部公布《民众学校办法大纲》。九一八事变以后，各省市县教育当局，纷纷设立民众教育馆或众教育实验区，各学校也附设民众夜校。[③]广州市的民众学校始于 1918 年，初名为平民义学，1923 年由教育局与党部共同组织平民识字运动委员会，以附设形式，于市内公私立学校内办理平民识字学校，每星期授课 6 晚，每晚 1 小时，只设"识字"一科，后增加"算术"和"信札"等科，时间增至 2 小时，并易名为"平民学校"，修业期为 4 个月。

---

① 《培青民众学校三十八年度春季教职员一览表》，《培正校刊》17 卷 6 期（1949 年 2 月 28 日），第 8 页。

② 《大事记》，《教育杂志》4 卷 4 号（1912 年七月初十），引自《中国近代教育史资料汇编：普通教育》，上海教育出版社 2007 年版，第 988 页。

③ 陈挚心：《民众教育》，《广大附中学生自治会期刊》第 6/7 期合刊（1933 年 5 月 15 日），第 4—7 页，全文，第 1—29 页。

1930年，即按教育部规定，又易名"民众学校"。[1] 以广东省立民众教育馆为例，该馆于1934年3月14日开幕，设馆长1人（由教育厅长兼任）、副馆长1人（由教育厅第四科科长兼任）、秘书1人、部主任4人，以及股长干事助理若干人。四部主任分掌语文教育、部公民教育、生计教育和康乐教育，并成立若干委员会。1934年5月，又增设国乐研究会和戏剧研究所，设有所长和导师等，但该馆最大的问题，是经费不足。[2]

六　小结

有宗教背景的学校设立青年会，主要是启迪学生的宗教性灵，以及培养学生的团结和服务精神。就笔者已查阅的资料所见，广州的培道中学于1911年便已成立青年会，1923年曾在东山创办平民学校，1929年曾获美南浸会差会送地一段，位于寺贝通津，并筹得六千余元，兴建了一座可容三百余人的校舍。据称该校的课程教学和学生程度与其他小学相若，毕业之学生且能升读培道女中，惜校舍于抗战期间被夷平。[3] 又如培英中学，该校于1945年即曾出版《青年会五十二学治会二十五周年纪念特刊》，也就是该校的青年会约成立于1893年，原是一种"团契"活动，青年会是后来才正名。余日森在该特刊前面，即指出"青年会之责任为商承宗教委员会，而协助宗教生活事宜，如圣经之研究，主日之崇拜，校际之联络，性灵之修养，日常之早祷，歌诗之表演等，均能按照计划进行，一切

---

① 《广州年鉴》卷十二，广州年鉴编纂委员会1935年版，第305页。

② 徐锡龄：《本馆一周年之回顾与前瞻》，《民教半月刊》（广东省立民众教育馆）第13期（1935年5月15日），第4页；全文，第4—10页。

③ 禤伟灵：《本校学生青年会及其平校》，《培道学生》复刊后第2期（1947年5月28日），第2页。

工作，无不以宗教事业为出发点，其重要性可知"。① 据他们的会史所述，青年会除了课外的团体活动外，也设有乡村服务团、工人夜校，以及筹建平民义学等。② 培正、培道和培英等校，都是基督教会在广州创办的学校，值得补记的，是培英、培正、岭南、协和和培道五校，在港澳时期曾组织"广东基督徒学生协会"，组织四节报道会（秋节会、冬节会、春节会、夏节会），并有五校礼拜会、联校歌颂团、复活节纪念会和圣诞庆祝会等活动。③ 从培正这所老校整理出来的资料，有助了解"基督教青年会"作为一种学生组织，在 20 世纪 20—50 年代的一些具体活动，尤其是对平民教育方面的贡献。

　　① 余日森：《写在纪念特刊前页》，《青年会五十二学治会二十五周年纪念特刊》（澳门：培英中学，1945 年），第 3 页。
　　② 罗湘杰：《培英中学学生基督教青年会会史》，《青年会五十二学治会二十五周年纪念特刊》，第 4 页。
　　③ 锺铁英：《广东基督徒学生协会与五校礼拜委员会》，《青年会五十二学治会二十五周年纪念特刊》，第 7 页。

当仁不让，创业维艰

——重构妇联学校首七年的创校经历

谢建成　博士　澳门大学教育学院

一　引言

第二次世界大战后，澳门的轻工业迅速发展，人力需求很大。许多妇女因生计所需而投身劳动市场，如火柴厂、爆竹厂和制香工厂便聘请了许多女性工人。当时的民主澳门妇女联会，即现在的澳门妇女联合总会（以下简称"妇联会"）在1952年便创办了托儿所的服务，① 为澳门妇女提供实质的服务。三年后（1955）妇联会把对澳门的服务由托儿扩展到开办小学，妇联会办学的历程宣告展开。

从1955—1962年，妇联学校在妇联会的支持、学校领导和教师的无私奉献、更获家长的拥戴下，奠下了坚实的基础。今天我们看见欣欣向荣的妇联学校，但建校期初期教育工作者披荆斩棘的艰辛和同心协力奋战的历程，又怎能置若罔闻呢？

Herbert George Wells（1895）在他的名著《时间机器》（*Time Machine*）一书中说过，"There is no difference between

---

① 《澳门妇女联合总会金禧纪念特刊》，2000年，第44页。

time and any of the three dimensions of space except that our con-
sciousness moves along it. "本研究便是从参与建校初期的领导和
教师的记忆,以及妇联会的文献中重构妇联学校的历史,并向
这批劳苦功高的教育工作者致敬。

二 重构妇联学校创校历史计划

由于年代久远,不少当时的领导、教师已难以联络。加
上妇联学校初期校舍转换频繁,① 校舍亦多处于澳门的水浸
区域,如下环区和渡船街,学校的记录难免有所损毁或遗失。
在 20 世纪 50 年代,澳门市民生活艰苦,经济条件不足,科
技尚未普及,校方只能提供少量如档案、照片等参考资料作
本研究之用。本研究采用深入访谈和文献研读法,重现妇联
学校在 1955—1962 年的发展情况、当时妇联学校的行政组织
和工作、老师和学生的教与学情况,从而体验妇联学校的创
校艰辛。

本研究也采用百衲被的(patchwork quilt)方法,对创校的领
导、老师、学生进行深入访谈,透过不同角色的忆述,辅以妇联
会的月报,补足因年代久远而产生的误差,务求把 50 年前的历
史加以真实地呈现;特别是印象深刻的同事、喜悦和辛酸苦涩的
回忆更能重构 50 年前的教育场景。

人物访谈采用半结构性访谈方法,只向参与受访者提供主轴
问题,回应的内容、次序、感受和评价,一切不作干扰;唯访谈
时会因应受访者的不同角色而微调问题。访谈初稿经参与受访者
核实。以下是访谈的主轴问题:

---

① 《澳门妇女联合总会金禧纪念特刊》,2000 年,第 44 页。

* 1955—1962 年间妇联学校的发展情况
* 1955—1962 年间妇联学校的行政组织
* 1955—1962 年间妇联学校的教学情况
* 1955—1962 年间妇联学校作为学校领导的工作
* 1955—1962 年间妇联学校学生学习的情况
* 1955—1962 年间妇联学校印象深刻的同事
* 1955—1962 年间妇联学校喜悦的事件
* 1955—1962 年间妇联学校辛酸苦涩的回忆

　　本研究的访谈对象共三人：有领导、有教师、有学生，各人都具独特的代表性。

　　李莹主任是澳门的资深教育工作者，曾任教濠江学校小学部，后转职木艺工会学校，担任教导主任。1955 年起转职到妇联学校担任教导主任直到 70 年代，因健康问题离职。然而李主任在妇联学校服务逾 14 年，特别是创校初期披荆斩棘，在极为困乏的条件及艰难的环境下，为妇联学校奠下稳定的基础。故此，要认识妇联学校的创校历史，理解教育界前辈的教育理念及人生抱负，李莹主任在必须访问的名单中占前列位置。

　　另外一位必须访问的人物便是李卫群校长。李校长服务妇联学校 40 多年。她由教师一步一脚印地晋升为主任，再至校长，可算是妇联学校的活历史库。在本研究中李校长将以一位初出茅庐、梳着辫子的年轻女教师的角色，忆述妇联学校的建校情况。

　　学生的代表人物是黄同学。她自预备班起已在妇联学校就读，直至小学毕业，历时 8 年。黄同学一家有四兄弟姊妹都曾在妇联学校修业或肄业。所以可谓与妇联学校关系极深。

三　重构妇联学校创校历史报告

（一）学校在 1955—1962 年的发展情况

澳门妇女联合总会一向热衷于妇女权益及社会服务，以团结广大妇女、办好妇孺福利工作为宗旨。在 1952 年起创办托儿所为澳门的劳动妇女提供托儿服务，为更进一步解决澳门儿童的教育问题，三年后（1955）妇联会领导决定成立妇联子弟学校，目的是为澳门市民提供完整的学前及小学教育服务。最初的校址仍用柯利维喇街 29 号地下作校舍，设立学前预备班，最初只有一个复式班。1956 年顺延至发展小学，校址设于光复街。一年后（1957）校舍迁往渡船街 27 号。[①] 同年稍后租用水坑尾的美丽街（《澳门妇女联合总会金禧纪念特刊》称近西街）前工人医疗所作校舍，扩充服务。美丽街的校舍面积稍大，所以称正校，而渡船街的校舍称第一分教处。由于申请入学人数众多，以及为照顾各区妇女儿童的需要，便在下环河边新街妇联会址设立第二分教处。[②] 为了发展教育妇女福利及妇联会务，妇联会展开了筹款工程。在 1956 年 6—8 月，共筹得 27000 多元。[③] 至此，妇联学校由澳门妇女的愿望变为现实。到 1956 年的新学年，学生人数达 560 余人，当时未被取录的仍有百余人。[④] 由此可见，妇联学校的办学宗旨，深为澳门社会大众欣赏。

1957 年夏天，澳门妇联会即觅得水坑尾 20 号 A（即前百老

---

① 《澳门妇女联合总会金禧纪念特刊》，2000 年，第 44 页。
② 澳门妇女联合会出版委员会：《澳门妇女》（创刊号），1956 年 6 月 15 日。
③ 《澳门妇女》第 3 期，1956 年 8 月 15 日。
④ 《澳门妇女》第 4 期，1956 年 9 月 15 日。

汇戏院左邻）作校舍，而下环第二分教处的学生亦转到正校上课。[①] 妇联学校在1957年8月在230多名申请入学学生中，只能录取150人。[②] 从激烈的竞争中可见妇联学校的教育素质已为澳门市民认同。至此妇联学校稳步前进至1962年，产生了第一届毕业生。

（二）学校的行政组织和工作

澳门妇女联合总会为妇联学校的办学实体，成立初期由妇联会主席张晴晖女士任校长，妇联会委员和妇联学校的主任成立联合执委会管理，成员有张晴晖校长、妇联会的谢淑仪、妇联学校的李莹主任等人；后来第一分教处的主任黄健明亦成为执委会成员。每学期末，校方要准备学校总结和教师总结向妇联会汇报，妇联会派代表聆听。学校的账目则每月送妇联会检核。张晴晖校长当时亦为妇联会主席，主持校政和对外工作。张校长常常巡视学校，与教师和学生沟通，了解和关心学校情况。妇联学校的学生每月只需缴付两元的茶水费，这费用实在不足以支付学校的庞大开支，妇联会经常要为学校筹募经费。

李莹主任刚进妇联学校的（1955）时候，与黄健明主任、李蕴玉主任共同工作。妇联学校内部设总务主任管财务和维修等工作。校务则由教导主任和分教处主任掌行政与教学的工作。各主任除负责行政工作外，还须兼课。

妇联学校的校舍亦随着学生人数增加而不断搬迁：由柯里维喇街、光复街，再到1957年迁到渡船街（妇联大厦现址）的第一分教处和水坑尾美丽街的正校李莹主任主要负责在美丽街的妇联校部，稍后在1957年末期便搬往水坑尾现址。正校的前身是

---

① 《澳门妇女》第14期，1957年7月15日。
② 《澳门妇女》第15期，1957年8月15日。

一所别墅，李莹主任便需因地制宜，按不同班级的人数多少，分配大小不同的房间作教室。有时，或会需要改动房间间隔和和门窗的大小，也平添不少工作量。后来扩展工作更延伸至整幢别墅，连二楼及三楼也改建成了课室。在李莹主任回忆下，那段期间她似是当建筑师多于教育工作者。

除了校务、行政、人事、教学等工作，作为妇联学校的领导，社会联系也是不可忽视的一个工作环节，所以李莹主任晚上还要到妇联会的组织部工作。她参与社会联系、联络会员、组织国内参观和交流。同时亦为妇联学校的老师组织学习小组，回内地参观、观课交流后，回到澳门再看一些理论书籍；然后再与老师结合妇联学校的实际情况讨论，择善而从。

当时妇联学校的教学工作都是多由爱国青年担当，他/她们都充满爱国热诚，热心工作，虽然教师的薪金低微，她/他们仍能坚持下去。然而，到了 60 年代，香港工商业发展迅速。澳门人到香港是自由出入，找工作也不用申请许可证的。所以，许多教师只教了一两个学期，便会辞职到香港找工作，继而在那里成家立业，定居下来。自此，教师更换频繁，带给了学校行政和教学上的烦恼，这也是令澳门热心教育工作者心痛的地方。

(三) 妇联学校的教学情况

妇联学校的办学目的十分简朴踏实：爱国、爱校、互助友爱、良好品德、热爱劳动和知识。学习的科目有语文、数学、英语、常识和图画、手工、音乐、体育。教师平均每周授课 20 多节，加上每天的早读和晚会，共 30 多节。

在《澳门妇女》第 3 期妇联学校教师首次向澳门群众作了教学工作报告，现节录重点如下：①

———————

① 《澳门妇女》第 3 期，1956 年 8 月 15 日，第 3 页。

1．教导工作

我们的学校，是为了解决姊妹们子女就学困难和经济负担而创办的。目前因为地区问题分设正校和第一分教处。我们的教导方针是本着五爱教育为原则，培养同学们爱祖国、爱人民、爱劳动、爱科学、爱护公共财物的优良品德。怎样去贯彻五爱教育呢？我们首先从同学们日常学习和生活上做起，如要同学们"爱祖国"，首先要他们能爱国旗、爱领袖、爱自己的学校、爱自己的家；"爱人民"首先要尊敬师长、友爱同学、回家要听父母和长辈的话；"爱科学"先要在学校努力学习，把功课做好；"爱劳动"在学校里热爱各种劳动，回到家里帮助父母兄弟做工作；"爱护公共财物"要他们爱学校及家的用具和自己的书籍、文具、衣物……同时我们完全废除体罚，用耐心说服，多种多样的方法启发、劝导来教育儿童。他们有了进步，便适当的用鼓励和表扬的方法来巩固他们的进步，使他们从小能服从真理，明白是非。

2．学习方面

全校的同学年纪多在5—9岁之间，对于学习是陌生的，特别是初入学时，执笔写石皮字也不会。但期中普遍都能每日放学回家自己做功课了……他们进步得很快……对整班来说，正校有一班46人，期考总平均有45人80分以上；分教处乙二班同学，从学期初不会执笔写字，现已能默廿多个生字了。

3．纪律方面

由于来自各个不同环境和受过不同教育的同学合在一起，学期初有争吵、打斗、嬉闹、爱哭、不专心听讲等现象存在。期中学校建立了纠察队，制度较健全了……

4．清洁卫生及其他

为了培养同学养成清洁卫生习惯起见，我们每天都进行晨检，检查同学们的头部、指甲、衣服、手帕……

在礼节上，我们也随时重视教育，有些从不愿叫人的同学，现也习惯了每天早晨和老师、同学请安……

在团结友爱方面，也有了明显的进步，他们懂得大的同学要照顾小的，互相帮助。对公共财物也知道爱护。懂得喜爱劳动，争着为学校服务，迫切地要求参加纠察队，能够做一个纠察员，他们认为是很光荣呢！

5. 与家庭联系方面

我们从开学后第四周开始，便经常进行家庭访问。我们知道学校教育与家庭教育是分不开的。现在家长和老师们已像一家人一样了。他们关心着学校的发展，支持学校的各种措施，热心响应扩校扩班的工作……

6. 我们的几点体会

（1）要正确的贯彻"五爱教育"，先要从同学们的日常学习和生活做起，才不流于空洞。

（2）只要耐心说服，用多种多样的方法来启发教育儿童，才能使儿童自觉的守纪律。

（3）适当的用鼓励和表扬的方法来教育儿童，才能巩固他们的进步。

（4）只有学校与家庭取得密切的联系，才能够加强我们的教学效果。

透过这个报告可以了解妇联学校的教学宗旨和教学方法。

妇联会向妇联学校提供校舍和桌椅等物品。由于经费不太充裕，只有初小学生的坐椅有靠背，三年级开始的坐椅已没有靠背。

50—60年代，由于大量华侨回归澳门，妇联学校每班学生人数初期是30多人，后来增至差不多70人一班，仍难以满足澳门市民的需求，教师的教学工作极其繁重。

妇联学校十分重视对家长的工作，要求教师在一学期内对每一位学生进行家访。

除了教学工作外，教师还须支持妇联会为爱国进行宣传工作，教师们组织学生演出话剧，进行街头表演、数白榄等表演。

妇联学校以勤俭办学为宗旨，教师和学生们要负责课室清洁。李莹主任和全体老师和高年级学生经常在星期六下午回校动手为课室涂上灰水。暑假期间，更有个别老师和学生动手维修桌椅。

此外，妇联学校教师还会支持妇联会的工作，为妇联会的妇女识字班和工余女子夜校担课。

（四）妇联学校的学习情况

黄同学还记得在第一分教处完成四年级学业后，要到水坑尾的正校升读五年级。她家里只有她哥哥和她在妇联学校完成六年小学课程。她的一姊一弟像其他部分同学一样，到了五年级时便转往家居附近的学校继续升学。

黄同学形容妇联学校的学生们上课都十分专心，教师亦管教严格。她说：

> 学生上课时要以"一式"坐姿上课。到了升上中学，妇联学校的毕业生在不同的中学都会维持"一式"坐姿一段日子。（访谈记录 08/09/2009）

黄同学还多举了一个妇联学校的学生纪律特别好的例子：

> 放学时，校方会安排老师护送在新桥区居住的同学回家，老师会选一名"归程队长"协助维持秩序。由水坑尾步行到新桥区需花上约 20 分钟，20 多人都能维持队形整齐，鸦雀无声。两年亦是那样。（访谈记录 08/09/2009）

　　黄同学还记得她毕业那年，一班有50多位同学。小学毕业后，许多的毕业生都能考进澳门的著名中学升学。当然亦有因家境问题，不能升读中学的同学。那么，妇联学校的教育便为他/她一生的知识奠定基础。

　　黄同学描述妇联学校学习的情况是每天早上全校师生一起做早操。黄同学说在妇联学校学习的科目与澳门其他学校大同小异，有语文、数学、英语与常识等。老师教学水平很高。她还记得语文科学习时，教师会因应课文内容恰当地加进爱国主义教育。教师会鼓励学生多作课外阅读，又因应妇联学校的设施不足，教师鼓励学生申请公共图书馆的借书证，以社会的资源设施支援校方的不足。黄同学还记得：

　　　　老师叫我们看一本名《红岩》的书，内容是描述国内共产党员面对的白色恐怖……后来我们看了许多中国名著如《封神榜》等，提升了我们阅读的兴趣。（访谈记录08/09/2009）

　　数学科方面，黄同学还记得柯耀坤老师在三年级时教她的乘法，她认为是"生动有趣、概念清晰、方法有效"。李卫群老师说故事，亦令同学回味不已；她的姊姊便很喜欢黄健明主任的课。黄同学特别羡慕那些被挑选为国庆游艺节目表演跳舞的同学，那时的指导老师便是李卫群老师。黄同学还记得在五六年级时拿着劝捐册，沿门挨户劝捐，为学校筹款。

　　当时，妇联学校的课外活动不多，但教师亦鼓励学生利用社会资源，如同善堂举办的书法班，课程由澳门著名艺术家林近先生主持，黄同学和她的同班学友们也都参加了。

（五）印象深刻的人

令李莹主任留下深刻印象的人是伦华继老师。李主任形容他是勤劳爽快、任劳任怨、非常负责任的老师。此外，李主任还深受那些充满爱国热诚、勤劳刻苦、坚守教学岗位的同事鼓舞。此外，有许多许多学生，特别是一些"个性倔犟"的学生，令她印象深刻。第一届毕业生当中不少已移居香港的，至今仍会与李主任聚会，有时居于澳门的同学亦会专程参与。

令李卫群校长留下深刻印象的是李莹主任。李卫群校长还记得初上任时，李莹主任指导新教师们的仪容衣着：如把辫子束成髻，衣服须有衣领衣袖等。她还特别记得李莹主任办事严正，要求严格，但有理有节，关怀同事，令人佩服。

留在李卫群校长记忆中的还有黄健明主任，她和黄主任在分教处工作多年还同在宿舍居住多年，互相支持砥砺，黄健明主任对她的成长有正面影响。此外，李校长还记得的一位姓甘的学生。他勤奋好学。毕业后，考进入澳门一所著名中学，后来更在国外留学。现在在香港的专上学校工作。

黄同学记忆中的好老师甚多：有要求严格的黄健明主任、说故事很动听和教她跳舞的李卫群老师、教数学很好的柯耀坤老师，还有一位姓胡的女老师，她能歌善舞，更能拉手风琴，当时她教学生唱了很多革命歌曲……还有穿着旗袍的张晴晖校长。

黄同学总结了一句："当时妇联学校的老师水平甚高，充满教学热诚。"

（六）喜悦的事

令李莹主任——一位离开了妇联学校差不多30年的妇联学校前主任喜悦的事，也有数项。

李莹主任首先要谈的是妇联学校浓厚的人情味。当李主任为学校的工作、为反美、为"文化大革命"、为支持国家政策而努力时，不幸在 1970 年患病。卧病住院期间，同事、家长、学生勤加探问，还送上毛主席像以作精神支持。至今李主任仍对妇联学校的同事、妇联会和妇联的校友心存感激。

李卫群校长最喜悦的事便是在 1958 年起获得聘用到妇联学校任教，以及在渡船街 27 号的分教处的宿舍居住的数年。她回忆那时生活俭朴，心无旁骛，专注教学工作，支持国家政策，训练学生上街宣传反美帝国主义和爱国思想，回想起来亦觉十分有意义。

李莹主任和李卫群校长共有的喜悦便是为学校服务。她们在假期为学校擦灰水、修桌椅等。老师和高年级的学生上下一心，热情高涨。李校长还记得所有在分教处的同事曾为了让学生可以进行跳远练习，大家不辞劳苦把花园的空地锄出了一个沙池，让学生可以好好地上体育课，完成后大家都很有成就感。

(七) 辛酸的回忆

从李莹主任和李卫群校长的访谈中，许多辛酸苦涩的事，她们都以欢愉的态度，娓娓道来，把苦涩变成了甘甜。唯一令李莹主任感到辛酸的便是教师们所付出的精神和辛劳与他们所获的薪酬不相称。

"只有 40 元的月薪，教师的生活太清苦了。"（访谈记录2009 年 8 月 9 日）

不少的优秀教师因生活压力而离任也是当时李莹主任觉得辛酸苦涩的事。

四　反思

多次与李莹主任和李卫群校长访谈，气氛都是真挚和温馨的，她们十分投入认真地忆述往事，连串的事件只不过是一个一个的故事，带引我们回到 1955—1962 年的妇联学校和澳门社会的情境中。然而这些情境让我们体会到当时澳门爱国教育者的艰巨辛劳，也重新呈现她们高尚的人格和爱国的情操、对教育下一代的坚持和为人民服务的热诚，这也是本研究的最重要收获。

最后，我们有一个共同的体验，便是昔日的艰苦，今天回忆起来，已经变成了甜美。这经验许多学者（D. J. Clandinin & F. M. Connelly）①均有提及，这种体验也就是许多教育工作者在自身岗位上长期奋斗而没有感到衰疲的动力。这与 H. G. Wells 所说的只有用心体会跟进才会产生意义近似。本人描述这种情况为事实不变，但时间令"质"变了。如"水"和"小麦"受时间这种"酵母"的酝酿，使他们变成了美酒。工作的艰苦因时间而变成甜美，教育史的探究使它们产生意义，更变成支持教师不断前进的动力。这正是视野下移的研究范式（paradigm）对教育研究和教育工作者产生的正面贡献。

---

① D. J. Clandinin & F. M. Connelly (2000), *Narrative Inquiry: Experience and Story in Qualitative Research*, San Francisco: Jossey-Bass Inc.

多元异彩的高美士中葡中学

—— 澳门首间以华人为主要
教学对象的公立中学

老志钧

澳门开埠于 16 世纪 30 年代，居民以华人为主；但基于历史原因，历经 400 多年，直至 20 世纪 80 年代，澳门才开办了一间以华人为主要教学对象的公立中学——高美士中葡中学。高美士中葡中学具有历史意义，也别具多元特色，在澳门教育史上当占一席位置。本文以口述历史、有关文献为撰写的依据。全文主要有：（1）建校的背景和过程；（2）学校发展；（3）宗旨与学制；（4）校长的产生；（5）校部与教育类型；（6）课程特色，等等，借此把高美士中葡中学的历史和面貌具体呈现出来，也揭示澳门教育的独特色彩。

一　前言

澳门，这个位于中国南陲闻名于世的赌城，四百多年前，原是一个人口稀少、鲜为人知的小渔村。1553 年（明嘉靖三十二年），葡萄牙人借晾晒货物之名登陆澳门。之后，澳门各方面逐渐起了重大变化，百年大计的教育，自然也毫不例外发生变迁。澳门除 1535 年开埠前，已有的学塾、社学、书屋等中式教育外，更添加了葡萄牙人的葡式教育。中葡这两种教育系统长久以来并行并存于这块蕞尔之地，从而形成异于中国各地的澳门教育；[①]但中式葡式两种教育相互影响的少，各自按其独特办学方式实施的多。[②] 葡萄牙人自 1849 年全面管治澳门以来，中式教育（民间）、葡式教育（官方）各自兴办的学校，无论是幼稚园、小学或是中学，数量上差距悬殊。中式教育兴办的私立学校，占了全澳学校 90% 以上；葡式教育兴办的公立学校，占不过 10% 。这样的教育状况，在其他地区并不多见，或许这就是澳门教育的特色。私立学校之所以多，在于葡人政府一直对私立教育，采取放任态度，不闻不问，不干预不鼓励，[③] 华人则强调"万般皆下品，唯有读书高"，重视教育，自行办校；而西方教会为便于在澳门传教，也大量兴办学校。公立学校之所以少，正在于葡萄牙人管治澳门百多年，一直只专注葡人葡语的教育。[④] 过去的百多年，葡人政府在澳门兴办的学校，包括以华人为主要教学对象的，实在屈指可数。相对而言，幼稚园、小学还办得较多。至于中学，截至 1998 年 10 月下旬，才办了三间——澳门利宵中学、高美士中葡中学、中葡职业技术学校。同年，以葡人为主要教学对象、葡文为教学语言的澳门利宵中学，与私立商业学校、公立

---

① 澳门教育与葡国教育有密切的关系。自葡人上岸起，西式教育便从葡萄牙来到澳门。在某种意义上，澳门教育中浸入葡国教育的重大影响，其官办学校实质上是葡国教育的翻版。可以说澳门教育的一半或相当一部分是葡国教育。见冯增俊主编《澳门教育概论》，广东教育出版社 1999 年版，第 455 页。

② 刘羡冰指出：从 1557—1849 年，葡人租居澳门的两百多年，中国华人的封建教育与葡人的宗教教育已是泾渭分明，各自发展。见刘羡冰《学史鉴史》，澳门出版协会，2005 年，第 133 页。

③ 刘羡冰指出：直至 20 世纪五六十年代，葡人政府对华人教育，仍然采取消极不管、不负责的态度，以致华人教育处于长期的独立自主、自生自灭的状态。见刘羡冰《澳门教育史》，澳门出版协会，2007 年，第 32、43 页。

④ 见刘羡冰《澳门教育史》，第 130 页。

鲍思高小学葡文部等合组为私立的澳门葡文学校。[①] 到了 1999
年，澳门利宵中学正式结束。直至 2009/2010 学年，澳门的公立
中学，仅有高美士中葡中学、中葡职业技术学校两所而已。这与
私立中学 45 所[②]相比，实有天壤之别。

　　本文以高美士中葡中学为研究对象，原因是高美士中葡中学
是澳门首所以华人为主要教学对象的公立中学，这在澳门教育史
上深具历史意义。此外，高美士中葡中学又是一所采用中葡学
制、流通三文四语、[③] 设有四个校部、具备多种课程的综合型学
校，称得上多元异彩。

　　本文的撰写以口述历史、有关文献为据，从建校背景、发展
过程、宗旨学制、校长产生、四个校部、课程特色等方面，把高
美士中葡中学的多元异彩彰显出来，借以揭示澳门教育别具一格
的特色。本文得以顺利完稿，有赖于教育暨青年局梁励副局长、
高美士中葡中学梁祐澄校长两人的热切支持。他们在百忙中抽空
接受两个多小时的访问，不厌其烦地回答问题，娓娓道来既详尽
又周全。梁励副局长更界以一大叠相关的法规条文。翔实的口述
史料、丰富的律例资料，构成本文的主要素材。在此衷心向他们
谨申万分谢忱。此外，澳门大学教育学院中文专业课程吴燕珊、
黄晓晖两位同学（按：现今已是中学教师），担任访问的录音和

---

　　① 刘羡冰指出：在澳门回归祖国前夕，由葡萄牙教育部、葡人社团振兴学会、
东方基金会联合创办一所私人葡文学校，命名为"澳门葡文学校"。该校实为合并而
成。原官立利宵中学、官制私校商业学校、官制鲍思高小学葡文部、官制鲁弥士幼
稚园以及官立利宵中学夜校共五校，经政府协调重组成私立葡文学校。遵照葡国学
制与课程，并遵守澳门有关教育法律。葡文为教学语言，小学五年级要选修英语及
普通话。九成教师来自葡国。见刘羡冰《世纪留痕——二十世纪澳门教育大事志》，
刘羡冰，2002 年，第 141—142 页。
　　② 45 所私立中学包括：独立中学、中学设有小学、中学设有小学幼稚园这三
种类型的学校。
　　③ 三文四语是指：书面语的中文、葡文、英文，口语的粤语、普通话、葡语、
英语。

笔录工作，并将之整理为详细完备的访问稿，有利于本文的撰写。在此也向他们致以谢意。

二　建校背景

高美士中葡中学成立于 1985 年，相距葡萄牙人全面管治澳门时的 1849 年，足有 136 年。澳门这块华人占居民大多数的弹丸之地，历经如此悠久岁月，才拥有这样一间以华人为主要教学对象的公立中学，原因究竟是什么？要了解的话，就要从四百多年前说起。

澳门开埠前，并无任何公立学校，有的只是中国传统的教育机构，就是民间开办的学塾、社学、书屋等。这种情况，直至葡萄牙人全面管治澳门都如是。事实上，葡萄牙人在抵澳后至全面管治澳门这段期间，也没有兴办任何学校，原因在于：16 世纪中叶，葡萄牙商船远航亚洲，及至澳门海面，遭遇风暴，葡萄牙人遂以晾晒货物为名登陆澳门，这可算是偶然的事。葡萄牙人抵澳后二百多年来，只视澳门为一个暂时栖息的地方，[1] 是一个借以向亚洲其他地区如印度、日本进行商业贸易的中途站，而非把澳门视为自己的土地来建设。这自然对百年树人的教育大业，不会记挂于心积极处理。至于澳门葡萄牙人子弟的受教育，主要有两种方式，一是对幼儿实行葡式家庭教育，或把部分儿童送回葡国受教育；二是在教堂或修院中学习，部分修读宗教课程，部分在修院修读的外读生，读到一定程度后，就到葡国或其他国家求学。[2] 可以说，这两百多年来，澳门葡萄牙人受教育的重任，主

---

[1]　黄鸿钊指出：葡萄牙居澳以后，从 1573 年起至 1849 年止，这两百多年间一直都向中国交地租。见黄鸿钊《澳门史》，商务印书馆香港分馆 1987 年版，第 65 页。

[2]　见冯增俊主编《澳门教育概论》，第 455 页。

要由澳门的天主教会承担。

1849 年,葡萄牙人全面管治澳门,把澳门视为葡国一个海外省,开始在澳门陆续开办葡国学制的公立学校,[①] 教学对象是葡萄牙人、土生葡人,从而打破了教会垄断澳门葡人教育的局面。这时期的公立学校或由政府开办,或由市政机构设立,或由政府没收教会学校而成立。洎至 1894 年,公立中学澳门利宵学校 (Liceu De Macau) 正式成立,就读的有 30 个葡人。20 世纪初,公立的幼儿教育、初等教育、中等教育连成一个系统。曾为华人学习葡文开办的义学,[②] 也变成两所中葡学校 (Escola Luso-Chinesa)。可见公立教育虽有所发展,但仍以葡人为主要对象,以葡文为教学语言;华人入读的还是少数,更不用说以中文为教学语言。

1950 年,香港何东爵士,为感念抗战期间逃避兵燹蛰居澳门,而向澳门政府捐款兴办公立学校。澳门政府顾及华人受教育的需要,翌年在东望洋街成立何东中葡小学男校、女校各一所;[③] 教学对象是华人,教学语言是中文,葡文列为必修科。1975/1976 学年,男校、女校合并,统一管理。

1974 年 4 月 25 日,葡国里斯本发生石竹花革命,结束多年

---

① 这一时期澳门官立学校实际上是葡国教育制度的直接移植。从学制到课程、教材以及考核,都是按照葡国模式实行,并接受葡国教育部门的考核和领导。学生小学或中学毕业后,到葡国去继续求学,升入中学或大学,澳门葡文学校的教师也主要是从葡国聘请。由官办学校来看,澳门教育在这一时期是葡萄牙教育的一部分,相互关系较前更紧密、更直接。见冯增俊主编《澳门教育概论》,第 456 页。

② 1879 年、1881 年,澳门政府先后开办华童男、女校,以葡文为必修科,是中葡学制的肇始。见刘羡冰《世纪留痕——二十世纪澳门教育大事志》,第 90 页。

③ 根据 1951 年第 4911 号训令成立何东中葡小学,将原四所中葡小学男、女校合于一校舍,命名为何东中葡男子小学、何东中葡女子小学,分别管理。见刘羡冰《世纪留痕——二十世纪澳门教育大事志》,第 89—90 页。

的法西斯统治，开始民主时代。随后，葡国承认澳门是中国领土，[①] 并赋予澳门教育一定的相对独立性。从此，澳门迈入一个走向主体的过渡期，展开了建设澳门教育的进程。[②] 1976 年、1977 年，两所公立学校——路环中葡小学、氹仔中葡小学——先后成立，教学对象同样以华人为主。

20 世纪七八十年代，澳门的社会、文化、经济，等等，都有了长足的发展。此外，中国内地改革开放，大量内地居民迁居澳门，澳门的人口随之激增。诸如此类都使得一般人面临的竞争加大。以往社会的要求不高，小学毕业足以谋生，如中葡小学的毕业生，可在政府部门当杂役或做司机；但现今非中学毕业不易在社会立足。因此，几所中葡小学的毕业生继续升学，是须加思量的事。要升读私立中学，这些毕业生大部分的家庭经济状况，未能让他们如愿以偿；又因与私立中学的学制不同、课程有异，不易衔接。要升读公立中学，虽然学费可以免付；但当时只有澳门利宵学校一所，主要让葡萄牙人子弟就读，课程是葡制，教学语言全是葡文，华人学生学习有困难。当时掌管澳门教育的多位高层官员，经多番商议，觉得有需要将中葡小学毕业生的教育程度提升，具体办法就是开办中葡中学。1985 年，高美士中葡中学就在试验性质的情况下开办。[③]

---

① 葡国历史学家施白蒂（Beatriz A. O. Basto da Silva）指出：从这天（7 月 27 日）的法律 7/74 号，开始澳门归还中国的路程。见施白蒂著《澳门编年史二十世纪 1950—1988》，思磊译，澳门基金会 1999 年，第 107 页。

② 见冯增俊主编《澳门教育概论》，第 456 页。

③ 刘羡冰指出：1985 年官立中葡双语中学开办。中葡双语小学始于 19 世纪末，至 1951 年，正式命名为中葡小学，以中文为教学语言，但设葡语为必修科。其毕业生大多入职低级公务员，极少能升读葡文中学。中葡中学开办，为中葡小学毕业生提供升中机会。见刘羡冰《世纪留痕——二十世纪澳门教育大事志》，第 110 页。

三　建校过程与学校发展

由于高美士中葡中学的开办,属于试验性质,所以当初并未定名为"高美士中葡中学",而只叫做试验课程(中葡课程)。之所以试验,一是为了视乎学生入读的人数,即是生源问题;二是为了观察学校前景,摸索出路。开办的第一年,没有自己独立的校舍,只向当时大三巴牌坊附近的取洁学校(即今利玛窦中学)租借四间位于四楼的教室,以供教学之用;另借打字室、教导处各一间。初时只开设一个班级——初中一年级,分A、B、C、D四班。一班有学生20余人,四班共81人(一说88人)。学生大部分来源于何东中葡小学,少部分来自路环中葡小学、氹仔中葡小学。教师有12人,华人仅有4位,其余都是葡萄牙人、土生葡人。葡文是主要的沟通工具。

这个试验课程对中葡小学的学生很有吸引力。一年将过,另一批小学毕业生快要入读;原有学生要升读初中二年级。学生人数上升;但试验课程的硬件严重不足——学生活动的空间,仅有教室四间,而且还是租借来的,颇有寄人篱下的感觉。据梁励副局长(按:当时该课程的华人教师)的忆述,有一天放学时,天正下着大雨,试验课程的学生被迫留在体育馆避雨;但管理体育馆的人员,认为他们并非取洁学校的学生,不能在馆内停留,将他们全赶出去,结果学生衣衫尽湿狼狈离开学校。如果试验课程有自己的校舍,学生就不会有这样的遭遇。

试验课程实施一年,终于有了改变。1986年9月,澳门政府首先将何东中葡小学五年级、六年级归并于试验课程而成为"高美士中葡中学暨预备中学"。① 学校命名为高美士中葡中学暨

---

① 1986年9月6日,训令第129/86/M号规定,设立高美士中葡中学及预备学校。

预备中学，原因是为纪念澳门汉学家、作家和历史学家，土生葡人路易士·贡沙华·高美士（Luis Gonzaga Gomes）先生在澳门热心推动中葡文化交流、双语教学的贡献。随后，高美士中葡中学暨预备中学和殷皇子纪念中学（即澳门利宵中学）、① 高斯华预备中学联合组成"澳门学校综合体"。其实，早于 1986 年初，澳门政府在新填海区高美士街兴建新校舍（即今澳门理工学院院址），占地 18000 平方米，当时校址在新丽华酒店附近的澳门利宵中学，率先搬到上址上课。澳门学校综合体就以该新校舍为校舍。施白蒂（Beatriz A. O. Basto da Silva）对澳门学校综合体的校舍有这样的描述：

> 澳门学校综合体所属的楼宇揭幕，这是戴维拉则师设计，大量使用玻璃间隔，但有中央空气调节系统。该楼宇设有殷皇子中学、即继承前国立利宵中学，还有施若瑟博士预科学校，施若瑟曾是澳门利宵中学首任校长（1894—1903）。因此，这是一所 C + S 形学校。C 即阶段学习、S 即中学。全葡国模式的。在中央和公共部分是两所对称的学校，还有图书馆、可容 450 人的会堂、室内游泳池（25 × 14 公尺）、酒吧/食堂/厨房、博物馆室、棋室、文具店、一处活动/展览空间等。在这三组建筑中，较为突出并有通道使上层与地下相连的，是行政大楼，它也是玻璃幕墙，不过是不透明的玻璃。在前利宵中学的地段和运动场，现在是中国银行大厦和一停车场。②

澳门学校综合体包括三所学校——殷皇子中学、高斯华预备

---

① 澳门利宵学校于 1937 年改名为国立殷皇子纪念中学（Liceu Nacional Infante D. Henrique）。

② 见施白蒂著《澳门编年史二十世纪 1950—1988》，思磊译，第 167 页。

中学、高美士中葡中学暨预备中学。初时,学生的人数不太多;① 但整个澳门学校综合体,由三所学校组成,仿如学校村一样,② 架构复杂、事务繁多。殷皇子中学、高斯华预备中学都采用葡国学制,和高美士中葡中学暨预备中学的中葡学制有别;殷皇子中学、高斯华预备中学的教师和学生,以葡裔为主,中葡中学的以华人为主,彼此的生活习惯、知识见解、文化意识并不一致。例如处理学生抽烟、补考等问题,教导、管理或处罚学生的方式,等等,都有差异。③ 往往三所学校的教学委员会主席(俗称校长)和管理委员会主席(澳门学校综合体的总管)为此召开会议,以便协调管治。所谓人多意见多,许多事不是三言两语就能解决,费时劳神是少不了的。

　　澳门政府考虑到高美士中葡中学暨预备中学随着中学年级的递升,需要增加学额,以配合学生人数日渐增多的情势;又考虑到把资源、心力只集中于中学教育,会获益更大。于是在 1989 年 9 月 25 日,通过法令把高美士中葡中学暨预备中学易名为"高美士中葡中学",又把当中的预备中学——归并于试验课程的何东中葡小学五年级、六年级——逐步取消,将之纳入中葡小

---

　　① 澳门学校综合体于 1986 年启用,包括高斯华预备中学、殷皇子中学、高美士中葡中学暨预备中学。学生人数 1986/1987 有 1020 人。见《澳门学校的特征》,教育司,1988 年 9 月。

　　② 据梁励副局长口述得知,澳门政府设立澳门学校综合体,欲借此使华人学生、葡人学生互相影响,从而学习对方的文化;华人学生学习葡文也较容易上手。

　　③ 以下几个例子,来自梁励副局长的口述。(1)对于学生抽烟,大部分教师都主张禁止;但也有教师反对,理由是:为什么又不禁止老师抽烟?结果决定教师和学生可以在某一个区域抽,即设置一个抽烟区。这样的决定,华人教师总觉得有点怪异。(2)对于学生因病补考,华人教师认为因为是补考,学生获得的成绩最多 60 分;葡人教师以为既然批准学生缺席,补考成绩就不应打折扣,这样是惩罚学生。(3)有一个学生偷了他人的单车拿去变卖,被警察捉上法庭受审;学校召开班级会议,要罚这个学生停课;但葡人教师以为既然学生已受法律制裁,为什么学校还要处罚?这对学生不公平。(4)谈到性教育,葡人教师提出教学生避孕,在学校的洗手间放置避孕套,让学生懂得保护自己,华人教师对这样的建议感到诧异,大都不表赞同。

学的体制内。① 学校易名为高美士中葡中学，正反映这是一所完全中学。

　　1995 年 3 月 6 日，高美士中葡中学经由法令第 13/95/M 号，获得教学自主权，从而脱离澳门利宵学校。② 同年 9 月，高美士中葡中学搬离澳门学校综合体，③ 迁往士多纽拜斯大马路 100 号，即现今的校舍上课。当时校舍内还有两所学校——二龙喉中葡小学、特殊学校——在运作。1997 年，二龙喉中葡小学、特殊学校先后搬离。这时候，高美士中葡中学才确实是一间完全独立自主的公立中学；拥有的校舍、教学设备，等等，实非取洁时代寄人篱下、澳门学校综合体时代三校共处时，可以相提并论。

　　随着时光流逝、社会需要、教务发展，高美士中葡中学除原有的日间中文部外，更开设多个校部，计有 1998 年设立的日间葡文部、葡文成人夜间中学，1999 年设立的中学回归教育。近年，澳门博彩业开放，业务发展蓬勃；因薪酬不薄，吸引不少中学还未毕业的学生慕名而至。但长远而言，学历有限的员工，对工作机构、对其本人都无助益。因此，2006 年，高美士中葡中学再增设"跨日夜回归教育"，供博彩业员工学习，既满足澳门社会发展的需要，也让员工获得基本学历，增加知能和有关素养。

---

　　① 法令第 62/89/M 号第一条——高美士中葡中学暨预备中学改称高美士中葡中学。第二条——（1）于 1989/1990 学年，高美士中葡中学仅举办第六年级，而第五级之注册将不予接受。（2）由 1990/1991 学年起，该校仅举办中学教育。

　　② 1995 年 3 月 6 日法令第 13/95/M 号规定：考虑到 8 月 29 日第 11/91/M 号法律之原则，本法规给予现时仍为"澳门利宵学校"一部分之"高美士中葡中学"教学自主，从而使之具备本身之法律制度、学校大楼及教学设备，以便能改善教学素质及巩固该校多年来一直开展之教学计划。

　　③ 其实，早于 1993 年，高斯华预备中学已从"澳门学校综合体"撤销。见 1993 年 7 月 5 日，法令第 33/93/M 号第十四条第一项"高斯华预备中学现已消灭，其现有之财产、档案及其余文件集转由殷皇子基础及中等学校负责"。到 1995 年，"澳门学校综合体"只剩下澳门利宵中学。

四 学校宗旨与学制

高美士中葡中学办学之初,旨在让适龄的中葡小学毕业生能继续升读中学,提升教育程度,培养就业能力;避免因学制和私立学校不衔接,或缴付不起学费而失去学习机会。当时打算将课程办至中三,且近似职校性质,让学生读毕中三后,具备能力足以担当普通公务员或其他行业的一般技术工作。因此,课程设置的学科,既有中文、葡文、英文、数学、历史、地理、音乐、体育等传统科目,也有资讯、电工、电学、经济、会计、绘图设计、视觉艺术等实用科目。其后,为配合新时代急遽开展的步伐,呼应与内地频繁交流的需要,满足澳门日趋国际化的需求,在贯彻中葡双语并施这个创校理念的同时,加强普通话的学习,促进英语教学的改革,提升学校教育、家庭教育和社会教育三者结合的功能,务求培养品格良好,具备三文四语能力、学习能力、创新能力的人才,使之足以适应未来社会的急剧发展。

学制,即学校制度。世界各国的学校随着社会发展,形成各种形态的学制。计有:单轨制、双轨制、多轨制。澳门,这个面积不到30平方公里的小城,多年以来,非高等教育采用中、葡、英三种学制,当然这和澳门的历史因素有关。及至高美士中葡中学的成立,采用新学制,澳门教育就形成了四种学制并存的新局面,呈现百花齐放的多元化发展。高美士中葡中学采用的新学制有何特色?和中、葡、英三种学制有何不同?具体情况如下:

(一)"中"是指中国学制,称为"六三三制"。即小学六年,中学初中三年,高中三年。

课程教材仿效中国内地、台湾,以中文为教学语言。中文学校采用此制,学生绝大多数为华人。

(二)"葡"是指葡国学制,称为"四二六制"。即小学四年，预备中学两年，中学六年。

课程教材遵照葡国，以葡文为教学语言。葡文学校采用此制，学生绝大多数是葡人。

（三）"英"是指英国学制，称为"六五二制"。即小学六年，中学五年，大学预科两年（但澳门的英文学校，都是中学五年，大学预科一年）。课程教材仿效香港，以英文为教学语言。英文学校采用此制，学生大多是华人。

（四）高美士中葡中学采用的是中葡学制，称为"六五制"。即小学六年，中学五年。课程教材近似于澳门的中文学校。以中文为教学语言，但葡文必修。学生都是华人。[①]

高美士中葡中学采用的中葡学制，特色是以中文为教学语言，葡文为必修科目。初时，学生读毕 11 年级（等同中五），就可以毕业。12 年级预科班可读可不读，学生大多没有升读大学的意愿。几年下来，预科班还是开不成。直至 1991/1992 学年，终于有学生入读 12 年级，人数约有 10 个。其后考虑到学生升读大学的人数增多，也考虑到要顺应澳门教育发展的趋势，在 2002 年 9 月，将中学五年制改为六年制，是为初中三年、高中三年。学生一定要读毕高中三年级，才能毕业。以往中学各年级依循葡国制度称之为 7 年级、8 年级……至今改称为初一、初二……这和中国学制"六三三制"分别不大，主要是葡文仍为必修科目。

五　校长的产生和历任校长

长久以来，澳门各类型学校校长产生的方式，不外乎委任、

① 中葡学制实肇始于 19 世纪后期。刘羡冰指出："六五制"，即中葡学制，大概在澳门开始殖民统治后半个世纪，即本世纪初官方开始设立供华人子弟就学的官校，教授中葡双语，至 1950 年正式命名为中葡学校，学生人数经大力催谷，仍是全澳的 6.28％。见《世纪留痕——二十世纪澳门教育大事志》，第 48 页。

聘任，或自己开办学校而自任校长。高美士中葡中学校长产生的
方式，既有委任，也有与众不同的，就是——选举。1986 年 9
月成立的澳门学校综合体，包括殷皇子中学、高斯华预备中学、
高美士中葡中学暨预备中学这三所学校。当时三所学校的校长，
是沿用葡国制度，各以教师一人一票互选方式产生的。其实，以
葡国制度而言，这三所学校并没有"校长"这个职衔。所谓校
长，只是学校教学委员会的主席。当主席的，又在教师中再找两
人当副主席。换言之，教学委员会由主席一人、副主席两人组
成。有关学校的任何决策，须由这三人一致决定，才发生效力。
现在的澳门葡文学校，就采用这种制度。

　　三所学校各有一个教学委员会，各有一个主席。三所学校
之上还有一个管理委员会（相当于政府机构的厅级），管理委
员会的主席，可说是澳门学校综合体的总管；职责在于协调三
所学校的事务，管治整个澳门学校综合体的运作。管理委员会
主席和教学委员会三个主席，每月召开会议一次，商讨学校一
切事宜。

　　教学委员会的主席，每两年遴选一次。以华人的教育体系而
言，这个主席相当于校长，因此，大家就视这个主席为校长，副
主席为副校长。1992 年起，选举方式废除，改以委任方式任命
校长和副校长。具备获委任资格者，须是在澳门执教最少三年的
教师。①

　　高美士中葡中学自 1985 年成立以来，历经四位校长——潘
嘉麟、梁励、黎妙兰、梁祐澄——管理。当中以梁祐澄校长任期
最长，从 1997 年 3 月 1 日获委任担当职务至今，一共 13 年又 7
个月。

____

　　①　1993 年 7 月 5 日，法令第 33/93/M 号第七条第二项规定，根据教育暨青年
司建议，以总督批示从在本地区执教最少三年之教师中委任校长及副校长。

六　校部与课程

高美士中葡中学在 1985 年 9 月成立时，只有一个班级（以中文为教学语言的中学课程）。此后的多年岁月中，或回应社会的需求，或校务自身的发展，现今 2010 年，在同一所学校内，共有日间中文部、日间葡文部、葡文成人夜间中学、中学回归教育这四个校部。四个校部成立的因由和课程特色，具体情况如下：

（一）日间中文部：缘自 1985 年成立之初的一个班级，以中文为主要教学语言，起初为五年制，后改为六年制，是初一至高三的正规文法中学课程。初中不分组，高中分文商组、理组。不管初中高中，葡文是学生必修的科目。除英文、数学、历史、物理、生物等传统学科外，还设有普通话、电脑、经济、会计、绘图设计等实用学科，务求学术与实用并重。至于教学方式，多采用小班教学。1999 年，开办"融合教育"，以便在中葡小学就读的融合生能继读升读中学。一般而言，一班不多于 25 人，可收融合生一至三人。事实上，让融合生入读普通班，对融合生和普通生都有好处。[①] 现在整个日间中文部有 40 多个融合生，比澳门任何一间学校收的都要多。这些融合生有弱听的、弱视的、自闭症的、手脚痉挛的或学习障碍的，等等。教师教导有融合生

---

① 黄馥红指出：在"融合教育"的班级中，特殊学生（融合生）可以和一般学生相处，而从观察模仿的过程中，习得适宜的社会行为和学业行为。一般学生也可以因为和特殊学生相处，而了解特殊学生有哪些长处和可能的贡献。当然也更能了解他们的身心障碍，因而更能尊重他们并且和他们和睦相处。见《多元教育与和谐发展》，《华夏园丁大联欢——2009 澳门之旅·教育论坛论文集》，出版人不详，2009 年，第 64 页。

的班级，面对的考验很大；但获得家长的认同，却是最大的鼓励。① 2005年9月，在个别班级实施"生本教育"，又在初中各班每周班主任课，展开ICAN全人教育课程。

日间中文部的正式课程可称得上多元化，非正式课程也不遑多让。高美士中葡中学秉承中葡文化并融的宗旨，课外活动除有体育、戏剧、美术、音乐、舞蹈、环山跑、拔河比赛、作文比赛、书法比赛、艺术设计、壁报设计、电脑技术等外，还保留了不少具有葡国色彩的活动。例如每年2月下旬，举行融合中葡英三种文化的文化日；6月10日，举办葡国诗人贾梅士纪念日；11月11日，庆祝葡国武士事迹的烧栗子节。此外，学生一般都会跳葡国土风舞，听到葡国音乐，就会技痒起来。其实，这些活动都不见于私立学校。借着这些活动，让学生深入认识澳门和各地区的多元文化；也让学生掌握技能，扩阔眼界，丰富课余生活。

（二）日间葡文部：成立于1998年，以葡文为主要教学语言，中文为必修科，是初中的正规文法中学课程。② 1998年，澳门利宵中学和私立商业学校等校，合组为私立澳门葡文学校。澳门利宵中学原有的学生，小学的送到二龙喉中葡小学，成立了葡文小学部；中学和夜校的学生则送到高美士中葡中学，成立了日间葡文部，只限于初中的文法课程。

事实上，日间葡文部是高美士中葡中学自己成立的，并非澳门利宵中学留下来的。澳门特别行政区基本法规定，中文是澳门的正式语文，葡文也是。中文和葡文是官方语文，这是事实。另

---

① 据梁祐澄校长口述得知：教师教导有融合生的班级，会比较辛苦。既要另外接受有关培训，又要准备不同的教学活动，以适应普通生和融合生。日间中文部现有42个融合生，比私立学校的要多。一方面是私立学校不太收融合生；另一方面融合生的父母认为，高美士中葡中学能照顾他们的子女，就放心把子女交托给学校。由于有大量的融合生入读，有人戏称：高美士中葡中学是融合教育的名校。

② 1998年8月31日，批示第33/SAAEJ/98号规定，以教学试验制度创立二龙喉中葡小学及高美士中葡中学葡文部。

一方面，澳门又定位为中葡的贸易平台，澳门没有葡文，就没有特色。因此，葡文教学是非常重要的；培养掌握中葡双语人才，也同样重要。这个责任，政府推卸不了，必须承担。高美士中葡中学既然是中葡学校，开办一个以葡文为教学语言的葡文部，是理所当然的事。开办葡文部，更可以顾及某些居民以葡文为家庭语言的需要，或让对葡文有兴趣学习的华人修读，这是没有国籍限制的。

日间葡文部主要供葡裔学生入读，也欢迎对葡国语言、文化有兴趣的非葡裔学生修读。有关课程和日间中文部既有不同，也有相似，尤其那些具有葡国色彩的活动，是完全一致的。

（三）葡文成人夜间中学：成立于1998年，以葡文为主要教学语言，中文为必修科，是夜间初中和高中的课程。专供葡裔成年学生或有志于学习葡国语言、文化的华人成年学生入读。

不论是初中或高中的课程，都不再以学年方式划分学习内容，转而改用累积计算的学科单元制，这有利于成年学生学习。教学方式也颇为灵活，以中文科而言，教学语言为普通话，教学对象以略懂中文的土生葡人为主：初中或高中的教学内容各设有12单元，每一单元约需35课时至58课时完成。同一时段可安排四五个教学单元。由于单元繁复，教师教学时，多以复式教学形式处理不同教材。如施教某一单元，先让学生了解单元的学习目标。再教四五个单元时，教师一方面安排适量的单元或相关作业让学生学习，以加强认字习写的能力；另一方面播放朗读光碟，让学生聆听，自行练习朗读。经一段时日后，教师引导学生复习业已学习的内容。经确定已达至学习目标，就鼓励学生参加单元考试。①

---

① 见《多元教育与和谐发展》，《华夏园丁大联欢——2009澳门之旅·教育论坛文集》，2009年，第66页。

葡文成人夜间中学最鼎盛时，学生有 200 多人；但随着迁离澳门的葡国人越来越多，学生也就越来越少，现在大约有 40 人。

（四）中学回归教育：成立于 1999 年，以中文为主要教学语言，向未完成中学的成人提供初中或高中的正规课程。1999 年只办夜间初中回归教育课程，再于 2002 年开办夜间高中回归教育课程，更于 2005 年开设日间高中回归教育课程。所谓回归教育，也就是"重回校园的意思"，让以往失去受教育机会或未获得中学学历的人，可以重回学校受教育，获取相应的学历。

初中回归教育课程包括必修科目：中文、数学、自然科学、人文及社会科学、资讯；选修科目：葡文、英文、艺术教育、经济与会计、电学与电工。高中回归教育课程除有必修科目、选修科目（两者都和初中的很相似）外，更设有人文及社会经济（经济与会计、地理、历史）、科学及技术（生物、物理、化学）两种学科领域。回归教育课程不管是初中高中，葡文和英文都不是必修的；只是规定选修时，最少选一科语言科而已。此外，初中高中的课程，都改变过往以学年方式划分学习内容的窠臼，而采用灵活的累积单元制，将课程分为一系列短小阶段的组织形式。学生既可以按照学校提供的学科单元和时间来学习，亦可以按照自己的实际情况，分阶段选择不同的学科单元来修读。学生修读的单元不合格，可以重修，并没有留班制。这种灵活的教学模式，更能满足成人学生持续培训的需要。

还有要提及的是，2006 年再增设"跨日夜回归教育"，就是把夜间高中回归教育课程的上课时间延伸至日间。日间的课时是 9：00—12：30，夜间的课时是 6：30—10：10。日夜各有 5 节课，教学内容一样。这样为需要轮班工作（如博彩业）的人员提供更富弹性的选择，满足学习的需要。此外，高美士中葡中学又设计另一套课程让从事博彩业的员工学习，就是学校派教师到员工上班的地方授课，让员工一下班即时学习，效果较佳。这可避免员工下班后精神松懈，没有心情回校上课。① 姑勿论怎样，员工增添知识，加强技能，提升学历，总是好事。

高美士中葡中学成立至今（2009/2010 学年），由一个班级发展为四个校部，教师由 12 名增至 90 名，学生从 81 名增至 1175 名。各校部的师生人数，具体情况见表 1。

表 1　　　　　　　　2009/2010 学年各校部学生人数

校部	日间中文部	日间葡文部	葡文成人夜间中学	中学回归教育	总数
教师人数	74	2	5	9	90
学生人数	845	11	44	275	1175
班数	33	2	2	2	39

（资料源自澳门教育暨青年局）

七　结语

论历史，高美士中葡中学自 1985 年开设一个班级至今，已有 25 年，以澳门的中学而言，称不上长久；但历史意义却甚大。高美士中葡中学是澳门开埠四百多年来首间以华人为主要教学对象的公立中学，也是澳门首间无须缴交学费的中文中学。② 中葡学制（六五制）的出现，使本已多元的澳门学制呈现新面貌，散发多彩丰姿。

论规模，高美士中葡中学包括一座高三层的主大楼和其侧的两座教学大楼，另有一个多功能操场；教师 90 人，学生 1175 人。就澳门的中学而言，算不上宏大；但学校特色却甚多。高美

---

① 据梁祐澄校长口述得知：这样的授课方式，有人戏称为"送外卖"。
② 澳门政府对私立中学施以免费教育，始于 1997 年。当年实施十年免费教育，对象包括学前一年、小学六年、初中三年。加入公共教育网的学校，其学生才得以享受免费教育。

士中葡中学拥有四个日夜运作的校部，设置多种教育类型的课程，使用三种文字四类语言，教学内容兼备学术与实用性质，教学活动兼具中葡文化色彩，校长产生方式先以选举后用委任，族裔不同的学生共聚校园学习，这样的多元异彩特色，环顾全澳，相信没有一间学校堪可比拟。

至于回归教育采取累积计算的学科单元制、开设跨日夜回归教育、派教师到员工上班的地方授课，等等，在澳门其他学校都是鲜见的。更要一提的是，中学回归教育纵使是公立学校开办，但不管是初中高中，葡文只是选修科目，这反映了学校正视成人学生的实际需要。课程诸如此类的安排，无疑是既创新又灵活的举措。

除历史意义、学校特色外，高美士中葡中学还发挥多项其他学校少有的功能。以往澳门尚未实施免费教育时，高美士中葡中学的成立，让中葡小学的学生增多了升学机会，弱势家庭的子弟得以接受教育。开设的融合教育，收生之多为全澳之冠，办得完善妥当，肩负了澳门融合教育的重担。由于是公立中学，多个校部（中学回归教育除外）自然以葡文为必修科目，担负了葡文在澳门发展的重任。此外，学校向不同族裔的学生提供了许多互动交流、互相学习的机会，让他们了解异族文化，开阔视野，增进情谊。

其实，高美士中葡中学筹设的过程，成立初期的运作，以中文纪录的资料，现在并不多见，有的只是葡文而已。幸好当时筹组学校的人还在澳门，依靠口述尚可寻回这段历史的吉光片羽。若他日蒐集更多有关文字资料或实物图片，当可补苴本文疏漏不足之处。

主要参考资料

1. 黄鸿钊（1987），《澳门史》，商务印书馆香港分馆。

2. （1988），《澳门学校的特征》，教育司。

3. 古鼎仪、马庆堂（1994），《澳门教育——抉择与自由》，澳门基金会。

4. 黄启臣（1999），《澳门通史》，广东教育出版社。

5. 施白蒂著，思磊译（1999），《澳门编年史二十世纪 1950—1988》，澳门基金会。

6. 冯增俊编（1999），《澳门教育概论》，广东教育出版社。

7. 郭锋（1999），《澳门教育发展的回顾与展望》，《比较法研究》第一期（总第四十九期），中国政法大学出版社。

8. 刘羡冰（2002），《世纪留痕——二十世纪澳门教育大事志》，刘羡冰。

9. 刘羡冰（2005），《学史鉴史》，澳门出版协会。

10. 刘羡冰（2007），《澳门教育史》，澳门出版协会。

11. 吴志良编（2008），《澳门史新编》，澳门基金会。

12. 张伟保编（2009），《澳门教育史论文集》（第一辑），中国社会科学出版社。

13. 单文经编（2009），《澳门人文社会科学研究文选·教育卷》，社会科学文献出版社。

14. （2009），《第三届两岸四地教育史研究论坛论文集》（下），北京师范大学。

15. （2009），《华夏园丁大联欢——2009 澳门之旅·教育论坛论文集》，出版者不详。

16. 澳门教育暨青年局网站 http：//www. dsej. gov. mo。

17. 澳门高美士中葡中学网站 http：//www. eslc. k12. edu. mo。

马礼逊的儒学观

郑祖基

一　前言

在基督教与中国文化的关系上，新教传教士大多给人一种要以福音征服中国或以一种强势的西方宗教文明慑服弱势的东方文化的印象。有些学者甚至称"近代基督教传教运动本质上是一场宗教文化的征服运动，它的目标是清除打击一切异端宗教，拯救一切异教徒，使他们都皈信上帝"[①]。所以，对他们而言，基督教的传播明显是一种文化侵略，目的是要在中国人的心灵中俘虏其灵魂，使之臣服于西方文明。

然而，一个外来文化"侵略"另一本有文化，使之臣服，甚至彻底改变会否过于片面？或许可从另一角度思考，跨文化的传播具有互动与转型的特性，以致双方均会相互影响，不断地改变着自身；甚至异质文化比对自身文化的同时，自身文化也能更新本有的传统，使之更加丰富，拓展双方文化的视野。换言之，通过不同文化间的交流可发现自家文化的限制或未被充分发展的

[①]　卓新平主编：《基督教卷》（《当代中国宗教研究精选丛书》），民族出版社2007年版，第228页。

元素，进而通过对自身文化的重新诠释，来拓展其尚未涉足的境域。①

　　然而，从整个 19 世纪中西文化冲突的史实来看，以战争和政治上的不平等条约为西方宗教开方便之门，只能引起双方文化上的极端冲突；互相排斥和误解丛生，此实是中西文化交流史上的遗憾。

　　本文以基督新教第一位来华牧师马礼逊（Robert Morrison，1782—1834）为研究对象，他来华时鸦片战争仍未发生，故战争对文化交流极为负面的影响尚未急速膨胀。究竟马礼逊对中国文化，尤其是儒学的看法是如何？他有否受到当时欧洲新、旧汉学观之影响？其后他在中国数十年的生活，接触基层社会和与清朝官吏交往的经验，会否对他的儒学反省有所改变？最后笔者尝试综合儒学在马礼逊眼中的价值究竟如何？

二　时代的思想背景

（一）马礼逊来华前欧洲学术界对中国文化的看法

　　欧洲思想家对中国文化的认识和兴趣可推溯至马可·波罗（Marco Polo，1254—1324）所写的《东方见闻录》开始，及至后来耶稣会传教士利玛窦（Matthew Ricci，1552—1610）对中国社会与文化的记述，皆表现出强烈的好奇和崇高的羡慕。16 世纪末天主教耶稣会士利玛窦和其他同会教士深深体验到，若要把福音有效地传扬给中华民族，必要对传统儒家文化有深切认识，并给予尊重和肯定，否则便难以与知识分子和统治阶层作有效的沟通。利玛窦苦读中国古代经典，对孔子学说与先秦儒学经典推

---

① 许志伟、赵敦华：《冲突与互补：基督教哲学在中国》，社会科学文献出版社 2000 年版，第 314 页。

崇备至。尤其力证《诗经》和《书经》中的"上帝"和"天"是与天主教的位格至上神(天主)观不相矛盾,彼此能会通与转化的。[①] 利玛窦主要是反对佛、道的迷信泛神思想。利氏甚至尝试以先秦儒家来压抑宋明儒家,以图凸显中国古代贤人是以相信至上神为宗。[②] 可以说,从利玛窦开始至其后的耶稣会士皆认为先秦儒家已有关于至上神的记述,其后的儒家是受到多神论、泛神论和无神哲学的影响,以致偏离真道。

17世纪欧洲理性主义哲学家莱布尼兹(Leibniz)至18世纪初启蒙运动思想家伏尔泰(Voltaire),仍对中国历史文化与伦理思想有积极肯定的评价。莱布尼兹认为中国的法律都是为了保障公众和平和创造社会秩序,而中国的伦理和政治规则是为了适应百姓的生活。莱氏更视人类世界的谱系皆可由中国与欧洲文明所确定,而两种文明都在"寻求一种更合理的生活方式"。他甚至认为"欧洲的启示与中国伦理学的结合将会产生一种更高级的知识形态"。伏尔泰也视中国为政治上的乌托邦和开明专制主义的理想国。伏氏认为欧洲各国要以中国政治制度为参照,以作反省与改革。[③]

然而,另一启蒙运动思想家孟德斯鸠(Montesquieu)则反对耶稣会士与莱布尼兹对中国文化与政治的肯定说法。孟氏认为中国根本是一个专制国家,绝不是一个寻求自由与平等的政体。这些劣评影响到18世纪后期德国观念论哲学家黑格尔(Hegel)对中国的论述。黑氏批评某些欧洲人对中国文化盲目推崇,而不知中国人民只以自己为仅可配为皇帝拉车的卑贱蚁民而已,君主

---

① 许志伟、赵敦华:《冲突与互补:基督教哲学在中国》,第337—338页。

② 罗家麟:《福临中华——中国近代教会史十讲》,天道出版社2006年版,第25—26页。

③ 成中英、冯俊主编:《康德与中国哲学智慧》,中国人民大学出版社2009年版,第27、45—46页。

与百姓间哪有平等与自由可言。[1]　另外，黑格尔也对中国的宗教思想评价不高。他把人类的宗教思想从低至高分为"自然宗教"、"艺术宗教"和"启示宗教"。中国思想与希腊思想同为"艺术宗教"，因为中国思想强调伦理和艺术，又包括对泛神的信仰，以致基于启示信仰的基督宗教必优越于泛神信仰的东方宗教文明。[2]　最后，自18世纪中叶，欧洲社会高速发展，种族主义矛头直指中国，白种人在各方面优胜于黄种人的论调不绝地涌现。[3]

　　总体而言，从利玛窦到启蒙时期，欧洲学术界对中国文化的评论是从持较为正面的态度至正负面参半的语调。及至启蒙运动晚期，欧洲经历了科学革命和工业革命的发展，国力迅速强大，殖民主义兴起，欧洲各国逐渐对中国文化持贬斥与轻视的看法。

（二）马礼逊来华前欧洲基督新教的宣教状况

　　自1517年，马丁·路德开始了改教运动后，基督新教的发展可分为16世纪至17世纪的正统主义时期；此时教会的重点多放在辩证《圣经》教义的真假确对上，教会以持守纯正信仰为宗旨。及至18世纪英国的卫斯理复兴（Wesleyan Revival），[4]　把基督新教的信仰焦点，从教义神学的确立转移至个人及家庭对宗教敬虔生活的践履上，是谓敬虔主义时期。是时，除个人敬虔生活的追求外，教内不同宗派的发展也很迅速，对海外传教尤具热

---

① 黑格尔著，王造时译：《历史哲学》，上海书店出版社2001年版，第143页。
② 黑格尔著：《精神现象学》，贺麟、王玖兴译，商务印书馆1983年版，第196页。
③ 成中英、冯俊主编：《康德与中国哲学智慧》，第47页。
④ 卫斯理的循道派教义核心是神爱世人，神的恩典为所有人预备，人只要有信心相信耶稣基督，便能得着救恩。传福音不单是叫人信仰基督，也是爱贫穷人；为社会上有需要的人提供住所、医疗、食物、衣服、教育……参见杨牧谷主编《当代神学辞典》，校园书房出版社1997年版，第1188页。

诚。其中较有系统与推展计划的传教组织有英国的浸信传道会
（1792）、伦敦会（1795）、圣公会（1799）、循道会（1813）和
美国的公理会（1810）、浸信会（1814）、圣公会（1817）、长老
会（1837）等。①

基督新教宣教事业的兴起，除了因为个人属灵生命的提升，
爱慕上帝，跟随耶稣基督的教训，盼望把福音传扬给万国万族，
共同得享上帝的救恩外，也由于当时英、美等国的海外扩张所开
辟的贸易航路和殖民事业蓬勃，致使教会亦渐觉对外族拓展宣教
事业，是至当的时机。②

（三）马礼逊的宗教经历

马礼逊个人皈依宗教的经历或多或少会影响他对异教文化的
看法，尤其当某些异教思想与自己核心的宗教经验背离时，内心
的抗拒更为明显。《马礼逊回忆录》详细记载他年轻时的信仰历
程，在他 18 岁生日当晚的日记里说：

> 我在今天傍晚走出家门散步时，欣赏了上帝所创造的大
> 自然美景。我观看了无限美丽的夕阳和日落，也见到皎洁的
> 月亮渐渐升起。夜幕来临，大海在远处咆哮！啊，上帝，你
> 是我生命的缔造者，也是我的救主。晚单独在家，彻夜祈
> 祷。只睡了五小时。③

马氏在日记中深刻认定上帝是宇宙万物的创造者，也是自己得赎
的救主，对万物的欣赏和珍惜，正是见证上帝创世奇功的方法。

---

① 李志刚：《基督教早期在华传教史》（第 2 版），台湾商务印书馆 1998 年版，
第 88 页。
② 同上书，第 61—62 页。
③ 顾长声：《马礼逊评传》，上海书店出版社 2006 年版，第 13—14 页。

1801 年夏，马礼逊写下一篇自己立志当传教士的文章，部分内容如下：

> 亲爱的马礼逊，在你的心灵里是否"有担任牧师职务，做个基督使者的愿望"呢？我必须考察自己，为了从事这项至为重要的工作，我是否已经准备好了呢？我要扪心自问：我是一个真正的基督徒吗？或者，我乃是一个"魔鬼"，一个在上帝和人的面前出现的伪君子，一个在心里要取悦于罪恶和撒旦的演员？我是否真正用心灵和诚实敬拜上帝，在圣灵的感召下读经、默想和祈祷并向主交心呢？……我愿为基督做教会的一个仆人，为的是彰显基督的救赎，引领罪人来到生命树前。①

在文章中，马氏认为真正的基督徒必要承认自己是个罪人，唯靠基督才能得着救赎，脱离罪恶，并用心灵诚实敬拜上帝。

总体而言，马氏认为对自身罪恶忏悔，相信耶稣基督才能得赎赦罪，乃信仰的核心，异教文化若与此核心价值相反，是难以被接纳的。而他的最大使命就是"去拯救世上有罪的人成为上帝所喜悦的儿女"。

三　马礼逊对儒家思想的评论

（一）对孔子及其道德伦理思想的评价

马礼逊对孔子的评述有其两重性。他对孔子的道德人格与道德教训持肯定的态度，但对孔子缺乏宗教关怀则不以为然。《马

---

① 马礼逊夫人编：《马礼逊回忆录》，顾长声译，广西师范大学出版社 2004 年版，第 7—8 页。

礼逊回忆录》提到他初至中国不久，与助手蔡兴讨论孔子与耶稣的分别。马氏认为："孔夫子是一位智者和好人"，"但他只是一个人，他只关心中国人，而耶稣基督则是关心全世界人类的真神"。[1] 可见马氏认为孔子是一个很有智慧和善良的好人，但究竟孔子有什么智慧和如何的好，相信是时马氏亦只有一些从欧洲"汉学"而来的知识。所以后来他请了一位专门教自己读儒学书籍（《四书》）的中文老师，以理解孔子思想。[2] 后来在他写给纽约一名记者的信中，对孔子有如此描述：

> 孔夫子是一位智者和正直的人，他扬弃了当时大部分迷信，他的教训不能称作是宗教。孔夫子曾教导他的弟子们要"敬鬼神而远之"，因此他所有的弟子们都受了孔夫子的影响而鄙视佛教和道教。[3]

从上文中可看出马礼逊认为孔子的智慧就是否定迷信，以理性对待不合理的信念，使孔门弟子皆能弃绝佛教与道教盛行的偶像崇拜。而孔子是个好人大意是指孔子是个正直的人，他的道德人格是诚正不偏和择善固执的。

至于与马礼逊有较深入交往的孔子信徒，他也对其善良品性颇具好感，只惜其未认识天地的创造者。在《马礼逊回忆录》中有如此记述：

> 教我孔夫子书的先生姓高，我称呼他高先生，他对这种基督教的崇拜之事颇为不解。我曾问过他，他所认识的中国人中有没有人肯定说没有上帝。他没有直接回答，只是说：

---

① 马礼逊夫人编：《马礼逊回忆录》，顾长声译，第 47 页。
② 同上书，第 60 页。
③ 同上书，第 63 页。

"有哪一个人可以证明天地万物都是上帝所造的？"高先生大约已有 45 岁，他的祖父是清朝的一个官员，他本人秉性温和善良，一直在当塾师。……今天我向我的助手们讲了圣经中的复活和将来审判的教义。我的老师高先生终于承认拜偶像是错误的，但却认为拜天是天经地义的行为。他认为耶稣教训论到要爱人如己和实践孝顺，乃是最好的品德，有关未来的永生或永死也是能使各色人等都容易明白的教义。[①]

从以上记述中，可见马氏承认追随孔子的儒家信徒秉性温和善良，能认识拜偶像的不对，并肯定和欣赏耶稣所提倡的爱人如己和孝顺父母等道德教训。其中一点需要留意的是马礼逊似不把儒家的祭天与偶像崇拜等同起来，这是否与利玛窦举扬先秦儒家的"天"是与"天主"不相矛盾，而贬斥后世儒家部分的义理已被佛、道影响有相似之处呢？确实，马礼逊最深恶痛绝的明显不是孔子的儒家思想，却是偶像崇拜文化。而马氏所指的偶像其中主要之一便是佛像。[②] 他甚至认为上帝必定惩罚和审判盛行崇拜偶像的城市，1822 年的广州大火便是上帝施行惩罚的具体例子。[③]

另外，在《华英字典》中，马礼逊亦对孔子的生平和学说有一精彩的评论：

孔子一生涉猎政治，他的伦理观主要涉及属于政治那一类的社会义务。家即他心中的国家或帝国的原形，其体系的基础不是建立在那些本质上不存在的想象的国家，也不是建立在独立、平等的基础上，而是建立在依赖和服从的原则

---

① 马礼逊夫人编：《马礼逊回忆录》，顾长声译，第 81—82 页。
② 同上书，第 155 页。
③ 同上书，第 204—205 页。

上，像孩子对父母、年轻人对年老人等……在中华帝国的每
个县，都有一座庙来奉祭孔子。皇帝、王公、贵族和读书人
都向他礼拜——给他一种无神论的崇拜。因为孔子不相信来
世，也不相信任何神、天使和神灵，所以对他的礼拜不能称
为宗教性礼拜。……孔子的一生没有惊天动地的事迹，他的
箴言被历朝帝王奉为"万世真理"，公正、仁慈、社会秩
序，这三个术语几乎能理解他的全部教诲。①

　　马礼逊认为儒家思想对中国的影响最主要是在伦理与政治，
而非在宗教上。马氏甚至认为祭祀孔子也不算是宗教性的崇拜，
只是政治人物和知识分子尊重孔子的礼仪。因孔子不是神，所以
对他的礼拜只是一种无神论的崇拜，对至圣先师公正和仁慈的尊
敬而已，绝不涉及宗教上的偶像崇拜。

　　再者，马礼逊与米怜（William Milne）在马六甲创办的宗教
性刊物《察世俗》——近代最早的中文月刊报纸，其封面的右
上角就印有孔子的说话："子曰：多闻择其善者而从之。"报刊
的内容有宣扬儒家的伦理道德思想，尤以孝顺父母、父子亲情和
夫妇关系为要。②

　　最后，于1817年马礼逊出版了一本专门给学习中国文化的
英语读者阅览的《看中国》一书。马氏在书里对儒家思想持高
度的肯定。他认为儒家的"温良恭俭让"精神是很值得欧洲人
学习的。儒家这种温和、善良、恭敬、俭朴和谦让的理性精神可
以调和欧洲人的竞争与暴力品性，他打趣地说："当一个中国人
还站着和人理论的时候，一个英国人已经把那人撂倒了，一个意

---

① 谭树林：《马礼逊与中西文化交流》，中国美术出版社 2003 年版，第 70 页。
② 同上书，第 235—243 页。

大利人已经用剑刺上去了。不用说上述做法中谁更理性了。"①
马礼逊认为对儒家道德伦理学说的研读,儒家思想所重视培养的
理性道德人格可以促使欧洲人一定的自我反省——尤其作为经历
启蒙运动迈向现代化的欧洲人;温良恭俭让的人性修养,是现代
欧洲人学习的榜样。

(二) 对儒家缺乏宗教精神的批评

从上节分析,可以得出结论,马礼逊对孔子和儒家伦理思想
是持肯定的态度。然而,当涉及儒家思想对宗教的立场时,马氏
便持有颇大的反对态度与呵责语调。在一篇公开演讲中,他有如
下的论调:

> 中国古代圣贤孔夫子不承认将来有天国的存在,也不承
> 认人们对造物主应有的责任。他对人死后并无任何教训,对
> 人类思想既不给予恐惧,也不提出任何盼望。他对人的身后
> 既无赞扬,也无指责,现在的个人利益乃是人们行为的主要
> 动机,对在天上的伟大的、荣耀的上帝和他创造天地和人
> 类,孔夫子只字不提。这种无神论的思想,成为中国公众信
> 仰的基础,导致中国人产生了极大的骄傲和不敬神,即使他
> 们去迷信偶像也是如此。我相信只要一个人陷入了无神论或
> 偶像崇拜,只有用上帝所写的话,就是基督教圣经的教训,
> 才能把他们从迷途中找回来,这是颠扑不破的事实。②

马礼逊对孔子的批评首先在于他从不探讨天国的存在,对人

---

① 李天刚:《论马礼逊的"中国文化观"》,见李灵、尤西林、谢文郁主编《中
西文化交流:回顾与展望——纪念马礼逊来华两百周年国际学术研讨会论文集》,上
海人民出版社 2009 年版,第 68 页。
② 马礼逊夫人主编:《马礼逊回忆录》,顾长声译,第 235 页。

的来生来世也三缄其口，只肯定人今生今世的价值。孔子的
"未知生，焉知死"思想，对人死后的精神世界没有丝毫启发，
使人只思虑今生的事情，满足于今生的丰足，而对永恒的精神世
界，人的终极关怀，未能给予希望。更严重的是使人忘记创造天
地的上帝的慈爱和公义，以致中国人有极大的良知傲慢和不敬畏
真神。这种对真神的忘记和否认，促使中国人迷信各种偶像，拜
祭人手所造的假神而不自知。① 儒家思想的宗教面向是徘徊于无
神论与不可知论间，然而其后果却是使中国人过分安于现世的利
益，亦不承认深藏于人性中的"罪"，是需要上帝救赎的。② 更
由于对真神的无知，以致盛行着假神和偶像崇拜。③ 若再证之于
马礼逊挚友米怜所著的《新教在华传教前十年回顾》一书，其
中对偶像崇拜和盲目迷信严加斥责：

> 中国哲人错误的偶像崇拜；对有形自然界的崇拜；佛教
> 从西方带来新的偶像崇拜；中国的神灵多如沙粒；整个国家
> 完全陷入偶像崇拜；祭坛随处可见；学者之中盛行临死前的
> 占星、咒语等行为。各种各样不同的错误哲学风行一时；对
> 国民的影响，骄傲，杀婴，冷酷无情。④

米怜眼中儒家思想的最大问题是没有带领中国人接近上帝，所以
他认为应从孔子以前的《书经》中寻求上帝，因为"传统启示
的光芒较少受到偶像崇拜和迷信的遮蔽"。同样，米怜以儒家思
想的贡献主要在于国家政治管理和个人与家庭的伦理层面。不过

---

① 马礼逊夫人编：《马礼逊回忆录》，顾长声译，第56页。
② 同上书，第78、108页。
③ 同上书，第155、161页。
④ 米怜著：《新教在华传教前十年回顾》，北京外国语大学中国海外汉学研究中心翻译组译，大象出版社2008年版，第10页。

由于儒家思想对上帝的探索付之阙如，致使偶像迷信盛行，从而破坏中国人的善良品性。而中国的文人更常自以为是，高傲骄横；真实的世界充满罪恶，他们却视而不见。[①] 在米怜出版的刊物《印支搜闻》中更直言："中国人起始信仰过上帝，后来忘记了；因为上帝脱离了他创造的万物，人们变得愚蠢了，只认创造物而看不见上帝。"[②] 从米怜的论述，可看出马礼逊对儒学不谈论宗教而引致的恶果亦同样心痛欲绝。

（三）马礼逊对中国人行为的经验

马礼逊从孔子和儒家经典中发现中国人理想与道德的一面，但是在他与一般的中国人接触中，却大多呈现出负面的评价。这可能是由于马礼逊交往的对象，主要是社会里的低下阶层，知识水平不高。另外，他较多打交道的是与之有利益关系的清朝官吏，致使他所经验到的大部分是中国社会和文化的阴暗面。他经历到帮自己做事的中国人皆是十分贪财的，例如他的助手蔡兴要他付出比一般价钱高 25 至 30 镑的代价去印刷 1000 份中文《使徒行传》，使他认定中国人"缺乏忠诚是他们的主要特征，由此而产生互不信任，低级的狡诈和欺骗行为"。[③] 其后马氏虽对蔡兴稍稍改观，但仍认为"不真诚和缺少真理总是黏缠在中国人的性格里面"。[④] 马礼逊亦亲身经历 1822 年广州大火时，清政府官吏不派人救火，更诡称没收到他的两封救援信，以致烧死数十名中国人和数千间房屋被焚毁。[⑤] 种种经验使马礼逊对中国现实具体的现况产生负面的感受；愚昧迷信的风俗、满城偶像、贪

---

① 米怜著：《新教在华传教前十年回顾》，北京外国语大学中国海外汉学研究中心翻译组译，第 13—20 页。

② 谭树林：《马礼逊与中西文化交流》，第 259 页。

③ 马礼逊夫人编：《马礼逊回忆录》，顾长声译，第 45、66 页。

④ 同上书，第 111 页。

⑤ 同上书，第 199—200 页。

财、杀婴、虐待家奴及妻妾成群、环境污秽、官员的骄傲无知、贪污腐败、法律不公，等等，这些经验构成了马礼逊对中国人性格和具体行事为人的负面认定。

四　结论

马礼逊对儒学的看法可分为三个不同的层次。首先是儒家经典义理的层面，尤以记载于典籍中的道德伦理教训，马氏认为能唤醒东西方民族的德性精神，裨益于东西文化的互补与发展。马氏对儒学的肯定除了是自己研读儒家经典而得出的结论外，也有受到 17 世纪以来耶稣会士利玛窦、理性主义哲学家莱布尼兹和启蒙运动思想家伏尔泰等对中国文化的推崇与肯定的影响。[①]

第二个层次是儒家思想的宗教层面。马礼逊不认为儒家是一个宗教。儒家没有教规、教诫、入教仪式和神职人员。礼拜孔子也不是以孔子为神的祭祀，只是一种政治和社会上的礼节，不含有宗教成分。相反，他对儒家最大的不满就是其缺乏宗教的向往，以致给佛、道两教的偶像崇拜有闯入的空间。民间充斥偶像崇拜，离弃真神，这都是儒学缺乏对宗教作深入探讨而有的恶果。基督宗教必要补足此欠缺，引领中国人归向真神。所以在宗教层面上，马氏的真正敌人不是儒家，而是佛、道两教。

第三是儒家思想的实践层面。在马礼逊的个人经验中，他看到中国社会文化的恶习和官场上的贪污腐败。深受儒家伦理影响的中国，具体的现实层面却是如此不堪。这究竟是儒家道德伦理思想本质性（先天、必然）的缺失，抑或只是事实性（后天、偶然）的现象？马礼逊明显没有走向极端，全盘否定儒学的道

---

①　李天刚：《论马礼逊的"中国文化观"》，见李灵、尤西林、谢文郁主编《中西文化交流：回顾与展望——纪念马礼逊来华两百周年国际学术研讨会论文集》，第65—67 页。

德伦理教训，至于这些现象是如何形成，是否儒家对人性持过分乐观的看法，而对人性的阴暗面少有论及，马氏对此较少正面论述。

总括而言，马礼逊的"儒学观"自身似包含有矛盾的两重性。他对儒学的道德伦理思想持正面的认定，但如何予以落实，并在社会实践中取得成效，又呈负面效应。道德不能实践是否缺乏宗教动力，而宗教探讨又是儒学的欠缺。缺乏宗教为基础的道德能否称为完备的道德，怎样解决和处理此种矛盾的两重性是马礼逊未臻之境。

"乐育菁莪，杀身成仁"
——为澳门教育界争光的中华教育会领袖梁彦明

陈志峰

梁彦明，字哲士，号卧雪，又号天台山人，生于 1885 年。梁彦明是一位著名的教育家、文学家和政治家。他创办澳门崇实中学，又与刘雅觉、刘草衣、冯秋雪等组织澳门中华教育会，多年来担任澳门镜湖医院值理，又是澳门雪社的成员，身兼中国同盟会南方支部成员，亦曾多次代表澳门参加国民大会，抗日期间更领导澳门各界抗日救亡工作。

一　梁彦明爱国的一生[①]

梁彦明年轻时曾入读南海师范学堂，1907 年毕业于两广优级师范学堂。1909 年从广州来澳，在卖草地街四号二楼创立崇实学校。梁彦明在澳认识革命前贤林植勉和朱执信等人，接受其革命思想影响，遂于 1910 年加入中国同盟会南方支部，积极参与革命工作。辛亥革命以来，梁彦明表现出高尚的爱国情操。

---

① 梁彦明的生平，参见郭辉堂《梁彦明烈士史略》和《梁彦明烈士年谱》，载郭辉堂等编《梁彦明烈士纪念集》，1946 年。

1915 年，日本向中国提出"廿一条"，袁世凯为圆皇帝梦而卖国，梁彦明与卢鹿湖、曾次崔、李君达等人亦在澳门组织抵制日货救国会，他每逢周日更前往中山各乡演讲救国抗日思想。1916—1917 年期间，梁彦明在澳门组织讨袁会和反对张勋复辟的劝进会，遥遥呼应内地爱国活动，也积极教育澳门学生，热爱祖国，关心国事。

1920 年，梁彦明与澳门天主教首位华人红衣大司铎刘雅觉、刘草衣、冯秋雪等组织澳门教育会（澳门中华教育会前身），同时被选为该会首届评议长。1912 年，梁彦明在广州时敏土厂谒见孙中山先生，孙中山先生把团结澳门革命分子的责任交托给梁彦明。1925 年孙中山先生逝世，梁彦明联合各界于澳门镜湖医院举办追悼会，参加者两万余人，其中师生颇众。

20 世纪 20 年代，梁彦明与冯秋雪、冯印雪、黄沛功、刘君卉、周佩贤和赵连城等组织文学集团——雪社，出版同仁诗集《雪社》选辑众人诗作。

1926 年，梁彦明成为中国国民党澳门支部筹备委员，其后并多次代表澳门参加广东全省中国国民党代表大会。

1937 年"卢沟桥事件"后，日军大举侵华。梁彦明以最高票出任"澳中各界救灾会"常务委员，领导澳门教育界以至全澳人民积极抗日。在他为中国青年救护团第一期学员毕业纪念刊撰写的序言中，充分体现其与全国军民一心，共赴国难的爱国情操：

> 余维当此寇深患亟，有军事学识者，当赴前线，杀敌致果，有政治学识者，当为政府策动抗战方略，统率丁壮，捍卫边围，甚至工农劳作，当增厚战时生产，以充裕经济力量，使持久作战，借收最后胜利之宏效。

　　作为一位有政治学识者，梁彦明说得出做得到，他一直坚持在澳策动抗日救国行动，即使面对日伪汉奸的威胁，他绝不贪生怕死，一往直前，尽自己一份力量，积极救国。其门人谢永生为他的纪念集写序时，提到有关梁彦明一段激动人心的话语：

　　　　自沈阳事变，公知国难亟，而外患深。迫芦沟烽火，敌焰益张，公愤慨之情，眦裂发指。常曰：大丈夫不能马革裹尸，亦当以身许国。

　　1941年，梁彦明与林卓夫成立济难会、公债会和救护团，又在澳门办起一些难童义学。当时，梁彦明俨如澳门抗日救亡的领袖，成了日军和汉奸劝降的对象。梁彦明风骨梗正、终生爱国，把生死置诸度外，坚辞拒绝了日方的招降。结果在1942年12月24日晚上在龙嵩街遭日伪暗杀重伤，入院数天终告不治身亡。

　　作为澳门抗日救亡的领袖，梁彦明惨遭暗杀身亡，令全澳居民扼腕切齿。当时有人忆及出殡一幕，足见梁彦明在澳人心中地位：

　　　　当灵柩由山顶医院发引至西洋坟场时，余随千余群众中，肃穆执绋送死，于哀乐沉雄愤声怨中，途经日本领事馆前，均侧目缓步，切齿睨视而行。想其中同志当不少心火燃烧，握拳透爪者，为彦公作会心无言之不平鸣也。①

梁彦明出殡时的情况，可以反映当时澳人对于日伪内心的仇视。面对日伪平素的凶残暴行，送殡的人却大义凛然，以沉默无声抗

①　陈坚乎：《彦公殉国执绋过日领馆前回忆》，收入《梁彦明烈士纪念集》中，第11页。

议，控诉日伪的无耻行为，以慰梁彦明校长的英灵。

二　梁彦明的办学理念

梁彦明于 1908 年毕业于两广优级师范学堂后，旋即便转到澳门兴办崇实学塾，以实践其教育之宏愿。民国以后，由于学生众多，崇实改多级制，易名为崇实初、高两等小学校。直到 1917 年，崇实于广东省立案，改称为崇实高等小学校，附设国民学校。1926 年，崇实增办中学。

澳门收藏家麦霖先生收藏有《崇实概况》第一期，以校报形式，刊于 1921 年，报导学校概况；另有一份 1923 年崇实的招生简章，可与《崇实概况》互相补充，对研究梁彦明及崇实学校有很大的帮助。从这两份资料中，我们对崇实的办校理念和措施有较明确的认识。

（一）办学理念

在《崇实概况》篇首，创校校长梁彦明就简明扼要地阐释了他的办学理念：

> 教育为立国根本，能普及则民智而国强，否则民愚而国亦随之以弱。历观古昔大儒，其达而在上也，必以明教兴学为己任。其隐而在下也，靡不涵养德性，诱掖后进，循循然如恐不及，故其时人才之盛，胥出于黉舍，浸且敦厉薄俗，蔚成郅治。国家长治久安，其所由来者远矣。

从上文中我们可以较清晰地了解梁彦明的办学理念，他认为教育是国家的根本，倘若能够普及教育，国家就会富强，否则国势便会衰弱。这明显是针对教育未能普及的封建时代而言，自鸦

片战争以来，中国屡遭列强欺凌，归根结底，都是与教育未能普
及有关。因此，梁彦明兴办学校，目的就是要普及教育，以开民
智，提升其整体素质，使国家达至富强。所以，梁彦明认为国家
要长治久安，根源在于办好教育。这种普及教育的思想，是当时
华人知识分子觉醒的典型。

(二) 课程编制

崇实在广东省立案以来，便成为一所高等小学校，并附设国
民学校。其中高等小学分三级，国民学校分四级，每学年编制一
学级。而其课程表列如下表1：

表1　　　　　　　　　　**崇实学校课程编制表**

高等小学	修身	经学	国文	珠算	笔算	历史	地理	理科	英文
国民学校	修身	—	国文	珠算	笔算	—	—	—	—
高等小学	图画	唱歌	体操	手工	国语				
国民学校	图画	唱歌	体操	手工	国语				

凡女生不论高等小学抑或国民学校，都增授缝纫刺绣织造
等课。

(三) 教授模式

《崇实概况》中说明其教授要旨是："遵照教育部小学法令
办理，授以生活上必须之知识技能，使应用于实际，以养成独立
之国民。"由此我们得悉其办学要旨除了着重知识的传授外，更
重视其生活技能的传授和实际应用能力，目的就要为国家培育出
独立的人民。再检视其教学方法，崇实采用"实用主义"、"自
动主义"，既"注重练习"，又"留意应用"，方法都是紧扣要旨
而应用之。至于教授内容，包括：

关于教材：教授细目、教授案、教授预算及周录、时间之分配。

关于教法：教授研究、教授批评、互相参观、心得互证。

正课内之教授：室内教授（即普通教授）、室外教授（校园教授、校外教授）。

正课外之教授：图表绘画之练习、文报揭示、新闻揭示、校园作业、课外活动、音乐练习、谈话及演说之练习、图书阅览、贩卖部当值、家庭复习。

由此可见崇实对于教授模式有一套较完整的规划，既能培养学生的批判性思维，亦能兼顾理论与实际。难怪在 20 世纪初崇实在澳门是一所华人名校，办校 12 年来，学生人数由最初的 18 名增加至 235 名，堪称其他学校的办学典范。

（四）训育模式

《崇实概况》中说明其训育要旨是："遵照教育部小学法令第一条，培养国民道德之旨趣，期令一般儿童，均能勤俭耐劳勇敢有恒，以养成高尚之人格，诚朴服从之习惯。"由此我们得悉崇实的训育要旨在于道德的养成，能够培育一个对个人、对学校、对家庭、对亲朋、对社会、对国家都能够负责任的人。

对个人：独立、自尊、勤奋、整洁、俭朴、诚实、耐劳、廉洁、谦和、庄重、定志坚确、行路安详、强健身体。

对学校：敬师、守规律、守公德、爱同学、宝贵校具、勤服务、敬他校师生。

对家庭：孝亲、敬长、爱同胞、睦邻、睦同族。

对亲朋：救恤、酬酢、择交、守信。

对社会：合群、公德、公益、慈善事业。

对国家：爱国、国耻、守法律、当兵、纳税、挽利权外溢。

从个人到国家，崇实培育学生的品德环环相扣，使其最终能够成为一个守法爱国、无忘国耻的有为青年。

毕业于进步的师范学堂的梁彦明，抱有对教育的热诚，对社会的责任，对国家的热爱，从广州跑到澳门，年纪轻轻就办了一所崇实学校，而且成绩斐然，成为澳门本土新派学校的代表。

三　梁彦明与澳门中华教育会

（一）草创期的中华教育会与梁彦明

梁彦明在 1909 年在澳门创办崇实学校，成绩斐然。加上以他早期中国同盟会南方支部成员身份，多年来办学与从政两兼顾，在 1920 年前梁彦明在粤、澳地区名声渐显。1919 年，梁彦明与前山凤山学校校长何子铨、前山黄寿泉、翠薇吴梅鹤等发起组织中山县第七区区教育会，足见其影响力。

1920 年，澳门各学校被澳葡政府通知，凡超过 30 人者，必须设一"便桶"。此例颇受当时澳门教育界争议，唯当时澳门苦无教育团体组织，未能有效与澳葡政府交涉，于是澳门教育界便兴起组织教育团体的念头。澳门建新学校校长梁爵卿、习成学校校长刘紫垣、觉觉学校校长傅子光等酝酿成立教育组织，可惜多次会议未果，便请益曾组织中山县第七区区教育会的崇实学校校长梁彦明。经过多次反复磋商，终于在 1920 年夏历八月三日，于镜湖医院举行成立典礼，名称为澳门教育会（后易名为中华教育会），并由刘雅觉神父担任会长，曾次崔担任副会长，刘君卉担任评议长，梁彦明、冯秋雪等担任评议委员。① 由此可见，梁彦明是中华教育会创会成员之一，其出力甚大，教育会成立后，梁彦明担任评议委员，而会址亦设于崇实学校，足见梁对教育会的影响力。

（二）民国初期的中华教育会与梁彦明

中华教育会成立初期，已经促办了两件大事：1922 年组织学界国耻大游行和 1925 年举行孙中山先生哀悼会。

1922 年，在袁世凯签订丧权辱国的廿一条款纪念日，中华教育会为了呼应全国，唤醒民众，毋忘国耻，提高澳门学生自尊自强的民族意识，便函约各校参与联合大巡行。当年 5 月 7 日，中华教育会组织了 20 校、3000 多师生参加，其声势之浩大，爱国情绪之高涨，轰动港澳，振奋人心，足以表现出中华教育会上下，包括身为评议委员的梁彦明高尚的爱国精神。②

1925 年，孙中山先生逝世，澳门各界发起悼念活动，在镜湖医院举办追悼会，中华教育会梁彦明是策划人之一。③ 在追悼会上，同属澳门教育界的梁彦明和区建邦发表演说，阐述孙中山先生的主张。④ 中华教育会促请学界追悼孙中山先生，在其一呼百应下，参加追悼会的学生人数有七八千之多，可见当年本澳师生高涨的爱国热忱。

---

① 郭辉堂手书《澳门教育会史略》，转引自刘羡冰《澳门教育史》，澳门出版协会，2007 年，第 309 页。

② 见 1922 年 5 月 10 日香港《华字日报》，转引自刘羡冰《澳门教育史》，第 319 页。

③ 郭辉堂：《梁彦明烈士年谱》，收入《梁彦明烈士纪念集》，第 8 页。

④ 陈树荣：《六十年前追悼孙中山大会》，1990 年 6 月 21 日刊于《澳门日报》，转引自刘羡冰《澳门教育史》，第 320 页。

(三) 抗战时期的中华教育会与梁彦明

抗日战争期间,澳门各界展现出高涨的爱国情操,1937年8月12日,由澳门学界、体育界、音乐界、戏剧界组成的澳门四界救灾会成立,并发表慷慨激昂的宣言:

> 吾侪侨居海外,岂容袖手旁观。……为集中实力起见,爰合全澳学界音乐界体育界戏剧界,组织"澳门学界体育界音乐界戏剧界救灾会",以游艺及表演方式劝捐,各尽所能,各出所愿,分门别类,殊途同归,集腋成裘,共拯我被难同胞水深火热之中。①

身为中华教育会负责人的梁彦明,由于其政治上的身份,既领导澳门学界抗日救国工作,亦领导全澳的救亡工作。他身任澳中各界救灾会常务委员,②又身兼澳门四界救灾会名誉顾问,③组织济难会、公债会和救护团。又组织难童义校。④

在梁彦明的领导下,中华教育会积极参加抗日救亡工作,刘羡冰在《澳门教育史》有较详尽的记述:

> 教育会的理事郑雨芬、锺荣阶是各界救灾会的常委;教育会其他理监事陈公善、罗致知、何其伟等多人也分别直接参与了四界救灾会的工作;教师张阳、张志城、周筱真、林志宏、李桂森(哲夫)、龙帆苏等在四界救灾会的各项工作

---

① 宣言收入《抗日战争时期的澳门》,澳门文化局澳门博物馆2001年8月10日,第70页。
② 郭辉堂:《梁彦明烈士年谱》,收入《梁彦明烈士纪念集》,第9页。
③ 刘羡冰:《澳门教育史》,第321页。
④ 郭辉堂:《梁彦明烈士史略》,收入《梁彦明烈士纪念集》,第7页。

中，尽了不少力。四界救灾会成立大会和以后不少会议都借
学校召开，许多群众性集会，都由童子军负责维持秩序；筹
款支持抗日的游艺晚会、球类比赛赈灾会、献国旗国花捐
献、黄花节义售黄花、设献金筒劝献金、发动向前线战士写
慰问信等等，师生都是工作的主力军之一。在表扬的记录
里，就有崇实、孔教、启智、圣罗撒、濠江、树人、德常、
镜湖、平民、宝觉等校。①

　　抗战期间，由梁彦明领导的中华教育会担当了大量的救亡工
作，对澳门以至对中国的抗日工作具有很大的影响力。南京第二
历史档案馆现存一份教育部档案，② 足以证明梁彦明的影响力，
也足以证明梁彦明正是当时中华教育会的领袖。信函是寄予重庆
国民政府最高法院刑庭林天予，直陈教育部、侨委会对于澳门地
区的教育资助政策的缺失，甚至痛陈："澳门华侨原有教育会
（按：指中华教育会）之组织，侨委会不予扶植，反加摧残。"
林天予接函后即去函教育部追究，指出："华侨在他国殖民地
（按：指澳门）生活结社，原无自由，而艰难创造，原有之法
团，倘须国内政府予以改进，亦应事先善为诱导，使之就范。兹
阅梁函所称各节，侨委会代表人似未体认地方上特殊情形，及尽
善为诱导之能事。窃查海外华侨之法团有须更革，原非国内政府
可以随便强制，况在抗战时期，国家民族独立生存，赖海外同胞
助力正殷之候，似不宜因一人一事之便利而操之过促，致生纠
纷，丧失中央之威信。"通过梁、林书信，可知：（1）梁彦明在
抗战期间的影响力；（2）梁彦明极力维护中华教育会在澳门教
育界的领导地位；（3）海外同胞力量（其中包括澳门各界抗日

---

① 刘羡冰：《澳门教育史》，第 321 页。
② 副本现存澳门中德学校。

救亡工作）在抗日战争中占有举足轻重的地位。

正因为梁彦明的影响力，致使日伪企图拉拢他变节。高风亮节的梁彦明明知拒绝日伪必招杀身之祸，但他断然回绝，结果在1942年12月24日晚上龙嵩街，遭到日本汉奸的暗杀。梁彦明身受重伤，数日后不治逝世。

梁彦明死后，政治局势恶化，中华教育会会务几乎停顿，在1944年甚至无法召开会员大会，朱伯英等理事要延续一期。[①]

梁彦明一生与中华教育会结下不解之缘，教育会成立初年，在梁彦明等领导下，组织了全澳师生国耻大游行，又发动员生参加孙中山先生的追悼会，充分体现其高尚的爱国精神。抗战期间，梁彦明领导下的中华教育会更成澳门抗日救亡的中坚，再次体现其高尚的爱国精神。梁彦明与中华教育会，可谓是澳门教育史上，以至澳门历史上一笔激动人心的遗产。

四　结语

梁彦明一生奉献教育，献身国家。他生于清末，求学于清末。中国自鸦片战争以来，国势日衰，遭列强瓜分，被迫签下多款不平等条约，赔款债台高筑，加上清政府洋务、维新的失败，国家面临分崩瓦解的局面。作为一位年青的知识分子，内心的哀伤与沉痛可想而知。

梁彦明毕业于两广优级师范学堂，接触新派的教育思想，加上他个人的觉醒，渐渐兴起了拯救国家，匡正时弊的思想。他一方面认为透过教育可以改变国民素质，于是便办崇实学校，以其"教育兴国"的办学理念，实践志向，又倡办澳门中华教育会，团结澳门学界共襄国是。另一方面，梁彦明支持革命，加入同盟

---

① 刘羡冰：《澳门教育史》，第322页。

会，鼓吹革命推翻封建政权，建立民国，他在政治上积极参与，在辛亥革命到抗日战争期间，为国为民鞠躬尽瘁，甚至献出宝贵的性命也在所不惜。他的爱国精神永垂不朽，成为中华教育会、澳门教育界，甚至整个澳门、整个中国的一曲可歌可泣的乐章。

梁彦明一生酷爱古典文学，其诗被时人评为有李杜之遗风，其纪念集中收有一辑《梁彦明烈士遗稿》，有一诗作名为《七七纪念会席上赠诸同志》，可表梁彦明之心志，兹将此诗抄录如下，作为这篇文章的结语：

> 那堪烽火起卢沟，抗战于今岁两周。天地不仁伤喋血，山河重整待从头。艰危擔拄无双士，勋业还期第一流。胜利可能操左券，平倭各自有千秋。

黄启明与培正中学

陈志峰

一　前言

　　培正于 1889 年在广州创立，至今已经走过 120 个年头。从办校之初，由几位热心的华人基督徒承担责任，惨淡经营，到如今已发展到粤、港、澳均有培正学校，员生愈万，且百二年来校友众多，不乏世界知名人物，如诺贝尔物理学奖得主崔琦、国际数学大师丘成桐和萧荫堂等。在"红蓝儿女一家亲"的精神下，团结一致，在社会上形成了一股生生不息的动力，影响力尤大。

　　培正校史极具研究价值，尤其体现在 19 世纪末这个历史大前提下，基督新教在华办学如雨后春笋，培正可谓个中典型。研究培正校史，对于培正中学自身，以至澳门教育发展，甚至是中国教育发展都可谓意义巨大，价值斐然。

　　而这篇论文，主要研究培正 120 年间其中一位最具影响力的校长——黄启明。前人对他的研究不多，只有后人整理出《黄启明先生遗著教育原理》一文。① 而其生平事迹，散见在《培正

---

① 《黄启明先生遗著教育原理序》，《香港培正同学会庆祝母校七十五周年纪念刊》，香港培正同学会，1964 年。

校刊》或一些庆祝培正创校周年纪念的特刊之中，还有是他逝世之后由培正中学出版的《黄校长启明哀思录》中。研究黄启明生平，也是意味着牵涉到培正创校 30—50 周年期间的校史，恰巧这期间是培正的发展期和壮大期，是这所百年名校的基础奠定的关键时期，应该是很有价值的。

二　建校首 30 年的培正

一群华人的基督徒，在 1889 年于广州创办培正书院，至今已是 120 年。论当时在广州所办的基督教学校，培正堪称"小弟"，因为在培正之前，就有岭南大学、培道女子中学、培英中学等，但培正与众不同的是，这是一所完全由中国基督徒创办的书院，而且其行政和财政未尝依赖于传教士或西差会的帮忙和资助，纯粹由华人基督徒一力维持，在艰苦中苗壮成长。①

在 1889 年 11 月 23 日，身为广州浸信会教友的两位医生，李济良和廖德山认为，作为基督徒父母，倘把孩子送入俗塾读书，必须参拜孔子神像，有碍教规；而由传教士或西差会所办的教会学校，往往不能因应中国人的文化特质，教育效果事倍功半。在这个前提下，两位医生就约了冯景谦、李贤士等 16 位友人，集议创校，并即席筹款，着手办学。众人以"培正书院"为名，取其"培植教会子弟，免送入俗塾有失正虞"之意。他们推举了冯景谦为总理，廖德山为协理，冯活泉、李济良为司数，杨海峰为华文书记，李贤士、冯活泉为西文书记，冯活泉、冯景谦、李济良、廖德山、李贤士、陈锦胜、杨海峰为"省城值事"。除此以外，"培正书院"更成立了"本省内地筹款值事"

---

①　关存英：《从培正成立说到广雅书院与万木草堂》，《培正五十周年纪念特刊》，培正中学，1939 年。

和"外国筹款值事",兼订书院院规二十一条、章程七条和"培正书院缘起",合编成小册,以助筹款办校。培正书院租用德政街民屋为校舍,并于1890年春天开始起招生授课。①

但培正办学并非一帆风顺,尤其在创校首30年,历尝艰辛,多次险因财政问题而被迫停办。以下兹以简表"培正建校首30年之学校财预大事记"说明之:②

表1　　　　　　　　**培正建校首30年之学校财预大事记**

年份	事件
1892	因海内外捐款稍增,于是购得南关珠光七约里缆铺一间,以作自建新校之用,惟其建筑费估算需花四百两。
1893	珠光里建校舍,工料费八百九十两,连同添置校具,共需两千两,资金匮乏,唯有由李济良、冯景谦、廖德山三人作保,向差会仕文牧师贷款。
1896	因为改建校舍而负债,幸得西印度教会刘福牧师4000多元汇款,培正方可续办下去。
1905	经费来源陷于绝境,培正宣告暂时停办。
1906	张立才在两广浸信会总会上提出维持培正案,议决把珠光里校址及潮音街华人宣道堂变卖,得款购地于东山,建筑新校。
1907	培正收到海外捐款4000元,以作复兴培正之用,筹划于东山购地建校,且先恢复停办一年之小学。
1908	培正执事提议把学校献与总会(两广浸信会)。而山东新校"白课堂"落成,培正教育事业得以延续。
1909	培正于东山购地并筑校舍合计用去款项22000余元,减去珠光里旧址变卖和历年捐款,不敷数达7000余元,且因学生人数增加,需加建宿舍,于是负债更巨,又面临巨大财政压力。

---

① 曾郁根:《培正学校四十周年之回顾》,《培正四十周年纪念特刊》,1929年。

② 此表由"培正年表"中整理出来,《培正五十周年纪念特刊》,1939年。

续表

年份	事件
1915	培正学生逐年增多，开支庞大，而经济来源并不固定，因而债台高筑，危象已见。幸得张立才、张新基等发起"培正维持会"，并捐得 1600 元，暂解燃眉之急，培正暂渡难关，得以继续办下去。
1917	培正为谋长远发展，于是定下在创校 30 周年筹款 15 万之计划。
1918	学生人数倍增，校舍不敷应用，临时葵棚非长远之计，于是筹划新建宿舍。同年增"培坤女校"，开支大增，且有 15 万筹款之宏大计划，培正的财政压力又急增。

　　由上表可知，培正建校首 30 年可谓历尝艰辛，多次出现财政困难，面临停办的危机。可庆幸的是，一班对教育诚意可嘉的华人基督徒，每逢培正遭遇危象，必极力维持，助学校在困境中绝处逢生。经营培正的华人基督徒这种不屈不挠的精神，首位研究培正校史的曾郁根先生阐述甚微，他认为培正"屡经经济的压迫和西教士的反对，他们还是不住的奋斗努力，不肯轻易把这个责任丢弃"。曾郁根又引述李锦纶博士向美国教会演说的话："吾浸信教会，以教友而肯负财政上之完全责任，而尽力谋发展其自立事业，而不肯稍存依赖西人之心者，要推中国广州之东山为首屈一指。"曾郁根认为："读了他（培正）三十八年的历史，几经艰难，几经困苦，他们绝不稍有灰心，深觉得责无旁贷，百计维持，在风雨中飘摇，一方面弥补亏空，另一方面日事扩充，这种百折不挠的精神，何等地可贵，可敬！"①

　　培正建校 30 年，两广浸信会联会议决筹款 15 万以大展宏图，此为培正教育发展的转捩点。首 30 年草创之初，培正备尝艰辛，但每次都解决厄难，以继续培正教育事业。建校 30 年，

---

　　① 曾郁根：《培正学校四十周年之回顾·序》，《培正四十周年纪念特刊》，1929 年。

校董会在首 30 年的基础上谋划培正重大发展，在只有东山校地一块，"白课堂"一幢教学楼，"第一宿舍"和"王广昌寄宿舍"两幢宿舍的前提下，加之以定下建校 30 周年时筹款 15 万的大计，到底由谁去把计划落实，谁有德、才去经营这个宏图大计？这人就是本文的研究对象——黄启明先生。

三 黄启明与培正

(一) 黄启明的生平①

黄启明，广东省清远人。他祖辈皆为基督徒，祖母是个热心的传道人，曾于广西传教。黄启明自幼就笃信基督，数十年来都不曾改变。

黄启明年幼丧父，赖兄长教养成人。侍母至孝，视兄嫂犹如父母，又兼爱诸侄，敬谨维慎，从无违言。

黄启明曾就读于培正学校，那时候的校址位于珠光里。肄业后入岭南学校，那时候的岭南学校设于澳门。黄启明于岭南毕业后，留学美国哥伦比亚大学，拜入教育学大师杜威门下，并获得教育硕士头衔。黄启明由于学业成绩优秀，获得哥伦比亚大学特别奖学金——"师院圣诞募捐"（C. C. C），或作岭南大学（Canton Christian College）解，由哥伦比亚大学支付他的薪水，让他回国发展基督教教育事业。②

黄启明一直心系培正。直到 1918 年 9 月，培正监督李锦纶因以身任广东交涉员及粤海关监督，政务繁重，遂辞监督一职，

---

① 黄启明校长生平，主要整理自两广浸信会培正中学校董会《黄校长启明先生事略》、两广浸信会培正中学校董会《广州培正中学校长黄启明先生墓志铭》、黄汝光《叔考启明公行状》、叶培初《殡礼演讲词》、培正中学追悼黄校长大会《诔文》等文，收入《黄校长启明哀思录》（线装本），培正中学，1940 年。

② 曾昭森：《黄启明先生遗著教育原理序》，《香港培正同学会庆祝母校七十五周年纪念刊》，香港培正同学会，1964 年。

改由杨元勋接任监督之位，并聘黄启明为中学校长。[1]

黄启明于培正校长任内，多次为办校经费出国筹款，筹得善款用来资助发展校务。其足迹遍及南洋（1919）、檀香山、美国、加拿大、西印度群岛、古巴（1919—1921）、澳洲（1929—1930）等地。其筹款成绩斐然，回国后资助购买校地和兴建多幢学校建筑，校地包括位于海心沙坦地段（1922）、东山中学南面地段（1929）、西关永庆一巷原日警察第十区署旧址（1931）、香港何文田5万余方呎土地（1933）、东山中学运动场西南角毗连之芳园（1936）、香港何文田分校址相连地（1936）；学校建筑包括古巴华侨纪念宿舍（1924）、美洲华侨纪念堂（1929）、澳洲华侨纪念宿舍（1932）、中学图书馆（1936）等，其间还有一些小规模的建筑，如学生青年会所、中学教员宿舍二座、高初小学宿舍四座、女小课室一座等。[2] 黄启明校长任内，对于培正来说，可谓建树良多。

在他任内，除了深得培正校方以及两广浸信会和会的信任外，他更获得当时国民政府的重用，以他作为在美国举行的世界教育会议的中国代表（1927），而后来亚洲教育会议在印度举行，大会亦邀黄启明出席（1930），足见他的影响力，并不只局限于培正，乃至全中国，甚至是亚洲和世界。

直至1937年7月7日，卢沟桥战事爆发。黄启明为了让培正躲过敌军战机的空袭，关顾师生的安危，于是决定在9月迁校鹤山继续上课。又于次年（1938），全校迁往澳门。而其间他来往港澳两地，兴办教育，积极做好人才培训工作。

抗战的帷幕拉开，黄启明又忙于奔走于宣传救亡工作。他心系教育，认为教育乃国家重建的命脉，于是誓保学子安危。培正

---

[1]　见《培正年表》1918年条，《培正五十周年纪念特刊》，1939年。

[2]　见"培正年表"，《培正五十周年纪念特刊》，1939年。

在艰苦之中继续教育工作，以备人才。期间他发起了公债救国运动，又动员师生捐赠棉衣慰劳前方战士，更举办抗日救国献金及月捐运动，还组织员生进行抗战宣传，如绘画、办展览和编演抗日救亡戏剧。那时候，黄启明指导学生青年会续设平民免费学校，并对难民施赠医药，为国家抗敌作出了贡献。

黄启明一向体魄强健，直到 1937 年曾因患膀胱结石而需接受二次手术，但不久便告康复。怎料到了 1938 年 4 月，他因奔走港澳两地，忙于校务和抗战后勤工作，心力交瘁，终于因盲肠炎病倒，入住香港宝血医院施行手术治疗。术后恢复良好，连日来都未见险象，想必能康复出医。怎料他后来感染肺炎，延至 4 月 16 日上午病情急转直下，在同日下午终告不治。黄启明昏迷期间，却不忘培正校务，多次提及香港分校扩建事宜，又关心学生考试情况。可惜的是，一代教育大家，死于盲肠炎并发肺炎，终年 52 岁而已。

(二) 黄启明的人格特质

1. 关心亲友，人格高尚

黄启明侄儿黄汝光指出，其叔父因早年丧父，由兄嫂（黄汝光之父母）教养成人。黄启明视兄嫂如父母，待诸侄如兄弟。及后他毕业于岭南大学后，负笈美国哥伦比亚大学，离开生活 20 多年的家庭，百般不舍。直至他在美国学成归来，任教于岭南大学。怎料其兄（黄汝光之父）遽逝，黄启明关心嫂嫂和诸侄，经常抽空回家探望和慰问。黄汝光忆述："顾岭南大学远处河南康乐，与省垣有珠江之隔，路程非迩，校课非闲，而公（黄启明）每于休沐日，必返宅处理家常，慰长嫂如事慈亲，晶群侄如爱子。"[①] 在侄儿黄汝光心目中，黄启明是一个热心肠的长辈，他认为："其和蔼可亲，慈祥可敬

---

① 黄汝光：《叔考启明公行状》，《黄校长启明哀思录》（线装本），1940 年。

之态度，最足表现公对人处事之伟大人格与远大眼光。"①

黄启明一生贡献教育，待学生犹如待自己的亲人，凡学生遇到困难，必悉力以助，以见其人格的高尚。黄汝光认为："凡同学之在社会有所造者，每有窘急，公必不吝解囊相助，或慰勉以前趋，务使无限前程得达目的，成大业而后已。"② 正是因为他一生关心家人，推己及人，才顾念学生，没有这份高尚的人格，试问黄启明又怎可能在他 21 年服务培正期间，赢得了培正上下的深切认同。正是他这性格的特质，让他在教育岗位上发热发光，成为一代教育大家。

2. 关心弱势，扶难救急

黄启明任内，大力支持培正校内基督教青年会，促成他们开办平民义学，把学问普及到穷家孩子当中。

一直以来，黄启明都特别关心弱势社群，即使到了抗战期间，培正被迫迁校两次，他也不忘关顾弱势。李孟标忆及抗战艰难期间，黄启明却心系难童，他说："沦陷区青年迁港澳者益众，其中因破产而至停学者亦不少，黄校长视此为抗战建国前途最堪痛惜之一事，故特定由民国廿八年（1939）年度起举办国难免费学额，中学高初小学暨本分校（香港分校）各占 50 名，共 150 名，以济失学，更因内地难童，随家迁港澳者日多，后立意筹设难童完全免费学校……"③

除给予难童免费学额和筹办完全免费学校外，黄启明更致力于社会福利事业，尤其在国难当头，他积极投入赈灾扶危的工作之中。黄启明率领培正迁澳以后，由于抗日战争战事愈演愈烈，被波及的人民百姓人数难以估量。澳门那时候因为澳葡当局与日

---

① 黄汝光：《叔考启明公行状》，《黄校长启明哀思录》（线装本），1940 年。
② 同上。
③ 李孟标：《香港培正中学十六年史略》，《广州培正中学六十周年暨香港分校十六周年纪念特刊》，培正中学，1949 年。

本签订互不干涉条约，于是免于沦陷之难。唯中国难民众多，为避战祸，逃难至澳，生活潦倒，朝不保夕。黄启明对于难民于心不忍，故利用培正和浸信会联会的资源，为难民赠医施药。而他又在1937年秋天的两广浸信会的年会上，倡议组织两广浸信会国难服务团，并由培正中学捐资6500元，培道女中捐3500元，合共1万，帮助难民。①

3. 鸿才伟略，实事实干

黄启明于1918年接任培正校长。那时候，培正快到创校30周年之日。建校首30年，培正历尝艰辛，多次面临停办的危机，幸到最后都能化险为夷。李锦纶把培正交予黄启明的手上时，校产只有东山一地，教学大楼一幢，宿舍两幢。而且办校经费拮据，而校董会又订下了在创校30周年纪念的日子，要筹款15万以图发展培正。这无疑对于新接手的黄启明来说，是一个大难题。

可是，黄启明还是把重任接下来。难题对于他来说，或许是一个重大的转机。作为新任校长，黄启明缺席了30周年校庆典礼。李孟标回忆说："二十年前，本校举行三十周年纪念，礼节隆重。陆军团、童子军——当时本校借以头角峥嵘于社会的两个组织——整齐的步伐，环游全市。在操场里，体育竞技、话剧表演……热闹的空气，笼罩了一切。盛况总算超越了广东教育界有史以来高兴纪录的最高峰。每个人心坎里都充满说不出的愉快。然而在这个庆典中，欢乐群里，却找不到黄公启明慈祥的面孔。他在哪里？他正在奉校董会命，独自个远涉重洋，到美国去为母校筹款，准备开设培正大学哩。"② 一位新任校长，如果他不是踏实行事，怎能缺席自己掌管的学校的建校30周年的庆典呢？

① 两广浸信会培正中学校董会：《黄校长启明先生事略》，《黄校长启明哀思录》（线装本），1940年。
② 李孟标：《千般感慨话当年》，《培正五十周年纪念特刊》，1939年。

筹款之事，其实没有不能稍稍推迟之理，他正为了母校筹款，便错过了自己校长任内第一个，可以说是最重要的一个盛大的校庆庆典，这样的胸襟，值得崇敬。

那时候，我们相信在黄启明的心目中，早就有一套鸿图伟略，就是要发展培正校务，把培正办成一流学校。但是，到他手上的培正校园，只有地皮一块，建筑物三幢，试问如何发展起来。于是，他毅然接受了校董会的筹款任务——在建校 30 周年前后，要筹得 15 万元，以发展学校。于是，他以南洋作为其筹款之旅的首站，历经二载有余，终于筹得超过 15 万元之数，作为母校建校 30 年最大的贺礼，也成为培正未来发展的重要资本。

利用这笔巨大的捐款，培正买下了多笔土地，又建设了多幢学校建筑物，以配合培正发展的需要。至于有关土地和建筑物的明细，前文已经提及，在此不赘。

而黄启明出掌培正的 21 年里，校誉日隆，学术水平得到飞跃的提升。培正学生高中毕业以后，可衔接升上大学。在黄启明的努力下，岭南大学、沪江大学、金陵大学、燕京大学和光华大学都能够提供直升的学位，后来又加入了齐鲁大学和华中大学。[①] 这与黄启明多年来改革教务，优化课程关系至大。

由此可见他处事踏实的性格，以及发展培正的鸿才伟略。

4. 系心教育，忠于国家

黄启明历来得到众人交口称誉，究其原因都是因为他时刻心系教育的个性。以黄启明的才学识见，担任大学教授可谓绰绰有余，当年他从美国哥伦比亚大学毕业后回国就旋即当上岭南大学的教授。况且，黄启明深受当时的国民政府器重，曾于 1927 年指派他担任中国的代表，参加在美国举行的世界教育会议。叶培初医生指出，以黄先生的学历资格，获政府赏识而出任要员是必

---

① 　叶培初：《殡礼演讲词》，《黄校长启明哀思录》（线装本），1940 年。

然的事，难怪叶医生会疑惑："谁也会舍弃这碗冷饭（按：担任培正校长）而向政界活动，为了黄先生的恬淡，与其政府多一个干员，毋宁为培正终身服务。"① 政府多次希望借重黄启明，但他都"牺牲个人的幸福，甘与培正同人一体吃苦"。② 由始至终，黄启明先生都是心系教育界，不追名，不逐利，默默地为培正的教育事业贡献一份力量。

自从七七事变爆发后，黄启明就投入抗战的力量之中。他为了保留重建国家的实力，于是积极保护学生的安全。由于当时战火已经来到广州的大门，他两次带领培正迁校，最后暂留澳门，继续开班授学。黄启明又支持祖国抗日，于是他在培正推销公债，发动师生捐赠棉衣慰劳前方将士，举办抗日救国献金及月捐，又组织员生积极宣传抗日，例如组织学生编演抗日救亡戏剧。在这段时期，最典型的例子就是培正中学学生会成员所组成的"培正中学暑期流动演剧宣传队"，当时他们写成了计划书，然后呈上予黄启明批示，结果得到他"热诚的鼓励和经济上的帮忙"，让宣传队在暑假期间到广州、太平场、从化城、温泉、鳌市、龙山市、汤塘市、飞霞洞和清远城宣扬抗日的思想。期间宣传队"着重戏剧、舞台剧和街头剧表演"，可是后来他们"感觉到单纯的戏剧所收的效果并不大，所以再加上文字、图书、音乐和演讲等项目，同时，也把普通的卫生常识带到农村去，如战时的防毒与消毒，普通流行症的防御和治疗等"。③ 除此以外，黄启明又在浸信会联会的大会上，倡议组织两广浸信会国难服务团，出钱出力，展现出其爱国抗日的崇高精神。

---

① 叶培初：《殡礼演讲词》，《黄校长启明哀思录》（线装本），1940年。
② 同上。
③ 培正中学学生会：《培正中学暑期流动演剧宣传队工作报告》，影印资料，收藏于澳门培正中学校史室内，1938年。

（三）黄启明对培正的贡献

1. 积极筹款，振兴校务

前文已述，培正创校首 30 年可谓异常艰辛，办校没有恒常的经济来源，靠不定期的捐款，财政紧绌，欠债累累。黄启明接任以后，旋即造访多个国家，以其诚意，分别在南洋、檀香山、美国、加拿大、西印度群岛、古巴、澳洲等地，感动当地华侨，捐款资助培正购买校地和兴建学校建筑物。据统计，在黄启明任内，总共因购地和兴建校舍所募得的捐款合共粤币 55 万、港币 16 万元。[1]

培正在黄启明上任后，不单解决了其财政压力，并透过筹款而不断把培正扩充，校务日隆，这无疑是黄启明的功绩。培正后辈替黄启明写诔文，当中就褒扬他筹款扩校的事迹："经营惨淡，日就月将。数渡重洋，捐资建校。黉舍堂皇，规模宏广。负笈者不以千里为劳，天下公乡，皆出于河汾门下。先生献终身于教育，岂为时势偶然之事乎。"[2]

2. 两度迁校，保校命脉

七七卢沟桥事变后，日军大举侵华。广州屡受敌机轰炸，省城势危。正在危急存亡之际，黄启明毅然率培正迁校鹤山，稍避战祸。一年后，黄启明又再次率领培正，从鹤山迁往澳门。唯两度迁校，颠沛流离，培正亦未改其爱国传统。在黄启明的倡导下，培正学生除了完成课业外，更积极组织抗战宣传队，四出宣扬保家卫国的思想。正因为黄启明两度迁校，培正才得保完整，师生仍在，并且借着澳门因葡人与日军签下了互不干涉条款，使

---

① 两广浸信会培正中学校董会：《黄校长启明先生事略》，《黄校长启明哀思录》（线装本），1940 年。
② 培正中学校追悼黄校长大会：《诔文》，《黄校长启明哀思录》（线装本），1940 年。

得学校得以在澳门选地继续授课。诔文赞扬黄启明:"抗战展
开,先生维护教度,一再迁校。虽在颠沛造次之中,而弦歌不
辍,更复以抗战建国之要义,谆谆诲于吾兄辈,见于文字,见于
言词者,屡以先生坚定之意志,慷慨之文词,正为吾辈之鼓舞,
激扬行见……"①

黄启明除了当机立断,两度迁校外,他更时刻鼓励培正师生
求学和报国的重要,这深深地影响了那一代培正人,并将这些价
值,内化成为红蓝儿女的共性,让培正的命脉,在战火中能够得
以延续下去,更令学生在过程中接受艰苦的磨炼,养成淬励自强
的强大意志,成为后来和平以后复校的强大动力,展现出充满生
命力的强大气魄。

3. 倡办义学,培育人才

黄启明任职培正的 21 年间,除了积极筹款,发展校务外,
更心系贫苦大众,指导青年会,开办平民免费义学,给予穷家孩
子一个接受教育的机会。尤其在抗战期间,培正被迫迁往澳门,
黄启明有感国难当前,难童充斥,可怜可悯,于是便筹划三事,
以助儿童、青年继续求学。由磬社出版的《磬风副刊》② 记之
甚微:

　　广州沦陷,内地难民,沦落港澳,惨苦日增,其中难童
及无力继续学业青年,为数甚众,先生因又倡办如下之
三事:
　　(1)民国廿七年(1938)秋,两广浸信会联合举行年会
于香港时,先生倡议组织两广浸信会国难服务团,选派人

① 培正中学校追悼黄校长大会:《诔文》,《黄校长启明哀思录》(线装本),
1940 年。
② 培正中学 1941 年级磬社:《黄校长逝世一周年纪念特辑》,培正中学,
1940 年。

员，分返内地从事救护事宜及宣传工作，即由培正中学捐资六千五百元，培道女中捐三千五百元，合共国币一万元，以为之倡。并即席由大会推先生任服务团委员会主席，以总其成。

（2）今春以来，沦陷区青年迁港澳者益众，其中因破产而至停学者亦不少，先生视此为建国前途最堪痛惜一事，因特定本校由廿八年（1939）度起举办国难免费学额，中学、高初小学香港分校，各占五十名，共一百五十名，济助非常时期中无力就学之青年。

（3）因内地难童随家迁港澳日多之故，立意筹设难童完全免费学校，免其流离失学。

黄启明以贫苦青年、失学难童为念，在培正迁澳暂避战火期间，仍然动用庞大资源，为不幸的孩子提供免费学额，更为他们创设完全免费学校，让培正在战乱中勇敢地承担起培育人才的责任，深深打动了当时的学生，感谢培正在艰难时仍然不忘其伟大的慈善教育事业，增加了校友对于母校的向心力，作为未来学校复建和发展最重要的推动力。

4. 精神不死，永为校魂

黄启明大半生为培正服务，逝世前一直为学校发展而鞠躬尽瘁，致使积劳成疾，一病不起，但临终弥留之际，仍心系培正发展。叶培初医生忆述："黄先生弥留之际，半迷半醒的，频频问香港分校操场建筑如何，学生考试怎样，学校还有多少钱，显见他对于培正的工作，学生和经济，永久遗留在他的脑海……"①黄启明一生淡泊名利，只为教育事业无私奉献，临死时不忘培正发展，这伟大的精神，无疑对于红蓝儿女有着深远的影响。藏于

---

① 叶培初：《殡礼演讲词》，《黄校长启明哀思录》（线装本），1940 年。

澳门培正校史室就有几份同学书写的怀念、追悼黄启明的影印资料，其中一份署名"初一甲　甄健德"，他写道：

　　黄金，它是人类的洪水，是人类的魔掌。投入这洪水的何止千千万万？摆脱这魔掌的曾有几人？许多许多人都在它的魔掌内挣扎，受苦，为它而工作！为它而生存！真正的为工作而工作，为人群，为国家的幸福而工作的又曾有几人？尤其是教育，祖国一向的衰弱，教育的失败恐怕占了最大的因素之一吧。看，多少有为的青年没有受教育的机会？多少不良的学校养成青年的颓败？而真正的为培养良好青年，为发展学校而教育的曾有几人？

　　这仿佛一团无边的黑云，把祖国重叠地覆着。

　　突然，在这漆黑云堆里，闪出一道火把，渐渐地扩大，扩大，无止境的扩大……

　　这是什么？这就是我们的黄校长以整个心血换来的光明呀！他，摆脱了黄金的魔掌，他把他的整个的健全的身心，埋在他的母校——培正。使他的母校在向着无限前进，——这就那颗在黑云堆中闪耀着而逐渐扩大的火把！然而不幸，这火把现已停止了！

　　然而，他擎了廿多年的火把，已把我们的心照亮了！落在我们的手里了！接过来！举起！高高地举起！前进！永远地前进！——到了这堆黑云整个变成朵灿烂的光辉——黄校长的目的。

　　黄启明为了教育的无私奉献精神，借着他的逝世而根植于学生心坎之中。他肉身虽死，但精神长存，一直在鼓舞着曾经接受他的教育，接受他的恩惠，接受他的帮忙的红蓝儿女，教他们在困境中不要害怕，教他们要在逆境中奋发向上，教他们在黄金前不要卑躬屈膝，要做一个贡献母校、贡献社会、贡献国家的青年人。

　　培正中学1941年级磐社就在黄启明逝世一周年（1940）之际出版了《磐风副刊》第二辑《黄校长逝世一周年纪念特辑》，① 当中就有一位署名"德裕"的同学写道：

　　　　我们举行黄校长的纪念，口头上的表示，无实际的纪念，完全绝对不能表示我们对伟大校长的纪念，最重要的我以为还是以我们的工作去作纪念，才是真正的纪念。

　　　　黄校长生平的志愿，不幸未能完全成就，他就病逝异地了，他不是有意拟设培正大学吗？他不是怎样更有计划地去改造培正吗？我们后死的人们，享了先人所现成的收获，倘若是按着不求进取，则何以对得起他呢？所以我们现在当今就是怎样去加倍努力完成他的宏愿，把培正发扬光大，然不辜负他对我们的切望。

　　从以上文章我们读出，黄启明虽死，但在培正学生心中，他仍然活着，这就是所谓的精神不死。黄启明大半生奉献培正，奉献教育，奉献国家，这份精神，在他死后，不知不觉中已经成为培正人的共同价值。难怪在他的诔文中，有这样的叙述：②

　　　　先生之死，其惟忧劳国事殒厥躬乎。先生死矣，后辈何依，大业未成，更无以使先生瞑目。吾辈敢不自勉，谨守先生遗训，发挥先生手立之培正精神，为国家，为母校努力。

　　黄启明在培正任内去世，但他21年来对于母校那份奉献精

---

　　① 原件收藏于澳门培正中学校史室。
　　② 培正中学校追悼黄校长大会：《诔文》，《黄校长启明哀思录》（线装本），1940年。

神没有因此而消灭，反而长存在后辈的心坎之中，渐渐内化成了培正的共同价值，成为红蓝精神的一部分，他，黄启明，就因此而俨如培正的"校魂"一般，代代相传，不觉又已120年。

四　结语

黄启明是培正创校120年来最具影响力的校长之一。他在任21年，培正始被誉为"南方最良善学府"。①

黄启明是培正校友，大学毕业于岭南大学，接着到美国哥伦比亚大学攻读硕士，取得学位后回国担任岭大教授，最后接位培正校长，直到逝世还是在培正的岗位上，可谓与培正渊源尤深，对培正自有一番特殊的感情。

黄启明学养出众，待人以诚，生性淡泊，刻苦砥砺，尤其是他一生贡献教育事业，又关心贫苦难童，开办义学，提倡教育。而且，他一向大力推动社会福利事业，在抗战期间，又发动员生，支援战事，组织宣传队伍，宣扬爱国思想。他一生对家人亲和，对学生爱护，对亲友谦卑，对事业负责，对母校情深，对国家担荷。黄启明成为学生心中的良师益友，成为培正中学的精神领袖，逝世以后更成为后学的模范。

研究黄启明的一生，即如研究培正中学的发展历史。他对于培正中学的奠基和发展影响深远，探讨其人其事，就能够了解一所超过百年的老校的奋斗史，以及他对于中国教育所作出的贡献。当然，有关黄启明和培正中学的研究还有很多值得深入挖掘的地方，例如有关他的教育理念和办学方针。此文只是黄启明的生平概略，并浅述培正中学在抗战前的发展，仅以抛砖引玉，祈请相关的专家学者斧正。

---

① 培正中学1941年级磬社：《黄校长逝世一周年纪念特辑》，1940年。

黄健与澳门濠江中学

郑润培

一　前言

澳门濠江中学成立于 1932 年，由初期学生百多人发展至今数千人，成为澳门学生人数极多的学校。1949 年 10 月 1 日新中国成立，校长带领师生在学校升起五星红旗，坚持爱国爱澳的办学宗旨，为国家、为澳门培养了无数优秀人才。20 世纪 50 年代的澳门，社会贫困，校长与师生用双手共建濠江校舍，中学部扩迁至今校本部现址，并创办高中部及简易师范班。80 年代大批新移民涌入澳门，濠江中学又创澳门学校开下午班先河，锐意教学改革。前澳葡政府和澳门特区政府也先后授予校长杜岚教育功绩勋章。2000 年，国家主席江泽民亲临濠江中学视察，题词"濠江中学，桃李芬芳"，可以概括出濠江中学在澳门教育史上的贡献和成就。

濠江中学对澳门教育界的贡献，大众有目共睹，并非一朝一夕可成，而该校的教育理念及事业，是爱国爱澳精神的具体表现。一般研究澳门教育史的学者，谈到濠江中学都是由校长杜岚说起，而较少提及校长黄健。黄健并非濠江中学的创办人，但是濠江中学的奠基和发展，是由黄健的手中开始。他领导下的学校，不只是一间投向教育的普通中学，也是一所支援中国抗战及革命活动的机关，没有黄健的开创，就没有日后杜岚校长的事业，而濠江中学的成功，更反映出澳门教育在大时代中的一种变化。本文尝试把黄健与濠江中学的事业整理出来，并借此丰富澳门教育史的研究。

二　黄健的生平

黄健原名黄如诚，字晓生，1906 年出生于广东省香山（现名中山）县长洲乡，父亲黄佩秋是长洲乡烟洲小学教师，他和该校校长黄仲衡、教师毛泽荣都具有爱国思想，仰慕孙中山先生领导的革命运动，被当地的土豪劣绅、民团团长黄芷赏所陷害。黄芷赏向当时盘踞在两广地区的军阀陆荣庭、龙济光诬告他"勾结革命党，图谋不轨"，因而被捕入狱。时黄健年仅十余岁，母亲在贫困苦难中病逝，被迫辍学，家庭的悲惨遭遇，使他非常仇恨土豪劣绅和黑暗专制的社会；随后在进步思潮影响下，萌发了反封建、解放受压迫人民的意愿。

1925 年，黄健依靠亲戚的资助，在中山县立中学读书。中山县在中国共产党领导下，相继组织了"新学生社"和"县学联"，黄健在"五四"运动的思潮影响下，积极投身于社会运动工作，成为学生运动领导人之一。他曾参加广东省学联第一次学生代表大会，被选为省学联的第一届执委。

1926 年春，黄健到广州参加青年训育员养成所第一期学习，同期学习的还有刘广生、高宗濂等 5 人（都是中山县去的）。这期学员共约 50 多人，学习的内容主要有《形势与任务》、《中国社会各阶级的分析》、《中国近百年史》、《青年工作》、《农民运动》等。养成所由毛泽东、周恩来、恽代英、萧楚女等人亲自向学员讲课。黄健在学习期间，不仅按课程努力学习，还积极参加社会调查、宣传革命道理等活动。他和两位学员曾一起接受了导师毛泽东的接见，毛还介绍他们阅读革命理论的书刊，其中有《向导》、《政治周报》、《中国青年》、《农民运动》等。黄健如饥似渴地攻读马克思主义理论，为开展革命工作增长智慧和力量。每当他追忆青年训育员养成所这一段生活，总是说："青年训育员养成所规模虽然不大，开办时间也不长（只办了两期），但是，它却凝聚着领袖毛主席和敬爱的周总理的心血，记录了他们早年在广州从事革命活动的历史功勋。"

1925 年，广州、香港工人为支援上海五卅运动举行大罢工，成立省港罢工委员会，运用罢工、排货、封锁三种方法与英国人进行斗争。在严密封锁下，香港成了死港。为广东地区统一，为北伐战争创造了有利条件。大罢工开始后，黄健被推选为中山县工农商学兵联合委员会的常委。他以实际行动积极支持省港工人反对英国侵略的斗争。他组织农民自卫军，兼任了队长和该队训练班的政治教员，他曾带领农民自卫军缉获奸商走私的一批白银，如数送交省港罢工委员会，由该会委员长苏兆征的秘书李少石收转。

1926 年 4 月，黄健在青年训育员养成所结业后，回到中山和刘广生、高宗濂、黎奋生等十余人，在中山县中学成立新学生社中山分社，向青年学生及教师开展宣传教育工作，其后并逐步扩展到青年工人、农民。他们曾经为反对西方文化侵略，反对封建主义的教育，驱逐一个不称职的物理教师和清除学校领导中的恶势力，发动了一场在中山史无前例的"择师运动"。由于领导核心黄健等人的坚决斗争和中山社会舆论的支持，迫使当任中山县长黄居素出面调解，调走了中山县中学校长林笋，开除了物理教师，恢复了 12 位被开除的学生的学籍，轰轰烈烈的"择师运动"才告一段落。

1926 年 7 月，广州国民政府开始北伐，到了 1927 年 4 月，蒋介石下令解散了受中共控制的第二十六军第一、二两师政治部，又查封了总政治部上海办事处。12日将中共组织的上海总工会纠察队3000人缴械，一般即以清党始于此日（另称"四一二"反革命政变）。13日，上海总工会宣言全面罢工，并号召群众攻击二十六军第二师司令部，军方还击，除击毙者外，捕获90余人。驻军宪警分别搜查上海特别市临时市政府、上海特别市党部、上海学生联合会等受中共控制的机关。上海清党，先后捕获共产党员千余人，汪寿华（上海总工会委员长）、罗亦农、陈延年、赵世炎等正法，周恩来（化名伍豪）一度被宣判死刑，因登报声明脱离共产党，被释。4月15日，国民党中央执监委在南京开会，议定国民政府定都南京。随后通缉鲍罗廷、陈独秀、谭平山、林祖涵、于树德、毛泽东、刘少奇、张国焘、瞿秋白、刘伯诚、徐谦、邓演达等197人。继上海、南京地区之后从事清党的是广东。广东在李济深的主持下于4月14日开始采取清党行动，曾与中共发生武装冲突，共产党被捕者2000余人，死者200余人。4月26日，国民党中央常委会决议通令各级党部彻底实行清党，5月7日，中央清党委员会成立，旋公布"清党条例"，并于军队、海外及各省组清党委员会，于是东南各军、海外及浙江、福建、广西、安徽、四川等省，均实行清党，各地共产党员或被杀，或被拘，或逃匿。①

其时，黄健和几位同学组成了中山革命行动委员会，李华照、韦健、陈秋鉴、冯光、王器民为委员，领导中山武装起事，准备配合广州的起事行动。中山革命行动委员会根据中共指示，一面派人到农村进行集聚武装力量的工作，同时研究发动驻中山的国民党部队39团武装起事问题。经研究决定，由该团政治部

---

① 张玉法：《中国现代史》下册，东华书局1994年版，第406—407页。郭廷以：《中国近代史纲》下册，香港中文大学出版社1980年版，第574页。

主任王器民（革命行动委员会委员之一）负责争取该团为参与武装暴动的骨干力量，并以一度支左的代理团长周景臻为主要争取对象。由于广东清除共产党的行动展开后，形势已逆变，周景臻已动摇，当派代表前往该团部洽商起事的具体行动时，周景臻竟将代表和王器民一起拘捕起来；同时立即调兵到卖蔗埔镇压起事农民。当时黄健正集结农民军队，在卖蔗埔准备起事行动，当发觉被驻军包围后，立刻展开了激烈的战斗。此役伤亡颇大，黄健阵上被捕并被押往广州番禺监狱，这是他第一次被捕。

黄健在狱中，因张发奎带兵回广东，赶走桂系军阀，形势混乱，数月来，均置身于候审阶段。1927 年 12 月 11 日拂晓前，继南昌起事之后，广州起事终于爆发了。顷刻间，枪声四起，人声鼎沸，黄健当即号召难友们合力砸破牢门，冲出监狱。

第二天，黄健奉命回中山发动农民军队来广州支援。只因内河航道均已遭封锁，他只好绕道澳门而行，但抵澳门时，广州起事部队已告失败，部分参加的人员也随之来到澳门。经三数知己商谈，萌发了留学日本学习军事的思想，他当时认为只有掌握军事技能，才可以打败敌人。获得侨居秘鲁的大哥黄其乐和在美国的姑姐的支持资助后，他决定到日本学习。

1928 年春，黄健抵达日本神户，同船前往的有杜君慧（女，全国著名女作家）。他在先抵日本的潘兆銮的帮助安排下，先在成城日语速成学校学习。与他一起的有麦毓棠、陈曼云（女，曾在中央侨委工作）、司徒慧敏（曾任中央电影局局长）、罗坤泉（又名罗锦坤，曾任广东民政厅科长）、王皙明（女）、黄锡榆等人。在东京，为了团结更多的华侨、留学生，他们组织了社会科学研究社，开展了研究马列主义理论活动，黄健积极参加。

同年秋，黄健入日本士官学校预备班专学军事，和他一起学习的有西北军将冯玉祥的儿子冯洪国和其妻舅及一大批西北军官。黄健通过成立西北军官俱乐部，运用各种联谊活动的形式，和他们交流思想感情，积极开展团结、争取、教育工作，这对以后西北军的分化和反对蒋介石的工作，起了一定的作用。

1931 年夏秋间，黄健从日本抵达上海，住在旧法租界霞飞路一间公寓里，过去和他在中山一起工作的谭思文（曾在上海艺术学院工作）等同志在闸北办了爱群小学，他们决定由黄健担任校长，并参加全国反帝大同盟的宣传工作。在小学附设免费的女工夜校，招收广东中山县籍的女工入学，利用这一阵地，他们向饱受压迫和剥削的女工进行教育宣传工作，打好在闸北一带地区的群众基础，使更有利于开展反帝大同盟的活动。黄健在白色恐怖的上海，先后被捕三次，度过两年多的铁窗生涯，受尽严刑逼供。

三　黄健与澳门濠江学校的建立

黄健从南京出狱后，在上海南京一带已很难再开展活动。1934 年年底到了澳门。他一面团结各方，开展抗日工作，一面兴办教育事业，以培育人才，提高民族素质，振兴中华为己任。他决定团结争取有利的社会关系，集资办学。正好当时有社会热心人士黄仁辅等人于 1932 年创办了濠江中学暨附属小学，却在创校不久先后离开澳门，或改从事其他工作，于是 1935 年 2 月 1 日将该校正式移交黄健接办，并郑重地立了一纸契约，提出"接办之后益加努力，使学校日臻发达"的奋斗目标。[①]

濠江中学首由黄仁辅校长主理，向以爱国、为社会培育人才为宗旨。创办之初，仅设初级小学于见眼围，没多久便迁往天神巷 16 号。1935 年由黄健接任校长，以由黄仲榆为董事长，黄桂

---

① 黄健同志革命的一生编辑组：《黄健同志革命的一生》，黄洁琳、叶苍、周飞鸿、方源湜、尤端阳编：《纪念黄健同志逝世十周年》，濠江中学，1992 年，第 1 页。

纪、黄豫樵、黄渭霖、黄福隆、黄汉兴等组成校董会。在黄校长的积极推动下，校务发展很快，数年间发展为完全小学。并于1936年开设初中一年级，学生达200余人。濠江中学当时的办学条件并不理想，据一位曾在濠江任教的老师回忆：

> 四十多年前，即一九三六年，正当抗战前夕，我初到濠江中学教书。
>
> 濠江中学那时设在天神巷十六号，是一间古旧的房子，地方湫隘、潮湿，光线也不很够。
>
> 那时，濠江中学校长是黄晓生（黄健），教务主任是黄一峰，事务主任是杜君恕，老师有周筱真、张五美、黄锡勋等，以后又增加了郑冷刃（郑少康）、梁道平、陈雪等老师。
>
> 在开办初期的濠江中学，名为中学，实际上只有一班初中一，其余六班都是小学，全校学生仅一百多人，学生大多数是工人、小贩的子弟（那时的小贩，经济情况很差，绝不能同今天的小贩相比）。①

黄健掌管学校之始，首先确立了办学方针和宗旨，要为广大的劳苦同胞子女服务，培养学生成为爱祖国、爱人民的有用人才。他先组成以黄仲榆为董事长、黄桂纪、黄豫樵、黄渭霖、黄福隆、黄汉兴等为董事的校董会，作为后台支援。同时团结一批年轻有为、热爱祖国、同心同德的教师，尽力办学，在前线发挥效能。当时的教师有黄一峰、杜岚、张铁柔（张阳）、陈雪、曾枝西、黄瑞坤、周筱真、郑冷刃（郑少康）、区白霜（区梦觉）

---

① 濠江旧侣：《回忆天神巷时期的濠江》，《濠江中学五十周年校庆纪念特刊》，濠江中学，1982年。

等，参加教学工作。他们都抱着献身教育事业，为国家为社会培育人才的志愿，全心全意投入工作，安贫乐道，不避艰苦，不计报酬。办校初期经济困难，没有教具教师动手做，没有教材自己编，没有图书四处请亲友捐助，或是剪剪贴贴、自编自制装订成"画报"，供同学们阅读。黄健和全校教职员工，以"忠诚勇敢、勤劳朴素"为校训，对学生言传身教，取得一定的成效，使濠江中学在社会上奠定了基础。

自从黄健由黄仁辅手中接办濠江中学暨附属小学，已确定"热爱祖国，为社会培育人才"的办学宗旨，同时，他坚持以濠江中学为阵地，撒播抗日救亡的种子。① 他的爱国理想和事业，在澳门的教育事业上发扬光大。

四　抗战时期的澳门教育

1932 年，澳葡官方统计，全澳中、小学学生 7953 人，女生只占 26.6%，学校 97 所，平均每所只得 81.98 人。② 1934 年，内地出版的《华侨教育》派了两名编辑来澳实地考察，在他们的报告中，指出全华校 70 多所，学生约 7000 人，平均每校约百人。以当年澳门人口 12 万计，学生约占人口的 6%。可见 30 年代澳门教育受社会发展的局限，教育很不发达。他们描述当年的华人中学，把小学加设进修的两、三所凑合起来，也只得八所，学生仅 350 人，③ 平均每校不足 44 人。每 342 个澳门居民中才有一个在读的中学生。当年澳门与邻近的广州、香港虽然并称"省、港、澳"，但教育方面，澳门确实比其他两地落后得多。

---

① 黄洁琳、叶苍、周飞鸿、方源湜、尤端阳编：《纪念黄健同志逝世十周年》，1992 年，第 10—12 页。
② 刘羡冰：《澳门教育史》，人民教育出版社 2002 年第 2 版，第 147 页。
③ 邓志清、何庆：《澳门华侨教育状况》，《华侨教育》1935 年。

1937 年 8 月 31 日，即卢沟桥事变后一个多月，日本侵略者首次对广州进行空袭。广州的大学、中学开始向四乡迁移。到了 1938 年 6 月，广东省空袭达 2000 次，广州市被轰炸达 800 多次。抗战时期，澳门成为包括珠海难民在内的沦陷区人民的避难所。1938 年 12 月 14 日的《华侨报》有这样的报道："中山县三灶乡被敌侵入，民众率家逃避来澳，露宿街头，镜湖医院召开经理常会，决定协助救济。"① 以后，随着唐家及香洲等地区的沦陷，珠海难民同珠江三角洲等地的受难同胞一起纷纷涌入澳门。

澳门同胞以组建难民营、开办学校等多种形式开展救济工作，表现出骨肉同胞的一片亲情。澳门的慈善机构同善堂积极开展施粥济贫工作，还派发衣服、棉被，让难民御寒；又增聘医生，早晚开诊，施药赠医。除同善堂外，澳门镜湖医院慈善会也做了大量救济难民的工作，镜湖医院还开办难童小学，让他们接受教育。② 由于战事持续，不少著名的学校，都被逼迁移。香港和澳门成为避难的地方。

从 1937 年开始至 1939 年初的十几个月内，澳门人口大增，师生人数增幅更大。1936 年，澳门人口约 120000 人，学生约 8000 人。1942 年，人口达历史高峰，估计最高时达 40 万，学生则增至 3 万人。即人口增幅为 3.33 倍，学生的增幅为 3.75 倍。③

迁到澳门的大多为私立学校，都是较有规模的。迁校的目的，在于师生的安全与学校继续运作，同时保存设备，所以一般是师生、设备一起迁移，有的先迁到广东省内的乡镇，随后又迁到澳门，困难不少。迁来的人口，大多是经济条件稍好的，例如地主、商人或侨眷。一般工人、农民较少能够别井离乡，拖男带

① 广东省档案局编：《广东澳门档案史料选编》，中国档案出版社 1999 年版，第 380 页。

② 赵艳珍：《珠澳关系史话》，珠海出版社 2006 年版，第 156—157 页。

③ 刘羡冰：《澳门教育史》，第 149 页。

女前往异地谋生。因而这一时期迁入的新人口，文化素质也比较高，而且迁来的学校，不乏广东的名校，以及过万的中学生，大批优秀师资，使澳门的教育事业呈现出一时的兴旺，不但使澳门的教学水准大幅提高，更令澳门人口文化素质提升，人口思想素质飞跃。①

1938 年 10 月广州沦陷，灾民四散。当时葡国对日本侵华及太平洋战争都宣布中立，很多逃避战祸的人都躲进澳门，使澳门人口大增，由 1937 年的 164528 人升至 1940 年的 400000 人。②适合入学的华童亦由 8000 增至 13000 人。广东省不少学校都迁来澳门，1937—1939 年迁到澳门的中学有 17 所。③

表 1　　　　　　　　1937—1939 年内地迁到澳门的中学

年份	校名	校长	校址	备注
1937	总理故乡纪念中学	司徒优	白头马路	第二学期校长戴恩赛
1937	岭南中学	何鸿平	白头马路	
1938	执信中学	扬道仪	南湾	
1938	中德中学	郭秉琦	妈阁街 15 号	
1938	培英中学	区茂泮	望厦唐家花园	
1938	协和女子中学	廖奉灵	巴掌园，高楼下巷	
1938	洁芳女子中学	姚学修	下环龙头左巷	
1938	思思中学	李震	南湾	
1938	教忠中学	沈芷芳	妈阁街	
1938	广州大学附中	(主任)谭维汉	白马行	
1938	越山中学	司徒优	白鸽巢前地	司徒优离纪中自办

---

① 刘羡冰:《澳门教育史》，第 149—150 页。

② 郑天祥、黄就顺、张桂霞、邓汉增著:《澳门人口》，澳门基金会，1994 年版，第 25 页，表 3—1 "四百多年来澳门人口变化"。

③ 刘羡冰:《世纪留痕——二十世纪澳门教育大事志》，刘羡冰，2002 年，第 81 页。

续表

年份	校名	校长	校址	备注
1938	培正中学	黄启明	贾伯乐提督街	
1938	广中中学	刘年祐	南湾	
1939	知用中学	张瑞权	青洲英坭厂	
1939	中山联合中学	林卓夫（兼）		
1939	南海联合中学	李兆福		
1939	省临中（包括原省女师、省一中、省女中学女约400人）	陈家骥（初在湾仔，后来澳门很短时间）		

除了以上的中学，还有一些小学，如：觉民小学、德基女子小学、维德小学。①

据 1939 年度统计：全澳中学达 35 所，小学达 140 余所。

随着来澳的难民日多，而战时生活经济困难，部分来澳人士没有能力支付儿童教育费用，使儿童失学日多。澳门中华教育会有见及此，特别召开会议讨论救济方法，最后决定开办难童夜校 20 所，附设于各会员校内，不但完全豁免学童一切费用，并由该会筹集书籍、笔墨、纸张等分赠难童。其他经济能力较优的学校，亦相继起来支持。例如粤华中学以演剧筹款设立难童学校，于三月四五两夜公演名剧《钦差大臣》。当时观众异常挤拥，收入约 1100 余元，而澳门富商另外代筹 800 元，合共 2200 余元交给粤华，粤华校长将此款作为设立难童小学及习艺所之开办费。粤华难民小学开始招生，一至六年级各招一班，习艺所只招一班，限于 16 岁以上的高小毕业生，课程有工商业常识、工业组织、工厂管理等，成绩优良者可充任该所附设之小工场工头，学

---

① 见黎子云、何翼云《澳门游览指南》，1939 年，第 66 页。

杂费一律豁免。①

五　抗战时期的濠江中学

这个时期，濠江中学在黄健校长的领导下，不只从事继续教育的工作，还在政治上积极参与，推行有利抗日的各种活动，配合内地的抗战需要，其间虽然面对各种困难，但仍在艰苦的环境下开拓教育空间，为澳门的爱国教育，为抗日工作尽最大的努力。他当时的成就，可以从以下各方面来看。

(一) 维持濠江中学，尽力提高教学水平

1938 年 10 月广州沦陷，逃难来澳门的内地同胞激增，濠江中学那时设在天神巷 16 号，是一间古旧的房子，地方湫隘、潮湿，光线也不很够。杜岚积极支持黄健校长扩充班级，扩展了近西街中学部，并在惠爱街 32 号设立小学分校。黄健不畏学校经济困难，用特别低廉的学费来扩充班级，尽量接纳儿童入学。而且为了救济失学青年，适应形势需要，特聘请国内高等师范、中山大学毕业同仁来校任教职，以期革新校务，增进教育效能。例如聘请了一批高师毕业的资深教师，如张兆驷、区声白、秦修、罗季昭等，保证提高教学品质。

据一位曾在濠江任教的老师忆述：

　　在开办初期的濠江中学，名为中学，实际上只有一班初中一，其余六班都是小学，全校学生仅一百多人，学生大多数是工人、小贩的子弟（那时的小贩，经济情况很差，绝

---

① 《华侨报》1939 年 3 月 5 日、7 日、20 日，《广东澳门档案史料选编》，第 832 页。

不能同今天的小贩相比）。为了照顾这些劳苦大众的儿女，学校收费很低，因此，一个学期学杂费的收入，还不够半个学期的开支。

学校收入少，又没有什么基金和补助，所以教师的束脩十分微薄。在校住宿和搭食的教师，每月只有白银五元；不在学校住宿和搭食的只有十元，中小学教师一律都是这个待遇（那时澳门使用广东省发行的"双毫"银币，每个面值两角，五个就是一元）。而在那个时候，一家杂货店掌柜的月薪起码是二十元，一般学校的小学教师起码也有二三十元收入，中学科主任教师约四五十元左右。

那时，一个人每月伙食大约是三元多至四元多。因此，十元的月薪，仅够一个人起码的生活，如要养家活口，可以说是完全不可能的，幸好当时的老师绝大多数都是未婚的，光棍一条，所以还不感到有什么大问题。

由于当时濠江中学的老师，都决心献身教育事业，为国家，为社会培育有用的人才，因此对微薄的待遇，不但毫不计较，而且甘之如饴。当时大家全心全意投入工作，安贫乐道，不避艰苦，不计报酬的精神，是今天不少职业青年所难以设想的。

记得当时学校经常有"债主临门"，追讨房租的、追讨柴米账的，此去彼来，十分热闹。应付这些"债主"，主要是杜君恕主任。她是我们一群年青老师中的长者（其实当时所谓的长者的她，也是不过接近卅岁而已），曾在上海租界教过书，富有教学和社会经验，口才很不错，由她来应付，尽管那些不速之客空手而去，也会怒火全消，甚至面露笑容，心情舒畅。

学校经济情况很差，没有教具，我们老师自己做教具；没有教材，自己编教材。没有图书，我们想办法请亲友捐助，甚至自己剪剪贴贴，自编自制一些"画报"，供同学们阅读。

由于学校经费经常处于入不敷支，捉襟见肘的状态，曾经举办了一次以筹款为目的的游艺会，时间约在一九三七年上半年，地点在新桥娱乐戏院（今庇道学校原址）。记得那次园游艺会，节目不多，主要是学生演出的话剧和外间客串的中乐表演。话剧有三幕剧《屠户》（熊佛西编）和独幕剧《一个包袱》（编者是谁已忘记）。演出这两出戏的都是初中一年级的同学，其中有冯炳照、潘振华，等等。他们第一次登台，最年长的也只有十五六岁，但还能演得中规中矩，只闻掌声，未见有人"柴台"，成绩算是不错了。至于中乐表演，则由当时一位黄蔼兰女同学邀请一家中乐社客串演出。黄蔼兰同学擅唱粤曲，她也登台高歌一曲，美妙婉转的歌声，博得全场观众的热烈鼓掌。

那次园游会，说来好像"讲西游"，全部经费支出只一百多元，包括请中乐社饮茶在内，收入约近一千元。那时，近一千元的数目，在我们"赤贫如洗"的学校算是一笔可观的收入，可以支付近一个学期的经费了。所以，游艺会的成绩算是相当圆满，家长对演出的结果也表示满意。①

据一位在 1939 年入学的学生的回忆，显示出他对当时濠江的老师的努力和尽心尽力的教学，感受甚深。

一九三九年的下半年，广州沦陷了。当时整个广东的局势都很动荡，汉奸汪精卫的"抗战必亡论"也烦扰澳门，

---

① 濠江旧侣：《回忆天神巷时期的濠江》，《濠江中学五十周年校庆纪念特刊》，1982 年。

政治环境很复杂，报章书刊上有关抗日的字眼却被剔掉，教育界也讳言国事。而濠江中学却敢于在祖国危亡的严峻时刻，教育学生不要忘记民族的深重灾难。当时校址在天神巷一所古老的大屋，因陋就简地办起几个班。学生们大多数是逃难来的而又绝大多数是劳动人民的子弟，能有机会接受教育也是不简单。黄晓生（即黄健——引者注）校长带领一班年青有为的老师从事教育，其中杜岚、杜君恕、曾枝西、何玉麟、汤萍、周筱真等各位老师，他们以严肃认真，艰苦奋斗的作风抚育我们。除了正常功课外，还辅导我们开展作文、英文、数学的比赛，培养我们独立思维的能力，组织班社活动，让学生们自己去出墙报，建立读书、读报、演讲小组。

老师们不仅以民族大任教育我们，还以刻苦的精神影响我们。"五一"节老师们光着脚带领挑水，和同学们一起打扫卫生，培养我们热爱劳动的观念。

进入到一九四零年下半年，政治经济形势更加恶化。虽然濠江中学是澳门学费最低的一间学校，高小每学期才收费十二元，并可以分作两期缴交（记得当时某些中学的学期五十元港币），而贫苦的家长还是很艰难地负担子弟学费。老师们也很困难，但为了不忍学生们辍学，宁愿更刻苦地把学费分作五角、壹元来收，分担了学生们的困难。①

（二）宣传抗战

濠江中学的老师们，除了教授学生学科知识之外，还着重培养学生爱国情怀，坚持抗日的思想，经常利用歌曲和文章，激发

① 天恩：《悠悠寸草心——怀念母校的艰苦历程》，《濠江中学五十周年校庆纪念特刊》，1982年。

学生的思想和感情。

据一位曾在濠江任教的老师忆述：

当时，日本帝国主义正在对中国磨刀霍霍，准备全面侵华，民族危机空前严重。那时候我们教学生，主要是教他们认识当前的形势，国难的深重，向他们灌输抗日救亡的大道理，激发他们的民族自豪感和爱国精神，引导他们热爱中华民族，仇恨日本帝国主义。

不少进步的和抗日的歌曲，如《开路先锋》、《大路歌》、《义勇军进行曲》、《五月的鲜花》……都是那时音乐课的绝好教材。这些当时风靡澳门青年一代的激越歌声，对引导同学们精神向上，热爱祖国，收到了十分显著的效果。①

据一位在 1939 年入学的学生的回忆，他见当时濠江的老师宣传抗战，推动爱国教育，深受感动。

在纸醉金迷的澳门，依旧弥漫着生活的迷惘。亲爱的母校——濠江中学一诞生，就以战斗的姿态告诉澳门同胞："寇深矣，起来！"

这战斗的语言，像一把利刀，划破了那凝固深沉黑暗的长空。第一次从濠江中学传来了《开路先锋》、《大路歌》、《铁蹄下的歌女》、《打回老家去》……的歌声，传来了民族解放斗争的霜天晓角！从此濠江中学就是大声疾呼宣传团结抗战，为祖国培育英才。多少老师和同学，在抗战中奔赴斗

---

①　濠江旧侣：《回忆天神巷时期的濠江》，《濠江中学五十周年校庆纪念特刊》，1982 年。

争的前线，为祖国献身，甚至献出了宝贵的生命。

　　特别使我难以忘怀的是灌输爱国主义思想，提高对民族自卫战必胜的信心。我记得杜君恕老师把《论持久战》这本书，用通俗易懂的语言对高小以上的同学分析讲解。每逢"七七"，"八一三"，"九一八"，"一二·九"纪念日，在第一节课用报告形式来开纪念会，使我们牢牢树立不忘国难，拥护抗战的思想信念，我们都饱含着泪水，谛听教诲，体会深重的民族苦难。比之当时侈谈教育救国，连半句救亡歌声却听不到的某些有地位的学校，真是相形见绌，泾渭分明。[①]

　　抗日战争期间，黄健推行的爱国主义教育，加上学校教师们的共同努力，对学生的教育结合抗日救亡运动，贯彻始终，从不松懈。不少男女青年在学校教育熏陶下，奔向内地参军、参加抗日救亡工作。当时澳门同胞组成了服务团，直接返回内地参加抗战工作。最早组织出发的是"旅澳中国青年乡村服务团"，第一批成员在1937年10月便返回内地，以廖锦涛为团长，分10个队及一个由岐关公司工人组成的机工队，共167人，自1938—1940年分批回内地参加战地服务，不少光荣负伤，甚至英勇牺牲。例如抱着炸药爆破桥梁中弹牺牲的梁捷。[②]

（三）动员、组织民众，参与抗日救亡团体，开展工作

　　"九一八"事变后，活动在澳门的一批中共党员自觉地进行统战工作。他们以学校、书店、报纸为阵地，通过办学、授课、出售书刊、组织救亡组织吸收学生和工人参加等形式，宣传抗日

---

　　① 官天恩：《悠悠寸草心——怀念母校的艰苦历程》，《濠江中学五十周年校庆纪念特刊》，1982年。

　　② 谢永光：《香港抗日风云录》，天地图书公司1995年版，第35—36页。

救亡思想，团结青年走抗日救国的道路。抗战发生后，当时各级党组织和中共党员利用澳门的特殊地位，以澳门为阵地开展抗日活动。黄健、杜岚等人积极推动，利用濠江学校在教育及文化界的地位及影响力，支援中共的抗战工作。抗战时期，八路军参谋长叶剑英、新四军参谋长张云逸、八路军驻上海办事处主任潘汉年、八路军驻香港办事处主任廖承志等人都曾到澳门支援抗日救亡工作。1937 年 11 月，中共澳门支部在广州市委的领导下在澳门建立，次年改为中共澳门特别支部，由香港市委领导。澳门党组织成立后，注意在各抗日团体、产业工人、学生中培养发展党员，不断壮大自身力量，先后建立了学生支部、拱北关支部、岐关车路公司支部、纱厂女工支部。"澳门党的工作有了相当的发展，到广州失守时有党员 50 人。"① 在抗日工作上发挥了重要的作用。

随着各级党组织恢复、重建和抗战形势的发展，一批活跃于澳门各个社团中的分子如廖锦涛、梁铁等先后加入了中国共产党，廖锦涛更成为澳门党支部的组建者之一，并且担任了澳门支部的组织委员。而陈少陵等中共党员也恢复了组织关系，他们带领"澳门文化界抗日救国会"、"大众救亡歌咏团"、"前锋剧社"等进步团体积极开展活动，发挥了中国共产党的领导作用。中国共产党不仅掌握了一些小的爱国团体的领导权，澳门统一的爱国组织"澳门四界救灾会"和较大规模的"旅澳中国青年乡村服务团"也处于共产党的控制领导之下。"澳门四界救灾会"作为多个爱国团体的联合体，有着良好的群众基础，廖锦涛在其中担任理事。"党所能掌握领导的一个大的、公开的、合法团体是澳门四界救灾会，这个团体下面包括了一些剧社、音乐团体和

---

① 广东省委党史研究室编：《澳门归程》，广东人民出版社 1999 年 10 月版，第119 页。

学校等。"① 而"旅澳中国青年乡村服务团"则是在请示香港市委同意、由澳门党组织负责人余美庆直接参与发动组成的，中共党员陈少陵被推举为该团领队。

濠江中学亦积极配合开展工作，例如濠江小学教师周筱真等在澳门四界救灾会分别参与交际、出纳等工作。例如广游二支队队长郑少康就是濠江中学的体育教师。② 在濠江的教育影响下，不少校友为抗日出力，他们当中，有些抗战胜利后重返澳门创业，有些还一直留在内地工作，对革命事业和社会建设，作出了一定的贡献。邓庆忠校友就是其中一例。他参加中山抗日游击队时，杜岚老师亲自为他准备行装和路费送他上征途。经过半个世纪的奋战，他屡立战功，从战士到中校军官，以后到广州海关，又在海关干部学院培养了大量专业人才，作出了贡献，担任了厅局级领导，直到离休。③

（四）建立阵地，开展活动，抢救爱国人士

早在1935年，中共党员柯麟，受香港潘汉年、廖承志委派，来到澳门。柯麟凭借自己名医的身份，设法进入了镜湖医院工作，他不仅同工商界、教育界人士保持着广泛的联系，而且以高明的医术、高尚的医德，在穷苦大众中享有声望。抗战爆发后，柯麟挑选进步青年，组成"青年战地救护团"，亲自上课，讲授抗日救国道理，组织一些在澳门开诊的中国医生，为团员进行救护知识训练。柯麟还把广州沦陷后迁到澳门的一些名医联合起来，于1940年成立"镜湖医院西医顾问团"，对战地救护团进

---

① 《吴有恒关于粤东南特委工作给中央的报告》，1941年1月31日，载《广东革命历史档案汇编》甲41，中央档案馆，第114页。

② 刘羡冰：《澳门教育史》，第154页。

③ 黄洁琳编著：《六十春秋苦耕耘：澳门濠江中学杜岚校长专集》，濠江中学，第18页。

行指导，这个团先后开赴广州、石岐等地参加战地救护工作，为抗日救亡作出了贡献。五桂山游击队的伤病员经常被秘密送到镜湖医院救治，他们得到了柯麟医生和其他医护人员的精心治疗和安全保护。① 由党员黄健、杜岚主持的濠江中学，以学校为阵地，组织妇女互助社和学生救亡团体，积极开展抗日救亡宣传，同时组织学生走出校门，开展社会活动，动员更多的群众加入抗战队伍。中国共产党还以该校作为立脚点，安排党员在此工作。

1941 年 12 月，太平洋战争爆发，香港沦陷，在港的 800 多名文化界人士和爱国民主人士以及抗日的国民党人士和国际友人面临被日寇围困和杀害的危险。周恩来急电八路军驻香港办事处和广东党组织，不惜一切代价"抢救文化人"。根据中共中央指示，进入港九的抗日游击队在中共南方工委领导下，在港九地下党的配合下，终于完成了这一项重要任务。在营救这批爱国人士过程中，中共将澳门作为从香港经长洲岛偷渡到澳门，再从广东境内到达桂林这一营救路线的中转站，安排了部分因在香港逗留时间长、容易暴露身份，或因年老体弱，不适宜跋山涉水的文化人士分四批从澳门撤离。这些人士到澳门后，在澳门中共秘密联络点镜湖医院帮助下经广州湾或经中山、江门、台山到了桂林，柯麟在其中做了大量的工作。夏衍、范长江、梁漱溟、金山、司徒慧敏、蔡楚生、千家驹、王莹、郁风、金仲华、谢和庚、华嘉、孙晓思、孙明心等近百名文化界人士和爱国人士就是经此路线转移的。大批文化人在被营救中，亲身感到在危难之际，共产党千方百计营救他们，大公无私，情意深重，因此对中共更加信赖。在这些行动中，黄健还凭借自己特殊的身份，广泛地同国民党官员、地方实力派等头面人物甚至敌伪人员打交道，尽力抢救爱国文化人士。

---

① 鲁阳等著：《柯麟传》，澳门国际名家出版社 1993 年版。

（五）在珠海开展抗日活动

首先，宣传组织动员民众，进行抗日斗争。抗战初期澳门进行的抗日救亡宣传活动，除了在澳门和离岛进行外，还远及毗邻的珠海等地区。特别是中共领导的抗日救亡宣传更将组织团员走出澳门，到附近的农村去开展宣传作为一项重要的工作任务。如大众歌咏团团长廖锦涛带领团员到湾仔和吉大向群众公开演讲，陈少陵、杨岭梅带领旅澳服务团开赴四邑开展宣传。廖锦涛、余美庆等人创办的前锋剧社，两次徒步沿钟山县东、西两线到各乡宣传，以标语、漫画、壁报、歌咏、巡回演出、召开演讲会、找群众个别谈心等形式，发动群众开展抗日救亡运动。澳门四界救灾会联合澳门其他社团，到湾仔举行国民抗敌宣誓大会，到会人员举手宣誓"矢志为国，不做汉奸"，场面庄严，气氛热烈，会后还举行游艺晚会，当地上千居民前往观看，受到了很好的宣传效果。1938 年 5 月，盘踞在大小横琴一带的日军出动 100 多人乘坐橡皮艇企图登陆洪湾，被中国守军击退后，澳门同胞慰问团携带澳门热心人士捐助的食物和药品等物资，到洪湾慰问抗日战士，并向他们赠送锦旗。澳门抗日团体还在湾仔、前山等地举办军民联欢会，受到当地群众和驻军的欢迎。所有这些，都有力地推动了珠海民众抗日救亡运动的开展。

其次，珠海成为人们返回中山等地投入抗日斗争的中转站。在祖国人民的感召下，不少热血青年返回内地参加抗战。1938年 10 月下旬，四界救灾会回乡服务团工作委员会成立训练委员会，负责训练服务团成员，当时训练营设在湾仔。服务团各队赴内地前，均需分批到训练营参加为期一个星期或十天左右的训练，然后再奔赴抗日战场。抗战时期，刘帼超医生在毗邻珠海的中山三乡，选择水陆交通方便而又较僻静的地方开设平岚博爱医局（医院），凤凰山、五桂山游击队的战士们负了伤，染了病，都到这里来医治。平岚博爱医局成为游击部队的秘密后方医院。

1944 年春天，中山游击队先后派出郑秀、郭宁等以普通老百姓的身份进入澳门，建立一个秘密的办事处。他们通过各种渠道传播中共抗日主张和敌后游击队胜利的消息，吸引了那些热爱祖国、坚持抗日、倾向进步的澳门热血青年，一批批秘密地来到五桂山，参加代号为"纽约桥"的青年训练班。当时参加的青年很多，其中有李成俊、赖冠威、李铁等。这些青年学习结束后，有的补充派到连队担任文化教员，有的直接到游击队当"政治战士"（负责宣传鼓动工作），有的女青年则分配到医疗站（简陋的战地医院）或到连队担任卫生员，从事救济伤兵的工作。"纽约桥"青训班在战斗中牺牲了不少澳门儿女，其中有胡兆基、陈君芝、郑诚之、赖冠威等，"纽约桥"青训班在澳门的组织者之一郑秀也献出了自己宝贵的生命。

当时的濠江中学，便以办夜校的形式，吸收进步的青年、工人、知识分子和学生，秘密办了 12 期青年训练班，系统地讲授了《新民主主义论》，进行了形势教育和纪律教育，讲述军事和群众运动常识等课程，分期分批地输送骨干到游击区去，参加武工队或整治工作。第一期参加学习的爱国青年，结业后，即组成武工队，带到靠近新会边界的中山马㲼，名为"马㲼武工队"，交给中山区的中共组织来领导。当第二批学员培训工作结束后，先派 5 位学员前往中山、新会边境游击区工作，经前山时，遇到国民党军队的拦截扣押。为了营救这些同志，黄健废寝忘食，四处奔走，筹集 5000 多元赎金，使他们全部获释并到达目的地。这些青年、工人、知识分子，经过短期培训教育，被输送到游击区参加武工队或从事政治工作后，扩大了骨干力量，配合了五桂山游击队的活动，对迎接人民解放军渡江南下，解放中山珠海起到了一定的作用。

除了以上事件，抗战结束不久，黄健进行策反黄森起事的工作。

1947—1949 年，饶彰风在香港主持《华商报》，兼任东江纵队驻港办事处主任，领导中共的宣传和统战工作。[①] 在饶的指导下，黄健执行上级交给的任务：在澳门开展统战工作，组织武装，研究策反，并协助珠江地委、中山县委设立交通联络站，做好艰苦作战的准备，迎接解放的来临。1949 年 3 月底，饶彰风派方源湜、汤生、施展三位同志，到澳门协助黄健进行具体工作。

1949 年 4 月，"中（山）新（会）边境武装工作委员会"成立，由黄健主任兼组织工作，方源湜负责宣传，汤生、黄森负责军事，陈满负责财政，施展负责交通联络，随后又派周挺负责与中山县中共组织以及五桂山游击队联系，并赴第一线开展武装行动，负责与黄森部署策划武装起事的具体行动。

黄森当年是国民党中（山）新（会）联防主任，兼中山县联防大队长，拥有一定的武装实力。为争取黄森，中国共产党派人与他谈话，说明中共的政策和形势。当事情取得进展以后，八区党组织先后派陈培克、周挺到澳门与黄森谈话多次，并商定起事事宜。与此同时，中共党员黄健与方源湜在香港工委的直接领导下，拜会澳门热心爱国的陈满医生，根据新华社 1949 年新年献词《将革命进行到底》的精神，畅谈中共领导的人民解放军与国民党军队力量的对比，展望解放军即将渡江南下，面临全国解放的前景，与陈满取得共识，决定通过陈满发动他的至交黄森共商大计。1949 年 9 月，黄森率部 284 人，携带火箭筒、六〇炮各 1 门、重机枪 1 挺、轻机枪 5 挺及其他武器一批，在八区龙坛起事。黄森率部起事，严重打击了国民党的军事部署，同时对

---

① 吴伦霓霞、余炎光编著：《中国名人在香港：30、40 年代在香港活动纪实》，香港教育图书公司 1997 年版，第 29—33 页。

教育人民不打内战，起了深远的影响。之后，他们还成功策动广东保安师一师、东江护路总队、顺德糖厂驻军等武装起事，耐心说服已逃亡澳门的国民党某部汽车连归降中山，增添了迎接解放工作的力量。[①]

六　结语

澳门教育发展的历史过程中，濠江中学是一间较为独特的学校。在黄健校长的带领下，学校不仅是一个教育机构，也是一个支援抗战、支援中共活动的组织，为中国抗战，为澳门的爱国活动尽最大的努力。当时，虽然遭受到很大的压力，例如，1941年澳葡政府为免开罪日本，明令"学校的一切活动，不能带有政治色彩"，使濠江中学的处境更险恶，只好把近西街和天神巷的中学部，迁回镜湖马路与小学部合址，以减少经济开支。1945年抗战结束后，国民党特务和地方恶势力互相勾结，黄健和老师们也常被跟踪监视。1946年黄健校长被邓达生诬告买船未付款，地方恶势力企图通过法律来达到搞垮濠江中学的目的。不过，黄健终于能排除困难，维持濠江中学的发展，支援中共在澳门地区的活动。1947年，为迎接解放工作的需要，黄健没空抽身主管校务事宜，学校改由其夫人杜岚担任校长，但他一如既往，热心文化教育事业，培养青年和开展宣传爱国教育工作。1949年10月1日，不畏澳葡政府的压力，濠江中学升起澳门历史上的第一面五星红旗，被视为澳门爱国教育成功的象征，这都是由黄健校长一直努力建立起来的成果。到1949年12月，黄健回中山县军管会工作，1954年被推为石岐市副市长，广东省第一届人民代表大会代表，他在澳门的工作才告一段落。

---

① 赵艳珍：《珠澳关系史话》，第168—169页。

论林显富先生的教育理念与工作

杨兆贵

一 林显富简介

　　林显富先生，澳门知名教育工作者。他 1938—1942 年先后肄业于澳门雨芬、同善堂、慈幼学校，读完小学课程。1950 年他在澳门银业公会附设会计班高级会计班毕业。其后，他先后在内地、澳门高等院校修读与教育相关的课程，与两地的关系很密切：1977 年"文革"结束翌年，他就在广州体育学院港澳中学体育教师训练班结业。1982 年、1985 年他先后在东亚大学（澳门大学前身）教学管理班（1982 年他到菜农子弟学校任校务主任）、校长培训班结业。其后，他不断进修：1985—1988 年他在华南师范大学教育专业校外文凭课程毕业，2000 年在华南师范大学国家教育部培训中心中学校长教学管理研修班结业，2003 年在北京师范大学国家教育部校长培训中心小学校长研修班结业。他好学不倦，"发愤忘食，乐以忘忧，不知老之将至"（《论语·述而》），这对他要求教师不断进修增值有重要的影响。

　　林校长 1954—1982 年先后在银业学校、教业中学担任美术、音乐、体育、会计、地理教师，兼任学生会辅导、训育及行政领导小组成员。他任教这么多的术科，可见他多才多艺。这与他日后重视美艺和课外活动有密切的关系。1982—2006 年他在菜农子弟学校先后任校务主任（向上对校长负责，向下领导学校工作）、副校长、校长。他在菜农子弟学校工作的时间最长，也是他发挥教育理念、实践教育的重要阶段。

他除了从事教育工作外，还担任其他工作职务：如 1948—1953 年他参加基督教诗歌班。由于他曾在教会小学肄业，也参加基督教诗歌班，他对基督教和教会认识较多，这对 20 世纪 80 年代后中华教育会和教会的和解有一定的帮助。他是左派人士，认为在政治上亲左或亲右最关键的在于心态；他又认为，所谓爱国，就广义来说，最重要的是不要忘记自己是中国人，有民族自豪感，希望国家民族富强，个人有独立的批判力，而不是盲目追随某人某理论。[①] 他这样的看法，和一般盲目"爱国"者不同，也使他、中华教育会与教会的和解有一定的帮助。

由于林校长对菜农子弟学校和澳门的教育作出卓越的贡献，2004 年他荣获澳门特别行政区教育功绩勋章。

二　林显富面对的教育问题

林校长从 1982 年当菜农子弟学校校务主任，迄 2006 年退休。他领导学校发展，不是一帆风顺的。在不同年代，他面对不同的问题、困难。他所面对的，也是菜农子弟学校面对的，有些是澳门左派学校面对的，也有些是全澳门学校所面对的。

20 世纪 50 年代，澳门经济不景气，农民多居住在澳门北区。他们生活相当困难，许多儿童失学。当时澳葡政府即使有教育厅，只办几所官校，对教育其他事宜都不理不睬。同时，政府敌视左派团体，不喜欢左派团体办学。如 1966 年 12 月 3 日发生

---

① 杨兆贵：《林显富先生访谈录》（二）（2008 年 1 月 17 日），未刊稿。

"一二·三"事件，是一件比较典型的事件。本来氹仔坊众要办氹仔坊众学校。有人捐了一间屋子出来，然后申请装修，向澳葡政府申请了很久，但政府不批准。后来居民一开工，政府就干预。居民质疑为什么教会学校一申请就批准，而他们申请就不批准。最后发生了"一二·三"事件，才逼使政府答应。① 菜农学校草创时期，经费不足，物质条件相当恶劣，设备极其简陋。如教导处设在教室里，只有一张简单的书桌，仅供教师批改作业之用。教室"如遇天雨，则天上下大雨，课室下小雨"。②

20世纪60年代末70年代初，由于政府不提供办学经费，办校团体只能自行筹措，经济有很大困难。由于办校的经费得不到补充，当时各行业的子弟学校的班级越来越少，有些学校就合并了，如猪肉烧腊学校和鲜鱼学校合并后，就归到工联子弟学校。孔业中学和银业中学合并，就成为教业学校。镜湖慈善会和平民学校合并成镜平联合小学。有些学校因经费不足就倒闭了。

70年代末80年代初，由内地来澳门的移民增多，其中福建籍移民最多。移民中不少是因东南亚排华而回国的青年华侨，他们起码有初中至高中的文化水平，又是热血青年，又经历"文革"，移民至此，生活不习惯，又比较贫穷。他们很无助，既要适应澳门社会，又要照顾子女。林校长面对这样的情况，觉得菜农学校若继续以识字班的方式办下去，是没有前途的，必须重整学校的办学方针和策略。③ 另外，1975年以后澳门经济开始下滑，办学经费常出现问题，又由于办校没有前瞻性、延续性，所以学校没有规章制度。教师本身的素质也是问题，因为当时薪金

---

① 有关"一二·三"事件，可参见周奕《香港左派斗争史》，利文出版社2002年版，第211—216页。

② 何杏芳：《学校的过去和现在》，载《菜农子弟学校庆祝建校三十周年特刊》，菜农子弟学校，1986年，第6页。

③ 杨兆贵：《林显富先生访谈录》（二）（2008年1月17日），未刊稿。

比较微薄，教师的素质就比较低，有些初中还没毕业，这严重影响了教学质量。那时期，教学质量一直提高不了。

到了90年代，随着社会经济的发展，学校又面临新的挑战，主要是学生行为问题、学校家长合作问题。由于社会经济改善，不少家长外出工作，很少时间照顾孩子，而且出现不少家庭问题，这样，学生缺乏家庭的温暖，有很多叛逆行为。如何加强家校合作和沟通，是当时的一个问题。林校长认为，家长与老师间的误会，往往就是彼此之间欠缺及时的沟通而引发的，若老师能多加注意与家长的联系，并及时反映学生的学习情况，误会便能减至最低。①

21世纪初学校又面对新的问题：澳门出生率下降，学生人数减少；学生升留级问题，如2004—2005年度中学部期末考试出现的三、二、一问题（300人合格升级，200人须经补考后才决定升留，100人成绩太差要留级）；受不良社会风气影响，学生不重视学习，不尊重老师；在澳门教改大时代中，学校应怎样走出自己的路子。②

可见，时代不同，学校面临的问题也随之而异。林校长作为学校的领导，怎样克服重重困难，进而带领学校走出一条自有特色的道路呢？

三　林显富应对之道

林校长在不同时代，面对不同的教育问题。他怎样面对？怎样解决？

林校长素有忧患意识，他说：

---

① 林显富：《2003年度下学期校务总结》（手稿）。
② 林显富：《2004/05年度校务工作报告——坚持信念，结合实际，稳步求进》（手稿）。

　　"创业难，守业更难。"所谓难者就是我们不但要"守业"，而且要"再创业"。一成不变，跟不上社会发展，这种消极的"守业"，只会让我们慢慢地被社会淘汰；我们要积极地"守业"，就要配合社会发展步伐及发展需要，同步迈进。①

林校长意识到不仅创办学校困难，而且要使学校生存、发展，也同样困难。如何能够克服困难，使学校能顺利发展？这是一直萦绕在他心中的一个重要问题。他对学校克服困难提出自己的看法：

　　首先，遇到困难，就要想办法解决，而不是知难而退。他说："有困难，想办法，将不利因素转化为有利因素，这是我们办事的方法，也是行之有效的方法。"② 他认为要办好一所学校，应该根据该校的条件，脚踏实地，朝着目标前进："要办好学校，一定要根据本校条件结合办校理念，明确目标，办出自己的特色。"③ "我们明确地要按照自己的条件去办，所以在北区里我们有一句话就是'立足北区'，就算学生多或者怎样，你也要维系。"④ "我觉得要按照自己的条件，以学生为主，先要学生学得好，环境尽量好。环境越差，我们就要越办好。"⑤

　　另外，他强调依靠社团，团结社团，得到社团的支持。菜农子弟学校本来就是由菜农合群社创办，在几十年的发展过程中，又得到社会的支持，因此，得到社团的支持很重要。

----

　① 林显富：《发展中的菜农子弟学校——与时俱进，办好中学》（手稿）。
　② 林显富：《坚持信念，与时俱进，实事求是，稳步发展》，载《澳门菜农子弟学校建校五十周年特刊》，菜农子弟学校，2006年，第3页。
　③ 林显富：《发展中的菜农子弟学校——与时俱进，办好中学》（手稿）。
　④ 杨兆贵：《林显富先生访谈录》（二）（2008年1月17日），未刊稿。
　⑤ 同上。

　　当然，林显富有自己的教育理念。他在菜农子弟学校当领导期间，既不断完善这套理念，使之与日俱新，同时把它付诸实践，并取得丰硕的成果。

四　林显富的教育理念与教育实践

　　林校长自 1982 年 8 月开始负责菜农子弟学校的工作，一直到 2006 年退休。他甫上任，刚好是菜农子弟学校面对转变的重要时期。他一直以来采取合宜得力的措施，使菜农学校稳步向前发展。

(一) 重视教育、教师

林校长特别重视教育、教师。他对这两者的看法是这样的：

　　　　教育必须根据发展着的科学技术水平，不断改变和更新内容，不断改变和更新教育思想和方法。而且，教师个人条件也千差万别，时时变化。没有任何一种职业像教师职业那样需要不断改新的精神。教师必须不停地学习，掌握新的知识技能，提高思想修养和业务水平。①

　　他认为，教育应该不断更新，不应一成不变。易言之，如果教育界不更新教育观念，而只是循规蹈矩、守残抱阙，那教育工作者及其教育事业必将被时代淘汰。另外，教育界要适应时代，尤其是在当代社会里，科学技术日愈重要，在各个领域产生重大影响。科技在不断更新，教育作为培养社会栋梁的重要工程，应

---

　　① 林显富：《迈向更光辉的明天》，载《澳门菜农子弟学校建校四十周年纪念特刊》，菜农子弟学校，1996 年，第 6 页。

该与科技同步发展。这样，教育应该创新。创新很重要。教育如果不创新，就会落后，甚至失败。当然，创新不等于抛弃传统。林校长强调教育、知识是累积的，而非割裂的。这样，创新是建基于知识的累积，而非凭空捏造或海市蜃楼。创新，包括思想观念和方法。思想观念是主，方法居次。思想观念改变了，方法也随之改变。当然，要创新教育思想观念和方法，不能闭门造车，而应多与外界交流，才能产生冲击，别创新格。因此，林校长常常和同事参加国内外的教育交流、座谈会，以吸收一些新的教育思想和方法，并把它们付诸实践。

他认为教师"个人条件也千差万别"，意即每个教师各有自己的特点，如出身背景、成长经历、教育历程、学术兴趣、知识专业、性情等各不相同，他们对教育的理想、热忱必然有所不同。他们的教学方法也不会千篇一律，而是八仙过海，各显神通。学校领导也应该明白教师的个人条件千差万别，就不能强人以划一的教学方法，必须尊重教师个别差异的事实。

林校长在菜农学校当领导期间，就充分尊重教师、了解教师的心理，并从教师的处境着想。有一位老师曾经两次体罚学生，被家长告到教青局。林校长认为这位老师有诚意，他体罚学生的出发点是因为心急，而且他肯负责，不是得过且过，误人子弟，就给他机会。现在该教师与学生的关系很好。

另外，他认为教师要不断学习，掌握新的知识技能，提高思想修养和专业水平，与时俱进。不断学习，意谓教师即使以教人育人为终身志业，即使一辈子在中学或小学工作，但也不要画地为牢。相反，应该与时俱进，不断丰富本科知识，学习不同的教学方法、技巧，才能适应时代的新挑战，做一位合格，乃至优秀的教师。

林校长明白办好学校，教师是关键。易言之，能否稳住教师的心，使教师对学校有归属感，是最重要的。只有先解决教师面对的问题，才能稳定"师心"，再稳定校心，学校才能发展下去。教师与其他一般人相同，希望有较高的待遇，不愁柴米油盐。20世纪80年代，菜农子弟学校教师的薪水低。如何解决教师的经济问题，提高他们的收入，使他们安心工作，这是当时林显富工作的另一重点。他想方设法，从这几方面着手：（1）增加每班学生的人数，学生人数增加了，学校的收入也多了，教师的薪水也就提高了。（2）办好补习班。学校把补习费平分给参与教课的老师。（3）组织教职员工联谊会，丰富教师的课余生活，开展学术、康乐、福利等工作。这样，既可开阔教员的视野，又增进同事间的交流。（4）建立长期服务金制度。（5）建立病假制度：每位教师一学年可有一个月补假薪，如果老师一个学年没有请假，就多发给一个月薪水；如果请了病假或事假，就这一个月薪水按日扣减。（6）其他福利：每年假期，学校组织教师去旅行，学校补助一些费用。教师免费参加，家属参加付一半费用。这样既让家属参与活动，也使他们支持教师工作。

（二）重视教学工作

　　林校长除了尽量提高教师的待遇，还同时尊重教师及其工作。他对教师信任、尊重，从教师的立场着想，让犯错的老师改过自新。当教师有机会重新执教，就会更珍惜这份工作，工作更热诚，与学生的关系更密切。

　　为了提高教师的学力、学识，他鼓励教师积极参加在职培训。从1986—1996年，该校先后有30多名教师通过在职培训，改进教学方法。① 迄1996年，该校80%以上教师有教育专业学历。② 学校又经常举办专题教学经验、教育理论交流会议。另

---

　　① 林显富：《迈向更光辉的明天》，载《澳门菜农子弟学校建校四十周年纪念特刊》，1996年，第6、7页。

　　② 同上书，第7、8页。

外，他常组织教师到外地交流、吸收先进的教学经验，探讨教育教学发展趋势。该校教师到过新会、中山、广州等地的中、小、幼学校学习交流；也到过葡萄牙、日本、新加坡等国考察。① 为了减少教师花耗时间在行政琐事上，多多利用现代化教学设备，学校在 20 世纪 80 年代初就购买复印机影印，90 年代初就利用计算机输入学生的成绩等。这既对提高教学素质很有帮助，又使学生学习和掌握科学文化知识。

林校长为了提高教学水平，为了协调和提高各科组的教学水平和管理水平，中学部设立各年级组长，要求他们分工合作、相互配合，按照教学计划完成进度，并进行分科听课，互相观摩，促进沟通和交流教学经验。小学部设立各级各科听课交流观摩制度，促进经验交流。在教学过程中，要求教师沿着渗透模仿方式，培养学生学习兴趣，提高口头表达能力和信心。② 另外，他要求各科教研组订出各种教学方法，重视启发式教学。又要求各科定时举行测验，考核学生成绩；重视作业检查，并要求把有关资料送至教导处，加强检查制度，达到教学相长。③

（三）重视培养学生的德、学、智

林校长除了重视教师及其工作外，同时，他认为教育就是为了学生。首先，他重视学生的品德修养。他说："教育的目的就是充实和发展儿童健全人格，为人类的发展进步培养各种

① 林显富：《迈向更光辉的明天》，载《澳门菜农子弟学校建校四十周年纪念特刊》，1996 年，第 7 页。又，《菜农学校教职员赴开封交流》，载《澳门日报》2000 年 7 月 26 日；《菜农子弟学校访问团赴鄂扩阔教学视野　汲取国内著名学府教学经验》，载《澳门教育》2004 年第 1 期，第 72 页；《菜农学校赴星交流　参观学校收获丰富》，载《华侨报》2004 年 7 月 7 日。
② 林显富：《2004/05 年度校务工作报告——坚持信念，结合实际，稳步求进》（手稿）。
③ 林显富：《敬业乐业 前途美好》，载《菜农子弟学校庆祝建校三十周年特刊》，1986 年，第 5 页。

各样的人才。因而教师善于把学生的主体作用与教师的主导作用结合起来，将学生的心理过程的普遍规律与个性特点结合起来，使学生学得主动、活泼、愉快；使学生过上丰富的精神生活。"① 丰富学生的精神生活很重要，要丰富他们的精神生活，就要先使他们有正确的人生观。林校长认为，教育学生爱国爱澳是最根本最重要的思想教育。他所写的校歌强调"爱祖国，爱人民"，他自己又身体力行，《澳门日报》在他退休时称赞他"爱国爱澳爱家"，② 是最好的说明。他认为思想品德教育是学校教育的重点，因此他认为无论在任何情况下都不宜将学生的品德要求降低。他要求老师除了在课堂教学上不断对学生灌输正确的人生观外，也要多留意社会时事，当发现社会出现一些歪风败俗或良好道德风范的新闻时，应及时向学生进行品德思想教育，让学生多加注意。此外，学校多办一些道德讲座或鼓励学生参加一些健康的社会活动，如童军、少年警讯和飞鹰计划等，通过参与这些活动去开阔他们的视野，培养良好的品德。③

林校长特别重视课外活动（第二课堂）。他说：

> 要用极大的热情去鼓励学生发挥特长，发展个性，实事求是地正确引导他们全面发展，健康成长，应贯彻因材施教原则。积极开展第二课堂教学，让学生的学习更全面发展，丰富学生的学习生活，发掘他们的潜能。④

通过课外活动，培养儿童关心集体，增强自信心和成就

---

① 林显富：《迈向更光辉的明天》，载《澳门菜农子弟学校建校四十周年纪念特刊》，1996 年，第 8 页。

② 《澳门日报》2006 年 8 月 27 日（星期日）。

③ 林显富：《2003 年度下学期校务总结》（手稿）。

④ 林显富：《迈向更光辉的明天》，载《澳门菜农子弟学校建校四十周年纪念特刊》，1996 年，第 8 页。

感，充实生活，更促进了学生智力发展。①

这是他对开辟第二课堂的看法，也是推行课外活动的目标——发挥学生所长、发展学生的个性。学校设风纪队、医疗小组，组成童军、鼓乐队等，在校舍天台建造一个"现代生物园"；学生不仅参加不少比赛，如音乐比赛、朗诵比赛、武术比赛、舞狮比赛等，而且参加很多社会活动，如庆祝国庆节在祐汉公园演出；参加庆祝回归五周年文艺晚会活动，与广州五中交流；中学舞蹈队参与澳门学生艺术团，到广西交流演出等。值得一提的是，学校还举办幼儿园运动会。当时最伤脑筋的是如何让一大群小朋友去到望厦体育馆？林校长建议由小五小六年级的学生每一人陪着两个小朋友。当时有老师怀疑可行性、安全性，他们还认为小五小六学生自己都管不好，怎能陪着小朋友去呢？林校长认为这可以培养他们责任感。越是顽皮的学生，让他们在马路口指挥交通，他们越觉得自己是交警，越负责任。这样，他们一个人拖着一个小朋友，好像是拖着弟妹般，给街坊们留下良好的印象。通过这样来回陪同，林校长认为学校可以多办活动，可培养学生的信心。

林校长重视培养学生的阅读习惯。为了贯彻培养学生德、智、体、美、群全面发展的方针，丰富学生学习生活，他提倡学生"好读书，读好书"，以形成爱好阅读风气。学校在中小学图书室及幼儿园图书阁外，还分别在一些适当空间增设图书柜、图书角。他强调注重营造优雅的校园环境、艺术氛围，以陶冶学生的性情，培养良好品格，通过学习、活动，增强学生的自信心和责任感。② 另外，他鼓励学生自己办刊物——中学生创办《雏鸣

---

① 林显富：《迈向更光辉的明天》，载《澳门菜农子弟学校建校四十周年纪念特刊》，1996 年，第 8 页。

② 林显富：《幼儿园校舍启用十周年剪彩礼上讲话》（2005 年 3 月 5 日）。

集》、《藤愿》，小学生创办《苗圃》、《藤愿》等期刊。他特别
重视这些期刊，鼓励学生"善于观察，从生活中积累素材，并
要精于提炼语言"，希望能"流畅地表述思想感情"，训练出灵
活的头脑、敏锐的思维、创新的意识。① 此外，他认为多让学生
发表文章，可能培养学生成为作家，"这对有刊登过文章的学生
很有鼓励。他写的文章被收集出版，之后或者读初二的时候就会
写得更加好了，谁又会知道将来会否在文集里面出了很多成名的
作家"。② 他希望通过这些期刊，"涌现无数优秀的小作者、小记
者、小书法家、小画家"。③ 易言之，林校长认为学校刊物是使
学生成为作家、记者的摇篮。

（四）重视学校与家长合作

要办好学校，离不开家长的支持、合作。20 世纪 90 年代以
来，越来越多家长参与学校事务。家长成了学校发展中不可或缺
的一股力量。菜农子弟学校从 20 世纪 80 年代开始，就与家长建
立密切的关系。林校长强调菜农子弟学校要"立足北区"，服务
北区。他说："家长与教师密切联系，对教育儿童是十分重要
的，虽然进行家访工作存在客观困难，但教师们仍想方设法通过
各种途径，经常与家长接触，互通讯息，以收共同管教儿童之
效。为使家长对校方及其子弟有更多了解，我们还定期举行家长
招待会。"④

随着时代、社会发展，学生接触校外的事物越来越多、越来
越容易，受影响也更容易。怎样减少学生受外界不良影响，学校

---

① 林显富：《雏鸣集·元旦寄语》（2004 年）。
② 杨兆贵：《林显富先生访谈录》（二）（2008 年 1 月 17 日），未刊稿。
③ 林显富：《苗圃·创刊祝词》。
④ 林显富：《敬业乐业　前途美好》，载《菜农子弟学校庆祝建校三十周年特
刊》，1986 年，第 5 页。

已经不容易处理，必须加强家校合作。他说："对于要改变学生学习欠自觉的问题，说实在的，老师能做的委实有限，因这已不单单是学校教育的问题，还涉及家庭教育，如没有家长的良好配合，老师所做的枉实徒然。"① 在家校合作中，他认为班主任起着重要的作用。如果班主任能多和家长联系，并及时反映子女的学习情况，会减少彼此的误会。教师有时花时间在家长身上，可能比花在学生身上，更有价值和成效。教师只要每日能腾出时间与家长沟通，比怒气冲冲地责骂学生更有益处。② 看来，班主任是学校、家长沟通的重要桥梁。

由于他在学校推行的各种措施得力得当，且有成绩，得到北区家长的认同、支持，因此，学校能扎根下来。这也是菜农子弟学校能继续办学下去、日益发展的原因。

（五）校长的工作

那么，作为校长，应该具备哪些素质和领导能力，才能带领学校往前走？他自己当校长，对校长的素质提出这些要求：（1）热爱教育事业，有强烈的事业心。（2）有较强的领导学校行政工作和教育工作的能力。反对传统的家长独裁者的专权式领导，应重视教师的素质，选拔和任用教师是从维护学校行政工作正常运作着眼。要提高学校教职工的素质，发挥高的教育效益。必须善于根据教育目标，从学校实际出发，设计自己的办学方案。善于不断提出学校的新的奋斗目标，使学校成员经常面临新的具有挑战性的任务。善于敏捷地思考问题，有自己的独立见解，在学校中进行新的试验和实验。要做到以上三点，还必须具有决断的勇气和果敢地行动的能力。（3）有广泛的科学文化知

---

① 林显富：《2003 年度下学期校务总结》（手稿）。
② 同上。

识和教育理论知识。（4）有高尚的道德质量和崇高的精神境界。（5）有良好的工作作风。这不仅是林显富对校长素质的要求，也是他对自己身为校长的工作要求，也是他对身为学校领导的期许。他任校长时，就能把这些素质、要求付诸实践。

五　结语

　　总而言之，林校长对教育的核心理念是，相信人向善。他推行合乎情理的措施，去发挥师生的善心，以推动学校的发展。他积极引发师生上进，建立他们的信心，并使他们尝到成功的滋味。林校长重视、尊重教师，强调教师性格各异，有差异，还鼓励学生积极参与课外活动，完成一般人认为不太可能实现的事，建立了他们的信心，从而超越了自己。在他的领导下，菜农子弟学校在不同时代克服了不同的困难，已深深扎根在北区，成为澳门一所深受家长、学生欢迎的学校。他荣获教育勋章，可谓实至名归。

一本杂志，一个时代

——《澳门新教育》杂志诞生记

王志胜

《澳门新教育》即"澳门中华教育会"创办的《澳门教育》杂志前身。《澳门新教育》创刊于 1950 年 6 月 6 日"教师节"，时值中华人民共和国成立不久。新中国成立伊始，百废待兴，教育面临空前改革的局面。而与祖国大陆一水相隔的澳门，此时也酝酿着一拨教育改革的新浪潮。

澳门被葡萄牙殖民式管理四百余年，但澳葡政府对发展教育几乎是不闻不问。成立于 1920 年的澳门中华教育会是最早致力于推行中国传统文化教育的民间团体，但受环境及条件所限，传统教育发展困难重重。1949 年新中国成立，给澳门的教育工作者以极大的鼓舞，他们在中华教育会的号召下，勇于担负起澳门教育改革的重任。为能传达祖国教育改革的信息，加快澳门教育改革的步伐，反映澳门社会对教育问题的诉求，澳门的教育工作者急需一个新教育探索和论辩的阵地，《澳门新教育》杂志应运而生。

本文拟运用文献探讨及内容分析的方法，对《澳门新教育》前十期杂志内容分门别类，通过对杂志反映的新中国教育法规、澳门教育改革模式探索、各中小学校教学动态、师生联欢活动、教师教学体验、学生表演创作等内容的综合叙述，探讨澳门第一本教育杂志诞生的来龙去脉，彰显隐藏在各类文章背后的种种话语权，重现澳门教育史上划时代变革大潮中社会各阶层的声音，反映澳门教育工作者对新教育探索的执著精神以及澳门教育文化与祖国传统文化的血脉之情。

一　《澳门新教育》诞生的历史背景

1949年10月1日中华人民共和国成立，社会主义中国百废待兴。摆在中国政府面前的两项主要任务就是经济建设和文化建设。当时的文化部部长陆定一曾说："随着经济建设高潮的到来，不可避免地将要出现一个文化建设的高潮。"[①] 发展新民主主义文化教育有两个目标，一是文化教育要面向大众，面向工农兵；二是文化教育事业要为恢复与发展国家生产建设服务。

1949年12月23日，中华人民共和国第一届全国教育工作会议召开，会议明确提出了"以老解放区新教育经验为基础，吸收旧教育有用的经验，借助苏联经验，建设新民主主义教育"。[②] 随后的1950年和1951年，教育部门又多次召开高等、中等教育会议，商定了全国各级各类教育的具体方针和实施办法。中央人民政府政务院于1951年8月10日通过了《关于改革学制的决定》(《澳门新教育》1951年第5期亦有转载)，并于国庆两周年时正式发布实施。这标志着中华人民共和国教育制度

---

① 陆定一：《新中国的教育和文化》，转引自《澳门新教育》1950年6月6日创刊号。

② 钱俊瑞：《在第一次全国教育工作会议上的总结报告》，《人民日报》1950年1月6日。

的正式确立。

　　与祖国大陆一水相连的澳门，因为当时复杂的国际环境及其特殊的历史地位，50 年代也经历了一个动荡时期。新中国刚刚成立，以苏联为首的社会主义阵营进一步扩大至东亚，而以"美帝"为代表的西方敌对势力，却害怕社会主义阵营的强大及新中国的崛起。西方势力一直利用澳门的特殊地位，将其作为对抗新中国的前沿阵地。澳门爱国团体及守旧势力两大阵营的斗争十分激烈。文化教育是意识形态的重要工具，学校自然成为代表新、旧教育两大团体争夺的战场。然而，中国新民主主义革命的胜利和中华人民共和国的成立，给了澳门同胞以极大的精神动力，他们欢欣鼓舞，对祖国的未来充满信心。澳门中华教育会号召一切进步的、革命的知识分子肩负起推行新教育的重任，全心全意地为创建澳门新民主主义教育而努力。为了适应祖国形势的变化，倡导新教育运动，改变澳门教育落后的局面，澳门中华教育会于 1950 年 6 月 6 日创办了《澳门新教育》。在创刊词中，中华教育会会长陈道根认为，现在国际国内形势有利于澳门教育的发展，广大澳门教育工作者应该团结起来，打破过去"沉郁、疲沓、污浊的局面，紧靠群众，紧靠祖国，走向新生之路"。因为"本地有历史上的落后性"，与祖国的新文化运动"仍是一层隔膜"，所以《澳门新教育》的创刊宗旨，就是要"负担起文化战线上的任务"，"负担起介绍新教育理论、传达新教育法令、沟通祖国与本地的文化河流、供给新教育资料的责任"。[①]

---

　　① 陈道根：《澳门新教育创刊词》，转引自《澳门新教育》1950 年 6 月 6 日创刊号。

图 1   《澳门新教育》第 1 卷第 1—3 期（本文作者摄）

图 2   《澳门新教育》第 2 卷第 1—5 期（本文作者摄）

图 3   《澳门新教育》第 3 卷第 1—2 期（本文作者摄）

因为澳门社会环境的复杂性,推行新教育面临很大困难。尤其是面对校园这块阵地,两大阵营明争暗斗,矛盾十分尖锐。教师们首先成为争夺的对象,他们大部分能坚定立场,无视引诱和威胁,身靠祖国这一边。但也有部分教师在威胁面前心怀恐惧,不知何去何从,更看不到自己的未来。就像濠江中学校长杜岚在文章中指出的那样,澳门复杂的形势使"一些教师恐惧害怕,不敢面对现实;一些高级知识分子抱残守缺,不思进取。他们没有确立新教育观点,左摇右摆,没有勇气担负起推行新教育的工作"。① 面对新旧教育两派的激烈争斗,澳门中华教育会发起了"和平签名运动",希望澳门能有一个和平安定的环境来推行新教育。当时澳门人口近30万,学校60余所,学生已达万余人,学校使用什么教材、教师如何授课,是推行新教育的关键。杜岚号召澳门教育工作者"站在人民教育立场","学习新教育理论和经验,精通教育工作业务","爱护青年,爱护学生。一方面做他们的先生,同时也要做他们的学生"。② 《澳门新教育》1950年第2期还转载了《南方日报》朱定宇的文章《怎样去做新教师》,对新教师提出六个基本条件:要好好改造自己;要精通业务;要搞通思想、了解政策;要走群众路线;要关心学校的事;要不断进修。③

学校推行新教育要有新的教科书,可是澳门一直没有统一的教材,中小学校各取所需,教材来源不一,内容芜杂陈旧。在中华教育会的要求下,广东中山县石岐教育工作者联合会1950年曾向澳门学校馈赠一批新书。1951年初,教育会更联系澳门书业"九联"(即当时澳门的九家书店)参加石岐春季新书发行座谈会,征订新书,为澳门的学校提供足够的新教材。

在广州教育部门的支持和澳门中华教育会的宣传下,使用新

---

① 杜岚:《在新教育的旗帜下一同前进》,《澳门新教育》1950年6月6日创刊号。
② 同上。
③ 朱定宇:《怎样去做新教师》,《澳门新教育》1950年7月22日第2期。

教材的工作开始在大部分学校推行，如 1950 年刚刚成立的劳工子弟学校全部采用新课本。而濠江中学除了语文教材以外，数理化史地等教材也部分地使用内地出版的新书。《澳门新教育》1951 年第 4 期还刊载了《一九五一年度秋季用教科书一览表》。

就像教育会会长陈道根所讲，任何一个国家都认定教育事业与国家利益、人民意志紧密相关，人民爱护国家的观念有待于教育才可以培养出来。他在 1952 年的一篇文章中总结了教育会推行新教育的努力成果，认为澳门的新教育在"一天天发展起来"，新教育阵营也"一天天壮大起来"。[1] 尽管面临这样那样的困难，但在中华教育会的倡导下，经过教育工作者的共同努力，澳门的新教育运动逐步开展起来了。

二　《澳门新教育》(1950—1952)的内容分析

本文将搜集到的 1950—1952 年出版的共 10 期《澳门新教育》杂志内容共分为 9 大类，每一类统计出篇章总数及所占百分比，具体如下表所示。

表1　《澳门新教育》(1950—1952) 第 1—10 期篇目统计[2]

内容分类	篇目内容									篇目总计
	1	2	3	4	5	6	7	8	9	
刊号	大事转载	时事评论	教育通讯	教育评论	教学经验	交流访问	师生活动	本刊报告	其他	
第 1 期 1950.6.6.	5	0	1	5	0	0	0	2	0	13

---

①　陈道根：《本会的回顾与前瞻》，《澳门新教育》1952 年 3 月 12 日第 1 期。
②　见《澳门新教育》杂志（1950—1952），详细篇目请见附录。

续表

内容分类 刊号	篇目内容									篇目总计
	1	2	3	4	5	6	7	8	9	
	大事转载	时事评论	教育通讯	教育评论	教学经验	交流访问	师生活动	本刊报告	其他	
第2期 1950.7.22	3	0	4	3	0	0	0	12	0	22
第3期 1950.11.12	1	0	2	0	6	0	1	1	0	11
(第二卷) 第1期 1951.1.20	2	1	4	1	4	0	1	4	1	18
第2期 1951.5	2	3	0	3	0	11	2	3	1	25
第3期 1951.6.1	2	0	9	5	0	0	0	5	0	21
第4期 1951.8.21	5	1	0	0	0	0	0	4	2	12
第5期 1951.11.18	3	0	5	2	1	0	3	12	1	27
(第三卷) 第1期 1952.3.12	2	2	2	4	1	10	0	3	0	24
第2期 (特大号) 1952.11.16	0	0	0	11	8	0	6	11	0	36
分类合计 及百分比	25 12%	7 3.3%	27 12.9%	34 16.3%	20 9.6%	21 10%	13 6.2%	57 27.3%	5 2.4%	209

说明：

（一）上表分类各项包括以下内容：

1. 大事转载：转载内地教育部门、各地报刊有关教育的法律法规或教育评论、时事政治、教育新闻等；

2. 时事评论：对国内国际时事政治的评论；

3. 教育通讯：新教育探索、各校教学动态、教育座谈会、工作报告等；

4. 教育评论：推行新教育体会、教师职业保障、教师福利、教育杂谈；

5. 教学经验：教师授课经验，文艺创作，教书育人的体会，新教师感想；

6. 交流访问：教师内地（广州、石岐、中山）参观记述、感受感想、旅途散记；

7. 师生活动：除课堂教学以外的学校活动：尊师爱生、教师聚会、节日庆典、联欢晚会、学生创作或文艺表演、学校教务等活动；

8. 本刊报告：节日庆典筹划、收支报告、征稿简则、中华教育会规章决议、工作简报、教育口号、编后语；

9. 其他：读者与编者、家长来信、图书教材信息、招生启事等。

（二）除第一类为转载内地报刊文章外，其他均为澳门（包括本刊）作者所创。

（三）1950 年第 3 期被做资料夹使用，原刊内容被遮蔽，只从第 12 页算起，共 11 篇文章。

（四）10 期杂志分别为：1950 年出版了 3 期，1951 年 5 期，1952 年 2 期。

从上表可以看出，在 10 期共 209 篇文章中，数量最多、比例最高的是"大事转载、教育通讯、教育评论和本刊报告"四类。这充分反映了杂志内容取舍和编排上的特点。

《澳门新教育》时刻关注内地教育形势的变化，及时转载中央及地方政府制定的教育法律法规，以便为澳门教育改革提供指引。如第 1 期创刊号上，教育会会长陈道根的"创刊词"之后，就是中共中央宣传部长陆定一的文章《新中国的教育和文化》，对新中国的经济建设和文化教育建设的远景做了全面的论述。第 2 卷第 4 期刊载了教育部部长马叙伦《一九五零年全国教育工作总结》，第 5 期又转载他《关于政务院改革学制决定的谈话》。因为地域关系，《新教育杂志》较多转载广东省政府有关教育的法规文件，如第 2 期刊登了广州市教育局有关"中等学校改革方案"的法令，第 3 期转载了广东省文教厅颁行的"广东省一九五零年度中小学校历"，为澳门学校的教学安排提供了重要参考。第 3 卷第 1 期转载了广东省教育厅厅长杜国庠对 1951 年全省教育情况的总结。杂志转载的其他重要的教育法律文件有：教育部《小学暂行规程初稿》（1950），《中央人民政府关于改革学制的决定》和《中华人民共和国学校系统图》（1951）。转载过的通讯社或报纸杂志有：新华社、《人民日报》、《文汇报》、《珠江人民报》、《山东教育》、《边区教育通讯》、《东北教育》、《西北教育通讯》、《冀中教育》，等等。在资讯不发达的年代，能关注到祖国四面八方的教育动态，《澳门新教育》杂志的编辑们可谓用心良苦。

"教育通讯"方面，杂志能及时反映澳门中小学甚至广东省学校的教育动态、教学活动、工作报告、教务概况，等等。如第1期澳门濠江中学通讯：《新教育的探索》，作者谈论了对新教育的认识，认为"一定的教育是一定的社会政治与经济在观念形态上的反映"，现在的新教育"其内容又是民族的、科学的、大众的，以教学做合一的教育方法互相关联着的"，是"统一了理论与实践的教育方法"。[1] 学校不仅组织师生在理论上学习，而且在教学上付诸实施，虽然在短短13周内收效不大，但却是新教育方法的一次大胆尝试。第2卷第3期于1951年6月1日出版，封面特别刊登了中央人民政府副主席朱德和宋庆龄与儿童在一起的照片，封二也以图片形式记录了各校纪念五四青年节和庆祝六一儿童节的活动场面，本期登载的澳门中小学校达15所之多。马万祺特别发表纪念性文章，强调"儿童是社会未来的基干，我们对未来的社会关怀，应该对社会未来的主人翁加以注意"，他谈了儿童教育的体会，认为"过严会约束儿童的天性发展，溺爱又会使孩子加深他的错误习惯"，父母应该知道自己的一言一行都会对儿童产生潜移默化的影响，所以父母以身作则的教育作用，"比之千言万语尤为重要"。[2]

为了让澳门的教育工作者了解内地教育改革情况，中华教育会分别于1951年和1952年两次组织"回穗观光团"，到广东省

---

[1]　濠江中学通讯：《新教育的探索》，《澳门新教育》1950年6月6日创刊号。

[2]　马万祺：《培养社会未来的基干——为纪念"六一"国际儿童节而写》，《澳门新教育》1951年6月1日第3期。

参观访问。教师们参观了华南师大、广州市二中等学校,聆听校长讲话,参观学校师生教学活动;出席市教联的招待晚会,与同行们联欢畅谈,他们亲眼目睹了祖国形势的变化,对教育战线涌现出的新人新貌,感触颇深,纷纷写出"留穗日记","旅途花絮",表达自己的感受。

"教育评论"共 34 篇,占第二位,教师们谈论对新教育的认识,教育文化与时事政治的关系。当时正值朝鲜战争爆发,"和平"与"爱国"成为当时的话题。成立于 1950 年的"劳工子弟学校"发起全校师生"签订爱国爱校公约"活动,在动员大会上,学生会主席号召劳校师生"搞好正课,尊师爱生,积极学习,加强团结"。[1] 发展经济与文化教育,需要一个和平安定的环境。而澳门形势复杂,政府又缺少明确的文教政策,推行新教育的前提是社会的稳定,这都离不开伟大祖国的支持,"爱国爱校"成为当时的口号。在教书育人上,《澳门新教育》第 2 期曾转载了《珠江人民报》《怎样民主管理与教育儿童》,第 2 卷第 4 期,从《山东教育》、《太行教育》等 12 种内地刊物上转载了《废除了体罚又怎样进行儿童管理》等相关文章,使澳门教育工作者对内地的儿童教育方式方法有比较全面的了解。本澳教师也结合自己的教学经验,特别谈论了对儿童教育的看法。第 3 卷第 2 期发表署名"白圭"的文章《重视小学儿童的健康问题》,认为澳门儿童的健康尚未得到社会的重视,指出学校儿童教育存在的种种问题,"幼童们整天在课室枯坐念书",有的学校甚至"不许低年级的儿童出外大小便"。儿童们更缺少唱游、玩耍的时间,"活泼的天性受到了束缚"。他提出三点建议:学校应培养儿童清洁卫生的习惯;提供更多运动、游戏和休息的机

---

[1] 小牛:《劳校学生签订爱国爱校公约并筹备庆六一》,《澳门新教育》1951 年 6 月 1 日第 3 期。

会；完善体育设施。①

　　中华教育会尤其重视教师的职业保障和福利问题，《澳门新教育》以大量篇幅刊登本会和澳门教育界名流对教师福利问题的关注。澳葡政府不重视教育，更谈不上教师的职业保障了，这也是造成教师队伍不稳定的一个主要因素。中华教育会于1950年6月16日理监事第五次联席会议通过了《关于教育工作者职业保障的决议》。决议指出教师职业保障的理由："①教育工作者的生活，经常处在困苦状态中，一旦失业，举家生活堪忧；②已有某些学校无理解聘教师，为防止今后有同样事件发生；③社会上各种职业团体中均有此种保障会员福利之规定；④安定教育工作者的生活，是发展新教育的重要条件。"②

　　澳门当时的政治环境复杂、经济处境艰难。因为朝鲜战争的影响，1950年底，美国授意联合国向中华人民共和国内地、香港和澳门实施禁运，而葡萄牙政府与国民党当局保持外交关系，对国共采取所谓中立政策，因此对国民党在澳门的活动听之任之。国共对立，难免造成澳门与内地边境局势的紧张，关闸一带冲突不断，使经济上依赖内地的澳门处境更加困苦。③ 对此，教育会提出"团结互助，自救自存"的口号，决议中提出三条解决办法，第一条就是"教育工作者，如有此等遭遇，得向教育会及社会提出控诉，由教育会负责团结所有教育工作人员全力支持之"。教育会发动筹募福利金活动以应付教师的不时之需，筹委会主席何贤在《合力完成会员福利金运动》一文中发表感慨："本人感觉到历来教育界都是过着刻苦而勤劳的生活，劳心用脑

---

　　①　白圭：《重视小学儿童的健康问题》，《澳门新教育》1952年11月16日第2期。

　　②　中华教育会：《关于教育工作者职业保障的决议》，《澳门新教育》1950年7月22日第2期。

　　③　吴志良：《澳门政治发展史》，上海社会科学院出版社1999年版，第229—230页。

的时间长，待遇薄，一旦生病或失业，则经济打击甚大，而影响生活，本人对此不只同情，而且敬仰，惜事忙及能力所限，未能早为照顾。"他表示自己被选为主席，深感愧疚，除尽绵薄之力之外，更呼吁社会热心人士精诚团结，尽力支持这场运动，使教师能安心教课，学生更多受益。① 一年之后，1951年8月出版的第2卷第4期刊登了第一次福利金筹募捐款数目表，捐款最多的是何贤1000元，马万祺300元。此外有49所中小学（含镜湖高级护士学校）的师生捐款，数目由一两元至二三十元不等。此次共募捐葡币2839元，港币70元。如何使用福利金，中华教育会出台《福利金处理暂行条例草案》，对福利金的保管、分配等做了明文规定。在"总则"中，确定了福利金使用范围：救济会员事业，补助会员医药、保育、丧葬等方面。② 福利金制度的建立，为教师提供了生活保障，免除了他们的后顾之忧。根据第2卷第5期刊登的《福利金收支结算表》，截至1951年10月底，筹募的福利金已有葡币4670元，港币616元。除去发放的救济金、保育金等开支，尚结余4300余元。

"本刊报告"共57篇，篇数最多，占全部稿件的27%。作为澳门最大的教师团体，中华教育会共有团体会员（中小学校）51所，个人会员373名（据第2卷第5期1951年11月编制的会员一览表），管理上，教育会上有理监事会，下按分工性质设有总务、秘书、财务、文教、出版、福利、组织、联络、文娱等部门，分工详细，每一部门年底都有工作总结报告。所以第2卷第5期和第3卷第2期，各类报告就占了很大的篇幅。加上内地与本澳的教育动态、各校师生活动，等等，凡跟新教育有关的，事无巨细，必付诸读者面前。

---

① 何贤：《合力完成会员福利金运动》，《澳门新教育》1951年6月1日第3期。
② 中华教育会：《福利金处理暂行条例草案》，《澳门新教育》1951年8月21日第4期。

当然，囿于条件限制，这 10 期杂志，在编排上尚有不足之处，主要是以下两点：

（1）杂志不定期，页数不一。1950 年出版了 3 期，1951 年 5 期，1952 年只有 2 期。主要因为创刊初期，稿件不足，编辑曾多次刊登《征稿简则》，呼吁教育工作者或社会人士投稿。

（2）内容单一集中，涵盖面不广。受来稿限制，杂志栏目不够丰富，内容取舍过于偏颇，有几期更像是专辑。

三　《澳门新教育》的启示（代结论）

20 世纪 50 年代是中华教育会会务蓬勃发展的时期，也是教育会会史上的第二个黄金时期。[①] 通过《澳门新教育》这个窗口，我们看到了澳门和内地教育发展的真实面貌，感受到了那个特殊年代澳门教育工作者丰富多彩的人物形象。从这一点讲，《澳门新教育》的创刊，在澳门教育研究史上无疑具有里程碑的意义。"个人或团体有意识和无意识的信念、态度、价值以及观念常常会泄露在沟通的内容中。"[②] 杂志传播的是新教育理念，反映的是国家民族的文化精神。今天我们阅读杂志上的每一篇文章甚至每一则广告，都会深刻感受到那强烈跳动的时代脉搏。

虽然有编排上的不足，但作为一本新生杂志，《澳门新教育》确实起到了像会长陈道根所讲的"介绍新教育理论、传达新教育法令、沟通祖国与本地的文化河流、供给新教育资料"的作用。[③] 由于澳葡政府对发展教育尤其是对中文教育的忽视，澳门教育史研究常常会出现链条上的断裂，澳门史研究者不得不依赖葡文翻译来寻

---

① 刘羡冰：《澳门教育史》，人民教育出版社 2002 年第 2 版。

② Jack R. Fraenkel & Norman E Wallen：《教育研究法：规划与评鉴》，卯静儒等译，（台湾高雄）丽文出版社 2004 年版。

③ 陈道根：《澳门新教育创刊词》，《澳门新教育》1950 年 6 月 6 日创刊号。

找资料。《澳门新教育》杂志正好弥补了那段教育史中中文资料缺失的一环。这也为我们提供了一条搜集资料的重要途径，很多教育史资料需要我们从民间搜集，更有赖于有识之士的无私捐献。

　　文献与文本多种多样，杂志这种文本更具新闻价值，是时代精神的传声筒，也是一种"语言陈述，而意识形态便是透过这种语言陈述来散播流传的"。① 这也许是我们今天研究《澳门新教育》杂志的意义所在。

附录

《澳门新教育》（1950—1952） 目录及出版日期

第1期 （创刊号）	目录（左面为篇章编号，右为页码）	出版日期	备注
	封面：本期目录 封二：图片：本会庆祝国庆节大会陈道根致辞 及本会庆祝国庆节大会热烈场面 1. 创刊词 …………………………… 陈道根/1 2. 论著：新中国的教育和文化 ………… ……………… 中共中央宣传部部长陆定一/2 3. 通讯：新教育的探索 ………… 濠江中学通讯/6 4. 友谊和谢意 ………………………… 本刊/8 5. 教师节专页：在新教育的旗帜下一同前进——教师节 的话 ………………………………… 杜岚/9 6. 本刊征稿简则 ………………………… /9 7. 尊师爱生是今日我们新教育的急切需要 ………… …………… 澳门中华学生联合总会谭刚峰/11 8. 谈教育工作者工会 ……… 转载《人民日报》/12 9. 论优越感 ……………………………… 夏木/15 10. 怎样改造顽皮学生 ……… 介绍徐特立的信/16 11. "六一"儿童节筹委会发出两个文件 ………… ………………………… 转载《文汇报》/17 12. 儿童节为什么从四月四日改为六月一日 ………… ………………………………… 新华社电/18 13. 法令：中等学校改革方案 ……… 广州教育局/19	1950.6.6	

---

　　① 　游美惠：《内容分析、文本分析与论述分析在社会研究中的运用》，载台湾《调查研究》2000 年第 8 期。

续表

第 2 期	目录	出版日期	备注
	封面：图片：教育工作者庆祝教师节场面 封二：图片：陈道根宣读学生联合会的来信 及教师们致送礼物 1. 评论：和平签名运动与推行新教育 ………… 素梅/1 2. 短评：关于"创建劳校运动" ………… 陈木圭/2 3. 拥护职业保障的决议 ………… 苍松/2 4. 全澳教育工作者团结起来…… 本刊口号/2 5. 通讯：狂热的挑战敬师爱生运动在濠江 ………… 濠江中学通讯/3 6. 半年来教育工作报告 ………… 东南小学教导处/4 7. 征稿简则 ………… 本刊/4 8. 欢迎投稿 ………… 本刊/5 9. 转载：怎样去做新教师 ………… 朱定宇/6 10. 改造自己，精通业务 ………… 本刊口号/6 11. 报告：本会工作简报 ………… 理事会/7 12. "六六"教师节庆祝大会中关于教育工作者职业保障的决议 ………… /7 13. 澳门教育工作者庆祝一九五零年中华教师节筹备委员会的工作报告 ………… /8 14. 通告：关于教育工作者职业保障的通知 ………… 中华教育会常务理事会/9 15. "六六"教师节澳门中华学生联合总会致全澳教师们的一封信 ………… /10 16. 会闻 ………… 澳门教育工作者暑期生活团/10 17. 光荣愉快严肃团结的一天全澳教师欢度自己的节日 ………… 张新民/11 18. 坦白小记忏悔 ………… 方生（转自《文汇报》）/13 19. 在新民主教育制度下怎样民主管理与教育儿童 … ………… 转自《珠江人民报》/14 20. 澳门教育工作者庆祝一九五零年中华教师节收支数目表 ………… /15 21. 澳门教育工作者庆祝一九五零年中华教师节各界赠送礼物表 ………… /16 22. 澳门教育工作者庆祝一九五零年中华教师节筹备委员会结束启事 ………… /16	1950.7.22	
第 3 期	目录（本期被作为资料夹使用，只露部分内容）	出版日期	备注
	封面：图片：教育工作者庆祝国庆大会 封二： 1. 广东省一九五零年度中小学校历 ……………… ………… 广东省文教厅颁行/12 2. 通讯：从全国卫生会议说到镜湖护士学校的改制 … ………… 子由/14	1950.11.12	

续表

第 3 期	目录（本期贴满被作为资料夹使用，只露部分内容）	出版日期	备注
	3. 石岐文化教育杂记 ……………………………… 文/15		
	4. 东南中学附设夜校小学部教务概况 …………… 东南夜校教务处/16		
	5. 友谊与谢意（感谢石岐馈赠新书）………… 本刊/16		
	6. 教学经验：怎样提高同学们的写作能力 …… 贺群/17		
	7. 我搞小学文娱活动的一点经验 ……………… 溢/18		
	8. 我们怎样教育工人子弟 …………………… 木/19		
	9. 关于数理科教学之我见 …………………… 陈既沾/21		
	10. 对教美术的一点意见 …………………… 尖锐/22		
	11. 我教数学的一些经验 …………………… 朱裔榘/23		
	封底		
（第 2 卷） 第 1 期	目录	出版日期	备注
	封面：1. 图片：本会 1950 年会员大会	1951.1.20	
	2. 图片：本会第二十三届理监事就职典礼情形		
	3. 要目		
	封二：澳门学联除夕联欢晚会节目图片		
	1. 时事评述：从朝鲜战争看美帝 ………… 丁了一/1		
	2. 评论：搞福利工作的几点意见 ………… 老翁/3		
	3. 镜湖护士学校第十九届护士戴帽礼观后记 …… 子由/4		
	4. 学生们的话剧活动（图片新闻）………… 本刊/5		
	5. 劳工子弟学校学生会成立缩影（插图）…… 十斗/6		
	6. 特写：澳门学生除夕联欢晚会随笔 …… 子牛/7		
	7. 参加学联除夕联欢会的三出戏剧镜头 …… 本刊/8		
	8. 澳门书业"九联"参加石岐一九五一年春季新书 联合发行座谈会（珠江专署首长指出澳门教育的问题，号召教育工作者迎接新中国的文化教育）……… 一人/9		
	9. 征稿简则 …………………………… 本刊/10		
	10. 教学经验：作文科"集体创作"的体验 ………… 梁寒淡/11		
	11. 搞小组生活的零碎发见 …………… 尖锐/11		
	12. 采用新课本的点滴意见 …………… 光/13		
	13. 简谈写作 ………………………… 小基/15		
	14. 中山澳门一九五一年春季中小学教科书发所行澳门办事处（供应书籍：订书处：九联书店店号）………… 本刊/15		
	15. 读者与编者我们的申诉 …………… 本刊/16		
	16. 法规：广东省私立中等学校管理暂行办法 ………… 转自广东青年文化/17		
	17. 小学暂行规程初稿 ……………………… 转自教育部小学课程暂行标准（附：小学课程表）/18		
	封三：一九五零年度第二学期招生广告……		

续表

（第2卷） 第2期	目录	出版日期	备注
	封面：1. 图片：澳门教育工作者回穗观光团 　　　　2. 图片：重建起来的被蒋匪炸毁的海珠桥 封二：在广州、中山县等地参观合影 1. 本期目录 …………………………………………… /1 2. 美帝扩大侵略的阴谋 ………………………… 吕目/2 3. 把爱国主义教育贯彻下去——为五四而写 … 新民/3 4. 澳门教育工作者回穗观光团结束 …………… 本刊/3 5. 澳门教育工作者回穗观光总结 ……………… 明/4 6. 对香岛中学事件的声援 …… 澳门一群教育工作者/6 7. 回国观光什记（插图）……………………… 若谷/7 8. 南大陈唯实校长讲词（图）——对回穗观光团讲话 　　　　　　　　　　　　　　　　　　　……… 源/10 9. 市二中副校长赖亦辉讲词 ………………… 大火/12 10. 我们的认识提高了一步 ………………… 中中/13 11. 团结群众搞好学习巩固组织 …………… 木子/14 12. 今后的工作意见 …………………………… 亢允/15 13. 留穗日记（插图）………………………… 文/16 14. 旅途花絮（插图）………………………… 一邨/18 15. 南大实验室小景（插图）………………… 方生/22 16. 祖国行（自由体诗）……………………… 裔/22 17. 澳门教育工作者回穗观光团收支数项表 ……… /22 18. 漫谈"攻克柏林" ………………………… 巨木/23 19. 观粤剧《白毛女》后自我检讨 …………… 朱举/23 20. 不平凡的晚会（毕校长府上盛大的晚会）……… 　　　　　　　　　　　　　　　　　　　……… 枫/24 21. 小插曲（新年初一团拜狂欢跳舞）……… 本刊/24 22. 留美原子物理学家赵忠尧教授访问记 …… 柏生/27 23. 编者、读者与作者 ……………………… 编辑室/28 24. 平原省地理讲授提纲 …………………… 徐俊鸣/29 25. 澳门中华教育会图书馆借书办法 ……… 本刊/32 26. 图书一览表 ……………………………… 本刊/32	1951.5	
（第2卷） 第3期	目录	出版日期	备注
	封面：1. 图片：朱德副主席给儿童讲故事 　　　　2. 图片：宋庆龄副主席和儿童一起看图画 封二：1. 图片：青年节学生活动 　　　　2. 目录 1. 西藏和平解放声中庆祝"六一"儿童节——要加强 爱国主义教育 ………………………………… 小文/1 2. 教育新闻：广东省初等教育预备会议确定今后方针任 务——解放后全省初等教育成绩显著 ………… 本刊/2	1951.6.1	

续表

续表

（第2卷）第4期	目录	出版日期	备注
	6. 澳门中华教育会福利金处理暂行条例草案 ………… …………… 本刊/13 7. 一九五一年度中小学校历（广东省）　…… 本刊/14 8. 本会第一次筹募福利基金捐款数目 ……… 本刊/16 9. 各校劝销书签所得金额 …………… 本刊/18 10. 一九五一年度秋季用教科书一览表 …… 本刊/19 11. 改善学生伙食的范例（广州）……… 于立修/19 封底：中小学幼稚园招生启事		
（第2卷）第5期	目录	出版日期	备注
	封面：图片1：澳门高初中小学学生作文获奖者留影 　　　图片2：1951年11月作文比赛颁奖盛况 封二：目录 1. 澳门新教育运动的展望 ………………… 陈道根/1 2. 团结澳门教育工作者前进！ ………… 马万祺/2 3. 中央人民政府关于改革学制的决定（一九五一年八月十日政务院第九十七次政务会议通过）……… 本刊/3 4. 中华人民共和国学校系统图 …………… 本会/6 5. 马叙伦部长关于政务院公布改革学制的决定的谈话 …………………………………… 7 6. 怎样纠正同学们错别字连篇现象？ ……… 石焚/8 7. 中华教育会第二十三届工作报告一年来工作简报 … …………………… 总务股、秘书股/9 8. 一年来的文教工作总结报告 ……… 文教股/11 9. 一年来出版工作总结报告 ……… 出版股/12 10. 福利工作总结报告 ……………… 福利股/13 11. 附：福利金收支结算表（横排版）… 何天赐/14 12. 第二十三届理监事名表（教育会部门结构职称） ……………………………… /14 13. 澳门中华教育会第廿二届理财股经手移交第廿三届支付表 ……………………………… 15 14. 澳门中华教育会第廿三届理事会财务股收支决算表 …………………………………… 15 15. 中华教育会出版新教育第二卷各期决算表……… 16 16. 中华教育会图书室收支决算表 ……… 16 17. 澳门星光书店征订《毛泽东选集》第一卷启事 … …………………………………… 16 18. 澳门中华教育会会员一览表（团体会员：中小学名称；个人会员名称）………… 教育会理事会编制/19 19. 商训通讯：加强学习，一步一步地提高 … 景和/20	1951.11.18	

续表

续表

（第3卷）第1期	目录	出版日期	备注
	18. 团员生活什碎（插图：我们的小组等多幅）…… 丁人/16		
	19. 旅途散记 ……………………………… 小文/17		
	20. 快乐的一周回穗观光生活鳞爪（图）……… 馥/18		
	21. 征稿简则 ……………………………… 本刊/19		
	22. 各级学校升降国旗办法（中央人民政府教育部公布）……………………………………… /21		
	23. 各校通讯：庆祝"三八"在东南 ……… 耕耘/21		
	24. 航业小学总结上期教学经验举行家长座谈会；濠江中学实行劳动学习扩大劳动生产；广大中学学习小组的动向 ……………………………… 22		

（第3卷）第2期★特大号★	目录	出版日期	备注
	封二：目录	1952.11.16	
	1. 我们的话 ………………………………… 本刊/1		
	2. 响应祖国的号召，搞好工人文教运动！……… 朝阳/2		
	3. 群策群力做好福利事业 ………………… 何贤/2		
	4. 把我们的工作与祖国的建设配合起来 ……… 道根/3		
	5. 坚定信心加强团结 …………………… 马万祺/3		
	6. 重视小学儿童的健康问题 ……………… 白圭/4		
	7. 一年来工作总结报告 ………… 总务股秘书股/5		
	8. 一年来文教工作总结报告 …………… 文教股/7		
	9. 福利工作总结报告（1951.12—1952.19） ……………………………………… 福利股/8		
	10. 第廿四届福利股财务报告书 ……………… /10		
	11. 组织股总结报告 …………………… 组织股/11		
	12. 联络股工作总结报告 ……………… 联络股/11		
	13. 一年来文娱工作总结 ………… 文娱委员会/12		
	14. 中华教育会第廿四届理事会财务股报告书 ………………………………… 财务股毕漪汶/13		
	15. 中华教育会图书室收支报告书、文娱费收支报告书、澳门新教育结存 ………… 财务股毕漪汶/14		
	16. 编后 ………………………………… 14		
	17. 我们的生活照片（国庆节活动、野餐等）…… 15		
	18. 小组总结：第一、第十小组工作总结 ……… 17		
	19. 第七、八、九小组一年来学习概况 ……… 18		
	20. 第十六小组学习总结 ………………… 19		
	21. 第十三小组学习概况 ………………… 20		
	22. 教学经验谈介绍我们学校的班主任工作 … 余霖/21		

续表

(第3卷) 第2期 ★特大 号★	目录	出版日期	备注
	23. 不要过宽或过严对待学生的错误 …………马蚁/22 24. 初中作文指导研究 ………………………语/22 25. 我是这样解释数目字的 ……………………文敏/23 26. 对于数理教学的一点管见 …………………士敏/24 27. 我对测定平时绩分的经验 …………………亚里/25 28. 杂俎：谈谈思想斗争问题 …………………倚/26 29. 小组教育了我 ………………………………禾黍/26 30. 谈谈怎样改造思想问题 ……………………凡/27 31. 掌握方向，加强学习 ………………………奇/27 32. 当教师的感想 ………………………………融/27 33. 我们的学习 …………………………………金衣/28 34. 我得到进步也得到了温暖！ ………………虞人/28 35. 第一次站在讲坛上 …………………………熊煌/29 36. 当教师的、做母亲的，不可不读！ ——《卓娅和舒拉的故事》简介………………………………阿木/29		

语文与时代

——新中国成立初期澳门濠江中学语文教材之分析研究

王志胜

语文教材是一个民族历史文化与时代风貌的缩影。在澳门这一特殊语境中，语文教材的选用反映了一所学校的教育理念及文化价值观取向。

本文运用内容分析及文本分析的方法，通过对20世纪50年代澳门濠江中学使用的几种内地或香港出版以及自编语文教材的分析，再现了当时中国内地与澳门在社会政治、文化教育等方面千丝万缕的联系，反映了在当时无论多么复杂的国际背景下，澳门华人社会与祖国大陆唇齿相依的拳拳之情，澳门中文教育与祖国母体文化始终不离不弃的血脉渊源。

叙述历史总是给人以现实的启迪，本文重现这一段记忆，想说明语言文化教育对一个民族文化认同的重要意义。作为四百年的殖民化拓居地，澳门的文化教育从来未曾脱离过母体，这有赖于澳门大批爱国志士及教育工作者，不畏荆棘坎坷，对祖国历史文化的辛勤播种，对华夏文化之根的辛勤呵护。尤其是对现今孤悬海外的华人来说，寻根问祖似乎正形成一股潮流，而适当地实施中文教育，正是心怀华夏文化、了解祖国现实发展的捷径，澳门这一段教育史也许会提供一定的借鉴和参考价值。

一　新中国成立初期内地学制
及语文课程设置概述

1949 年 10 月 1 日中华人民共和国成立，中央政府面临的两项主要任务就是经济建设和文化建设。① 而文化建设就是文化教育要面向大众，要为恢复与发展国家生产建设服务。上述语文教材都反映了相关内容。

1949 年 12 月 23 日，中华人民共和国第一届全国教育工作会议在北京召开，会议明确提出了"以老解放区新教育经验为基础，吸收旧教育有用的经验，借助苏联经验，建设新民主主义教育"。② 在 1950 年和 1951 年，教育部又多次召开全国性的教育会议，商定了各级各类教育的具体方针和实施办法。中央人民政府政务院于 1951 年 8 月 10 日通过了《关于改革学制的决定》，并于国庆两周年时正式发布实施。这标志着中华人民共和国教育制度的正式确立。

作为新中国第一个学制，其内容明显受到苏联学制的影响。③ 这与当时国际国内的形势是分不开的。中国新民主主义革命的成功在很大程度上有赖社会主义苏联的支持，中国无论是从政治经济还是文化教育制度上无不映照着苏联的影子。截止到 1956 年中苏关系破裂之前，苏联不仅在经济上对中国提供巨大援助，苏联意识形态尤其是教育文化对中国文化教育事业也产生巨大影响。这一点我们从当时语文教材的内容设置上也可以看

---

① 陆定一：《新中国的教育和文化》，《澳门新教育》1950 年 6 月 6 日创刊号。关于《澳门新教育》杂志内容，请参阅作者另文《一本杂志，一个时代》。

② 王伦信等：《新中国中学教育改革研究》，上海教育出版社 2008 年版，第 4 页。

③ 同上书，第 64—69 页。

出，几乎每一册都有苏联作家或国内作者讴歌苏联英雄事迹、社会成就的文章。当时中央宣传部长陆定一曾说苏联的文艺作品"在中国读者中间是受到了热烈的欢迎"；文化部计划 1950 年翻译苏联影片 40 部；当年创办的中国人民大学，其"课程与学制都完全是新型的，都是根据苏联的经验与中国经济建设上的需要而制定的"。苏联各种代表团频繁来访，大批苏联专家纷纷来华支援中国经济及文化建设。中国专家学者、有志青年也把留学苏联看做是学习先进科技文化的捷径。"对于社会主义苏联的高度发展的科学与文化的向往，引起了中国青年与知识界学习俄文的热心"，与之相应，全国掀起了学习俄文的热潮，各大城市都有许多俄文班，只北京一地听广播学俄文的听众就达七千人之多；在自然科学方面，为学习苏联科学家米丘林，刚刚成立的中国科学院特设"米丘林学会"。①

苏联科技文化及意识形态对新生中国文化教育的影响可见一斑。

任何一个民族都把学校的语言文化课程，作为传承本民族历史文化的重要手段，因之语文教材的选用、课程的设置，是各级学校课程设置的重中之重。中国语文教育史上"语文"这一名称，始于 20 世纪 20 年代，是整合了民国时期"国语"、"国文"的不同叫法而成的。而作为严格意义的学科名称，却首次出现于 1950 年出版的语文课本中。1950 年人民教育出版社发行使用的初、高级中学两套语文课本（每套 6 册，即表 1 中的 3、4、5 号系列）扉页，有以"中央人民政府出版总署编审局"名义写的两个"编辑大意"，"大意"采用了"语文"这个新的学科名称，提出了"听说读写四项并重"的教学原则。但"语文"这一学科名称当时尚未完全普及，如 1951 年教育部颁印之《小学

---

① 陆定一：《新中国的教育和文化》，《澳门新教育》1950 年 6 月 6 日创刊号。

课程暂行标准》仍使用"国语"的名称。

新中国成立以来,中学语文教学大纲经过了7次比较大的变迁,20世纪50年代先后颁布了两次。新中国成立伊始,还来不及制订中学语文教学大纲,上述语文课本中的"编辑大意"实际上就起到了大纲的作用,规定了语文课的任务、教材的编写要求,特别强调教材内容要适合学生的程度,等等,被看做是语文教学的第一个大纲。限于当时的历史条件,大纲表现了明显"思想政治教育第一"的教学倾向。

第二次是1956年实行汉语文学分科教学,教育部颁布了初高中《文学教学大纲》(草案)和《初级中学汉语教学大纲》(草案)。这是新中国成立以后第一套严格意义上的中学语文教学大纲。然而,语文科分解为"汉语"和"文学"两门课,是"彻头彻尾地苏式化了",因为苏联当时中学的课程设置,就是"俄语"与"文学"分而设之。①

在语文课课时安排上,从1951年第1期《澳门新教育》转载的教育部颁印之《小学课程暂行标准·小学课程时间分配表》中看到,"国语"在小学一、二年级每周13节;三、四年级占11节;五、六年级占9节。②说明语文课在小学课程中仍占较大比重,因为当时一、二年级每周总课时也不过23节。1953年的《中学教学计划》(草案)规定初一至初二语文每周7学时;初三6学时;高一至高二每周6学时;高三5学时。由小学到初中高中,语文课时呈递减趋势,但始终都是各科中课时最多的一门。这种设置一直到1958年教育革命前,都没有大的调整。③

---

① 王伦信等:《新中国中学教育改革研究》,上海教育出版社2008年版,第69页。

② 《澳门新教育》1951年1月20日第1期。

③ 王伦信等:《新中国中学教育改革研究》,第68页。

二　20世纪50年代澳门语文教育概况

作为一种特殊文本，语文教材总是敏锐地感应到社会的变动过程。语文教材选目的变迁，体现了时代精神的变化，课文内容是见证时代进程的风向标。同时，语文教材的变化也体现了教育理念的变动。"有社会控制与支配运作其中"，"所以文本分析可以提供一些很好的社会变迁指标"。① 无论是新中国成立初至1956年，全国学苏仿苏，还是1958年"大跃进"运动开始，全民赶超英美，语文教材内容无不打上时代的烙印。如1959年出版的语文教材（表1序号2）就有这样的文章：《红旗》社论：《十分指标，十二分措施，二十四分干劲》；《毛主席在武钢》；《红旗》杂志的《我国小麦总产量压倒美国》一文甚至说道：1958年中国小麦总产量达到689亿斤，跃居世界第二，仅次于苏联。"大跃进"的时代精神，声情并茂。

与祖国一水相连的澳门，因为当时复杂的国际环境及其特殊的历史地位，50年代也经历了一个动荡时期，然而，澳门无论政治经济形势还是传统文化教育情况，都与祖国形势的变化息息相关。

中国新民主主义革命的胜利和中华人民共和国的成立，给了澳门同胞以极大的精神动力，他们欢欣鼓舞，对祖国的未来充满信心。澳门中华教育会于1950年6月6日创刊的《澳门新教育》，可以说是适应祖国形势变化的产物。在创刊词中，中华教育会会长陈道根慷慨陈词，一语道破："在国际国内有利形势影响下的澳门同胞，于是空前觉悟。民主爱国运动在工人、学生、

---

① 游美惠：《内容分析、文本分析与论述分析在社会研究中的运用》，载台湾《调查研究》2000年第8期。

知识青年、妇女、开明工商业家等大团结的表现中，打开了过去的沉郁、疲塌、污浊的局面，紧靠群众，紧靠祖国，走向新生之路。"因为"本地有历史上的落后性"，与祖国的新文化运动"仍是一层隔膜"，所以《澳门新教育》的创刊，就是要"负担起文化战线上的任务"，"负担起介绍新教育理论、传达新教育法令、沟通祖国与本地的文化河流、供给新教育资料的责任"。他指出了《澳门新教育》的创刊宗旨，号召一切进步的、革命的知识分子肩负起推行新教育的重任，全心全意地为创建澳门新民主主义教育而努力。[1]

　　新中国刚刚成立，以苏联为首的社会主义阵营进一步扩大至东亚，而以"美帝"为代表的西方敌对势力，却害怕社会主义阵营的强大及新中国的崛起。西方势力一直利用澳门的特殊地位，将其作为对抗新中国的前沿阵地，而台湾的国民党也在美国的支持下，蠢蠢欲动，利用澳门散布反共流言或从事分裂祖国的破坏活动。澳门爱国团体及守旧势力两大阵营的斗争十分激烈，文化教育是意识形态的重要工具，学校自然成为代表新、旧教育两大团体争夺的战场。因为当时澳门人口近 30 万，学校 60 余所，学生已达万余人。[2] 学校使用什么教材、教师如何授课，是判别一所学校站在哪一方立场的重要标志。纵观全局，拥护新中国，主张推行新教育的团体或学校还是占绝大多数。1951 年 1 月，曾有"一群学生家长"写信给《澳门新教育》，对一些学校"极少数人的主观决定不采用新课本"表示愤慨；质问"完全采用新课本的中小学校究竟有几间？"一些学校"所采用的课本却与广州的学校背道而驰，这是什么道理呢？"[3] 就像濠江中学校

---

[1]　陈道根：《澳门新教育创刊词》，《澳门新教育》1950 年 6 月 6 日创刊号。

[2]　一人：《澳门书业"九联"参加石岐一九五一年春季新书联合发行座谈会》，《澳门新教育》1951 年 1 月 20 日第 1 期。

[3]　《澳门新教育》1951 年 1 月 20 日第 1 期。

长杜岚在文章中指出，"澳门的环境直接或间接受到国民党的影响"，一些教师恐惧害怕，不敢面对现实；一些"高等知识分子"抱残守缺，不思进取；"他们没有确立新教育观点，左摇右摆，没有勇气担负起推行新教育的工作"。"一些极少数的教师，他们对新民主主义文化运动的推行，抱着消极的抵制态度"；还有一些"阳奉阴违，故意曲解课本，污蔑人民政府，荼毒学生"。所以，杜岚号召澳门教育工作者"站在人民教育立场"，"学习新教育理论和经验，精通教育工作业务"，"爱护青年，爱护学生。一方面做他们的先生，同时也要做他们的学生"。①《澳门新教育》1950 第 2 期还转载了《南方日报》朱定宇的文章《怎样去做新教师》，对新教师提出五个基本条件。②

使用新教材是实施新教育的有力手段，濠江中学语文全部采用了内地出版的新教材，有时"课本不继"，也选择香港出版的一部分，甚至应形势变化和教学需要自编了语文补充教材（见表 1），适当补充反映新中国面貌的文章。当时澳门很多爱国学校的语文课往往结合了时事教育的内容。而教师思想及业务水准的提高也是推行新教育的关键。镜平小学"黄煜棠主任很重视业务学习，组织教师集体讨论，学习了《五爱教育的道路》，苏联凯洛夫的《教育学》和黎锦熙、刘世儒著《中国语法教材》等。……钻研业务的风气甚盛，因而教学水准不断提高"。③

面对新旧教育两派的激烈争斗，澳门中华教育会发起了"和平签名运动"，希望澳门能有一个和平安定的环境来推行新教育。针对一些学校及教师受旧势力影响，仍使用旧教材，这

---

① 杜岚：《在新教育的旗帜下一同前进》，《澳门新教育》1950 年 6 月 6 日创刊号。

② 朱定宇：《怎样去做新教师》，《澳门新教育》1950 年 7 月 22 日第 2 期。

③ 刘羡冰：《澳门教育史》。

一运动号召全澳教育工作者克服一切困难，齐心协力，采用新课本，实施新教育。当时的新教材主要由内地（广东中山县石岐）供应。而澳门 1950 年只有星光书店一家负责供应，颇感力量不足，再者书籍运过拱北海关时需依手续结汇，过关闸又要接受检查，等等，"课本来途不继，时继时绝，使学生购买困难"。① 为解决新课本供应问题，澳门九家书店参加了 1951 年春季在石岐举办的新书联合发行座谈会。会议强调新教材的使用对推行新文化教育工作的重要性，对澳门上万学生，不能放任"他们的文化自流发展"，教育工作者应让他们"朝向新中国的文化，学习新的教育，做到学有所用"。出席会议的"珠江专署文教首长钟同志"希望澳门的书店尽速结束出卖旧的课本，彻底供应新书，澳门的学校要舍弃旧的教育，迎接新的教育。澳门教育工作者的主要责任"就是把新中国的文化教育，带回去作全面的大力展开，使广大的同胞都能接受新中国的文化教育"。强调祖国大陆对澳门文化教育事业的重视。会后不久，广东省照会拱北海关，"今后新书无需结汇，可通过无阻了"。② 石岐书店的同业常常用巡回车将新书刊送到拱北前山，以方便澳门同胞购买。

　　经过内地主要是广州教育部门的支持和澳门中华教育会的宣传，新教材开始在大部分学校推行使用。如 1950 年刚刚成立的劳工子弟学校全部采用新课本。而濠江中学除了语文教材以外，数理化史地等教材也部分地使用内地出版的新书。《澳门新教育》1951 年第 4 期刊载了《一九五一年度秋季用教科书一览表》。其中，人教社出版的《高中语文课本》六册，供高中三个年级使用；《初中语文课本》六册，供初中三个年级使用（即表

---

① 一人：《澳门书业"九联"参加石岐一九五一年春季新书联合发行座谈会》，《澳门新教育》1951 年 1 月 20 日第 1 期。
② 同上。

1、2、3、4所示)。而小学一至四年级使用《初小国语》;五至六年级使用《高小国语》,则未列明出版社。根据1951年《中央人民政府政务院关于改革学制的决定》,规定小学年限为五年,并于1952年开始实行,所以濠江中学编著了五年制语文课本(表18—11),以补充六年制教材的不适宜之处。由此可见澳门的学制改革及语文课程的设置紧随内地学制改革的步伐。

三　语文教材分析

为方便叙事,现将搜集到的20世纪50年代濠江中学使用过的语文教材列表如下:①

表1　　　　　　　　　　　语文教材分析

序号	教材名称	编者	出版社	出版时间	篇目合计		注
					中国	苏联	
1	初级中学《语文课本》第二册	宋云彬,蒋仲仁等	新中出版社(广州)	不详	24	1	虽然出版社不同,但与2、3、4为一套
2	初级中学《语文课本》第六册	无法辨认当同上	人民教育出版社	1959.4	12		外加两篇课外文章
3	高级中学《语文课本》第三册	周祖谟,游国恩等	人民教育出版社	1952.8	17	3	课文没有注解
4	高级中学《语文课本》第五册	同上	同上	1951.1	16	3	没有注解,另有一篇译文作者为威尔逊

---

① 全部教材均由澳门濠江中学陈步倩主任提供,特此致谢。

续表

序号	教材名称	编者	出版社	出版时间	篇目合计		注
					中国	苏联	
5	现代初级中学课本《语文》第四册	不详	上海书局(香港)	1959.5	24	2	另有《安徒生童话》1篇；美国萨洛扬译文1篇
6	《初中语文》第一册	不详	中华书局，商务印书馆(香港)	1954.7	20	2	苏联作家包括列夫·托尔斯泰1篇；另有1篇根据德国作家故事集改写
7	《初中语文》第三册	不详	同上	1954.5	19	2	苏联作家包括契诃夫1篇，另有保加利亚作家一篇分为两课。这两册注明是"华侨适用课本"
8	五年制中学课本《语文》第一册	濠江中学	濠江中学编印	未标明	13		其中包括：意大利作品1篇；《天方夜谭》1篇；《伊索寓言》2则。有注释
9	五年制中学课本《语文》第一册补充	同上	同上	同上	11		开篇是毛主席诗词3首
10	五年制中学课本《语文》第五册	同上	同上	同上	17		其中古诗文9篇；白话文6篇；马克·吐温作品1篇。注明：中三上学期
11	五年制中学课本《语文》第八册	同上	同上	同上	5		2篇古文；3篇白话文

纵观表格，有以下几项内容：

1. 教材出版社：内地主要是人民教育出版社；香港有三家。根据《澳门新教育》1951 年第 4 期刊载的 1951 年教材目录，初高中的语文、历史和地理教科书均由人民教育出版社出版。

2. 教材使用者：人教社出版的语文教材主要供内地中小学使用；香港商务印书馆及中华书局出版的则注明"华侨适用"，可以看出，教材除供香港本土学校使用外，外埠也有使用。

3. 教材编写者：人教出版社的编者都是名家：周祖谟、游国恩、魏建功等。香港未有写明。

4. 教材内容：一般都包括以下几方面：

①领袖诗文或描写领袖的文章：内地出版的教材几乎每册开篇都是毛泽东的诗词或文章，如：毛泽东《改造我们的学习》（序号 3）；毛泽东《反对党八股》（序号 4）；《毛泽东同志的青年时代》和《列宁在学校里》（序号 1）。

②文化经典：如《邹忌讽齐王纳谏》，《水浒传》节选（序号 3）；《礼记》节选（序号 4）；杜甫《诗三首》（序号 4）。

③名家作品：如郭沫若《屈原》（序号 1）；鲁迅《为了忘却的记念》（序号 3）；赵树理《李有才板话》（序号 5）。

④工农兵作品：反映 50 年代工农业生产建设情况、劳动模范、英雄人物等具有时代特点的短文篇章，如《拖拉机开进高家村》，《打夯歌》（序号 1）等。

⑤苏联（俄国）作家作品：加利宁《苏联人民底光荣女儿》（序号 3）；维格道洛娃《什么是英雄行为》（序号 5）。几乎每册都有选录。

⑥其他国家作家作品：如威尔逊《达尔文》（序号 4）。

四　结语

语文教材是特定时代文化教育精神的传声筒。代表不同利益的集团因统治的需要向社会呈现不同的语文文本，以操控社会的意识形态。因而使用不同语文文本的团体必定站在不同的立场，为自己拥护的一方制造声势，它们不可避免地产生矛盾和冲突。它们的冲突来自语文文本的冲突。文本内含的冲突包括两种逻辑：一为吸纳；一为排斥。所谓吸纳，就是利用文本手段召唤读者，将其吸纳到自己的阵营里来，以壮大自己；所谓排斥，就是利用文本的力量，"对异己的论述加以疏远或否定"甚至诋毁。①因而操控不同文本的阵营之间形成各自的"文本社群"。作为文化教育的语文遂成为双方争斗的工具；教育者和受教育者遂成为双方争夺的对象；实施教育的团体、学校也因此成为双方争夺的战场。社会文化习俗、意识形态的形成必定是"文本社群"长期强制性地吸纳一种精神文化、逐渐养成自我肯定的结果。语文教材同历代儒家经典一样，是统治集团强化意识形态、宣传政治理想的工具。

①　游美惠：《内容分析、文本分析与论述分析在社会研究中的运用》，载台湾《调查研究》2008 年第 8 期。

后　记

　　《澳门教育史论文集》（第二辑）是"澳门教育史数据库五年（2008—2012）计划研究课题组"（RG – UL/07 – 08S/Y1/SWJ/FED）的研究成果。澳门大学教育学院同仁，于2005年即筹划澳门教育史的研究工作，在大学研究委员会的积极支持下，先后举办过教育史文献资料展和学术研讨会议，并于2008年1月获得大学校级研究课题的经费（University – Level Research Grant），之后即全面展开澳门教育史的专项研究工作。

　　史料是研究的基础，在陆续搜集和整理史料的过程中，研究课题组的同仁抓紧进度，撰写学术论文，并于研讨会议宣读，除了《澳门教育史》英译本的出版外，同仁已先后出版《邝秉仁先生与澳门教育》和《中国第一所新式学堂——马礼逊学堂》两种专论，而第一辑以澳门教育史为题的论文亦于2009年出版，本集即为研究课题组同仁的第二本论文专辑。

　　本辑收16篇论文，内容包括澳门中西式教育的发展，以学校和人物作为重点的专题研究，也有杂志和教材的文本分析。澳门位于中西文化汇集处，本辑首两篇论文即分别论述澳门的中式和西式教育，第一篇以圣保禄学院和圣若瑟修院为例，探索澳门于16—19世纪期间教育发展的脉络，第二篇讨论中式教育在澳门的发展，及其于晚清所出现的现代化转变，第三篇则从校舍设施及环境探索中西式教育在港澳两地的发展。其后的各篇论文，是以学校为主线的研究，包括在澳门创办的第一所新式学堂——马礼逊学堂；一所早已被遗忘的师范学校——连胜仿林联合学院；一所由澳门葡萄牙人催生的学校——利宵中学；一所于校内设立青年会并藉此推动平民教育的学校——培正学校；一所为劳动妇女服务的学校——妇联学校；一所以华人为主要教育对象的公立中学——高美士中葡中学。至于以人物为主线的研究，有马礼逊的三层儒学观的论述，即经典义理、宗教和实践；有梁彦明的乐育菁莪，从辛亥革命到抗战时期在澳门从事革命、抗战和教育工作，最后杀身成仁；有黄启明的躬鞠尽瘁，对培正中学发展影响深远；有黄健的支持抗战和革命活动，接办濠江中学；有林显富的教育理念与菜农子弟学校等。最后的两篇文章，则分别评述《澳门新教育》杂志和濠江中学的语文教材，以见证时代的文化教育精神。

　　本辑论文，选题广泛，涉及澳门教育的人物、事件、机构和教材等宏观和微观的问题，论点皆建基于坚实的文献和访谈资料，再就论题作深入的考察和分析，言之有据，为确保质量，论文于付梓前更经两位专家学者作隐名审评，再由原作者修订。

　　研究课题组在资料整理方面的工作，一直得到澳门教育界的鼎力支持，或捐赠庋藏，或提供史料，或接受访问，澳门文物收藏家更是无私地借出孤本，谨在此一并致以谢意。研究课题组的另一项工作，是统筹外文资料的翻译，现阶段已有中译稿数十万字。澳门教育史的研究工作，仍有待同仁的继续努力，搜集和整理更多的史料，作更深入的探索和研究，我们深盼各界继续支持和指导。最后，"澳门教育史数据库五年（2008-2012）计划研究课题组"自立项以来，在行政事务方面，一直得到本校研究及发展事务办公室的协助，而专辑出版经费由澳门大学研究委员会拨款资助，谨致谢忱。

郑振伟

于澳门大学银禧楼

2012 年 5 月

作者简介

　　陈志峰，广州中山大学文学博士，副教授，现任澳门理工学院理事会顾问。长期从事澳门教育历史和澳门教育研究工作，发表学术论文十余篇。曾出版《早期澳门培正发展轨辙》、《"双源惠泽 香远益清"：澳门教育史料展图集》和《澳门回归十年非高等教育范畴大事记》等书目。

　　何伟杰，男，出生于香港，香港中文大学历史系哲学博士。现为澳门大学历史系助理教授，曾任职公共图书馆、税务局及民政事务署等香港政府部门，也曾在中学、高级文凭课程及大学讲授世界历史、中国简史、香港史、澳门史、澳港关系史、澳门社会专题研究及美国史等课程。已发表的学术论著包括《澳门：赌城以外的文化内涵》，"Macao through American Diplomats' Eyes：The Role of United States Consuls in Macao, 1849－1869"（《美国外交官眼中的澳门：美国驻澳门公使的角色，1849—1869》，2008年12月），《革命与启蒙在澳门——濠镜公众阅书报社》（2009）等。有关香港古迹的普及作品多发表于香港政府刊物《香港文物》（Heritage Hong Kong：Newsletter of the Antiquities and Monument Office）。现主要从事中国儒学史、东亚古籍研究、香港史及澳门史的写作。

　　老志钧，男，现居澳门。台湾师范大学国文系文学士，香港大学中文系哲学硕士、哲学博士。在澳门担任中小学教职十多年，又先后任教于多个政府机构开办的中文培训课程、澳门圣若瑟教区中学师范课程，也曾任职于政府机构法律翻译办公室数载，参与翻译法律文件的工作，亦曾在澳门大学法律学院任职讲师。现为澳门大学教育学院副教授。近年致力推广蒙书《三字经》、《弟子规》的教学。著有《鲁迅的欧化文字——中文欧化的省思》、《语文与教学》、《解说〈三字经〉——教学的功能、理论与实施》等书。另有单篇论文多篇，分别在两岸四地的期刊、报章发表。研究范围主要是中小学中文学科教学法、课程与教学、中国古典文学、现代汉语、欧化语法。

单文经，汉族，籍贯安徽淮北市萧县，1951 年 11 月 11 日，出生于台湾台东县。现任中国文化大学师资培育中心专任教授，曾任宜兰县冬山国中学教师、台湾师范大学教育学系助教、讲师、副教授、教授，佛光大学教育信息学系教授兼主任，澳门大学教育学院教授兼院长，并曾担任台湾多个教育学术团体的秘书长，对于推动两岸四地的教育学术交流卓有贡献。单教授经常应邀赴中国内地、中国台湾、中国香港和马来西亚等地讲学，研究与教学的重点集中于课程与教学、道德教育、比较教育等领域，曾发表于 TSSCI 或 CSSCI 期刊或获国科会奖励的论文共三十余篇；其他中英文期刊论文、专书论文百余篇。著有《道德教育初探》、《课程与教学研究》、《班级经营策略研究》、《美国教育研究》、《鹿港镇志——教育篇》、《教学引论》、《课程与教学》；合著有《教学原理》、《师生关系与班级经营》、《香港教育》；主编有《课程与教学新论》、《香港与澳门的教育与社会》、《澳门人文社会科学研究文选——教育篇》；译有《道德发展与教学》、《道德发展的哲学》、《美国公民与政府课程标准》、《教学原理》、《革新的课程领导》、《课程统整》、《校长的课程领导》、《课程统整的十种方法》、《班级经营的理论与实务》、《中小学课堂的教学评量》、《教学哲学》等。

　　宋明娟，台湾师范大学教育学博士，主修课程与教学，曾赴美国伊利诺大学芝加哥校区研修课程理论与课程史。先后任教于台湾新竹教育大学、台北市立教育大学、台湾师范大学，现为澳门大学教育学院助理教授。学术兴趣与专长包括课程与教学理论、课程史、社会学习领域课程与教学；近年发表的主要著作有《D. Tanner, L. Tanner 与 H. Kliebard 的课程史研究观点解析》、《澳门非高等教育的现状及其特点》、《重建大学课程的意义与策略初探：来自建构大学系所学生专业能力的经验反思》（合著）、《进步教育史实的多维诠释：拥护、质疑、批判与反思》等。

　　王志胜，男，1960 年出生于山东。西南大学教育科学学院教育学博士（2007）。在澳门曾任职中学教师八年，现为澳门大学教育学院助理教授。主要研究领域为澳门教育史、澳门的教育与文化等。近年发表的文章有《澳门文化生态对教育史研究的意义》、《文化认同与公民教育》、《文化生态史观与教育研究》等。其中，《宗教与教化关系——以澳门为例》一文获澳门基金会"第二届澳门人文社会科学研究优秀成果奖（2009）"三等奖。

　　谢建成博士，男，生于香港，祖籍广东，现任澳门大学教育学院助理教授。英国史达灵大学教育学士（1984），主修教师教育；香港中文大学教育硕士（1993），主修教育、传意与科技；加拿大多伦多大学安河教育研究所博士（2002），主修教师教育与发展。有多年中、小学教育经验，并从事近十年教师培训工作。到澳门大学任职前曾在香港中文大学的大学及学校协作中心从事协助中小学校改革及校本发展工作。对教师发展、教学效能、课程设计的质化与量化研究方法均感兴趣，尤长于以叙述研究法（Narrative Inquiry）探讨教师成长及教学视野。曾多次在美国教育研究学会、国际反思探究学会和香港不同的教育学会发表论文。

　　杨兆贵，1971 年生，现任职澳门大学教育学院。1993 年获香港中文大学文学士学位、1999 年获台湾清华大学硕士学位、2003 年获北京师范大学博士学位。研究方向是先秦汉代文献与思想文化。论文在《中华文史论丛》、《中国历史文物》、《敦煌研究》、《中国学报》等学刊发表。

　　郑润培，香港新亚研究所博士，先后任教于香港中、小学及台湾东吴大学历史系。曾任新亚研究所副研究员，澳州昆士兰大学亚洲商业史研究中心研究员。研究范围包括中国近代史、中国社会经济史、澳门史及澳门教育史。近年发表的文章主要有《晚清时期的港澳中式教育发展》、《澳门的中学历史教学》、《〈史记·货殖列传〉中的经济思想》、《儒家文化与中国近代企业管治》，其余文章散见于港、台学术刊物。专著有《中国企业经营管理——近代案例》。现职澳门大学教育学院助理教授。

　　张伟保，男，1959 年生于香港，广东番禺人。香港新亚研究所历史学博士（1994）、北京师范大学文学院博士（2004），曾担任中学教员、新亚研究所副教授兼总干事、香港树仁大学中文系助理教授，现任澳门大学教育学院助理教授。主要研究领域为古典文献学、澳门教育史、中国经济史等，出版专著有《中国第一所新式学堂——马礼逊学堂》、《艰难的腾飞：华北新式煤矿与中国现代化》、《诗三百的形成与经典化》等，另有学术论文十余篇，分别发表于《东方文化》、《新亚学报》等学术刊物中。

　　郑祖基，男，1963 年出生。台湾政治大学文学士（1987）、香港浸会大学哲学硕士（1993）、澳门大学学位后教育文凭（1996）、广州中山大学哲学博士（2005）。英国伦敦大学国王学院访问学者（2012）。大学毕业后曾任中小学教员、小学辅导主任及中小幼校长。1996 年应聘澳门大学教育学院，现职助理教授兼课程主任。主要研究范围是中国思想史、当代新儒家思想、教育哲学和道德哲学。

郑振伟，男，1963 年生于香港，原籍广东普宁。香港大学文学士（1986）、哲学硕士（1992）、哲学博士（1999），澳洲南昆士兰大学教育学硕士（2004）。大学毕业后曾任中学教员，1990 年转职香港岭南学院，从事行政及研究工作，期间曾任《现代中文文学评论》、《现代中文文学学报》、《岭南学报》（新）等学报执行编辑，2001 年应聘澳门大学教育学院，现职副教授兼副院长，除文学研究外，近年亦涉猎澳门教育史之研究。编有《邝秉仁先生与澳门教育》、《当代作家专论》、《女性与文学——女性主义文学国际研讨会论文集》；合编有《汉唐文学与文化研究》、《宋代文学与文化研究》、《柏杨的思想与文学》、《香港八十年代文学现象》、《方法论与中国小说研究》等专论。个人论著有《道家诗学》、《意识·神话·诗学——文本批评的寻索》、《中文文学拾论》、《郑振铎前期文学思想》等，另有单篇论文发表于各地学报及杂志。